# "LA SOCIETÀ IN CUI VIVIAMO TRA LA GIUSTIZIA E LA VERITÀ"

## - Donato Santoro -

# Nota biografica dell'Autore

Fra il candore dei colli biancheggiavano selve rigide e severe - quasi fantasmi di defunte primavere - nella penombra d'un ombroso sfondo. Gli alberi stavano lì, rigidi, con le spalle curve, in ascolto....ma non un'eco riecheggiava nella valle, un brivido neanche. L'aria era immobile....non un volo non un canto...tra pulviscoli di bianchi atomi erranti. Tacitamente nevicava sui rami, sui campi muti, e tutto imbiancava un gelo, tutto agghiacciava un oblio. Pareva piovesse silenzio dal cielo e pareva un sogno il mondo....

Era cominciato così quel giorno, come tanti altri del nostro inverno lucano, ma in casa Santoro alla pace della natura si mescolava, sempre più insistente, la gioiosa trepidazione dei cuori. Il silenzio era rotto a tratti da grida soffocate di donna, finché risuonò nel profondo d'ogni cuore, nota d'argentea squilla, un vagito di bimbo.

Ero io, proprio io quel bambino: Donato Santoro. Nacqui a Filiano il 17 febbraio 1969, alle ore 17:30, da papà Vito e da mamma Domenica. Era un lunedì.

Quante volte, in questi 45 anni di vita, avrei voluto parlare dei miei genitori per esprimere loro la mia gratitudine e il mio incommensurabile affetto! Lo faccio ora, ora che ho realizzato quel sogno che era già nei miei occhi appena aperti al mondo.

Papà Vito è persona umile e buona, profondamente amante del lavoro, affettuosamente dedito alla famiglia. Ha una grande passione, cui si dedica, da quando è in pensione, con amore e con soddisfazione : coltivare la vigna e l'orto, curare il suo grande bosco. Papà Vito ama mamma Domenica, e ama la sua cucina.

Com'è sempre stata generosa e dolce mamma Domenica! Oggi ancora, dopo tanti anni di vita insieme, asseconda i desideri del suo amato marito, e durante la settimana prepara per lui i suoi insostituibili appetitosi manicaretti : fusilli, tagliatelle e orecchiette, piatti tipici della tradizione culinaria lucana.

Ha dedicato tutta la vita nell'impegno per il suo lavoro, nella cura amorevole dei figli e, negli ultimi anni, dopo la pensione, nell'accudimento zelante dei propri genitori accompagnandoli dolcemente al momento della morte.

Mi viene in mente una frase di Madre Teresa di Calcutta che ben si addice al mio papà e alla mia mamma:

"La soddisfazione più grande è il dovere compiuto"

Sì, è vero, i miei genitori non possiedono una grande cultura, ma sono stati capaci, nella loro umiltà e con il loro amore, di trasmettere ai figli valori fondamentali quali la serietà, l'onestà, la sincerità, l'amicizia, il rispetto per le persone tutte, la dedizione alla famiglia - cosa non da poco in uno Stato di diritto -, e di piantare nei loro cuori i semi di grandi ideali.

Troppo facilmente utilizziamo questa parola: amicizia, senza comprenderne il significato profondo e l'impegno che essa richiede. Non voglio fare sfoggio di sapere - la mia umiltà me lo impedisce - ma mi pare indispensabile osservare che "amicizia" deriva dalla radice indoeuropea "am" - utilizzata dal latino "amor" e "amicus" - che ha in sé il significato di "affetto" "fiducia" "stima". E mio padre, perfetta incarnazione del detto: "La laurea ti fa dottore, ma è l'educazione che ti fa signore", crede profondamente nell'amicizia e ci tiene a conservare i legami con quelle persone che ha avuto occasione di incontrare nella vita, con quanti hanno svolto con lui il servizio militare cinquant'anni or sono... Certo, oggi sono tutti un po' cambiati per i segni che il tempo lascia indelebili, ma il sentimento d'amicizia è lo stesso: sincero, onesto, trasparente, scevro da interessi di sorta, e genera gioia ad ogni incontro. Da dieci anni a questa parte frequenta con particolare assiduità Rosa e Michele, onesti lavoratori di Scalera.

A papà Vito e a mamma Domenica va il mio grazie più profondo e commosso per aver fatto di me l'uomo che sono, sapiente e semplice, severo e comprensivo, onesto e generoso, serio e scherzoso, dignitoso ed umile al tempo stesso.

L'uomo che sono oggi viene da una lunga storia, che con soddisfazione mi accingo a raccontare.

Mi sono arruolato all'età di vent'anni nel Corpo degli agenti di Custodia nel lontano 4 marzo 1989, ove frequentai il Corso di Formazione a Cairo Montenotte, nella provincia di Savona.

Conobbi tanti amici e soprattutto un Superiore diretto - originario della Lucania ma residente in quella città da più di venticinque anni.

Terminato il Corso e superati brillantemente gli esami, fui assegnato al Carcere di massima Sicurezza di Cuneo.

Nel 1990 la Riforma storica del Corpo degli Agenti di Custodia, ora Polizia Penitenziaria, in virtù della Legge 395/1990, smilitarizzò il Corpo a Ordinamento Civile, e il Legislatore concesse la libera sindacalizzazione, di cui all'art. 39 della Carta Costituzionale.

Nonostante la mia giovane età fui contattato telefonicamente dal dr. Capece - il superiore che avevo conosciuto a Cairo Montenotte - che mi invitava a fondare con lui un sindacato storico della Polizia Penitenziaria, dandomi la possibilità di diventare uno dei più giovane dirigente sindacale della Polizia Penitenziaria, alla sola età di 21 anni.

Intanto mi ero iscritto presso l'Università di Torino alla Facoltà di scienze Politiche, grazie al suggerimento e all'incoraggiamento del grande educatore e amico del carcere di Cuneo, Vittorio Paone, figura carismatica della pedagogia italiana.

E fu ancora lui a spingermi ad aderire all'invito del dr. Capece, cosicché il 4 gennaio 1991 stipulammo lo Statuto del Sindacato SAPPE. E subito dopo ci recammo a Roma ove alla presenza del notaio dr. Famularo, il 10 gennaio 1991, fu sottoscritto l'Atto Costitutivo del SAPPE.

All'interno del quale ho ricoperto le cariche di Segretario Provinciale prima, Regionale poi e infine Nazionale, OSAPP.

Lavoravo di giorno e studiavo di notte per preparare gli esami di Scienze Politiche da sostenere all'ateneo di Torino. Ma nel frattempo un atro impegno si aggiunse: fui nominato difensore al Consiglio Regionale e Centrale di disciplina ai sensi e per gli effetti dell'art. 16 comma 2 del DL. 449 / 92, per la difesa di numerosi colleghi.

Nel 1992 effettuai la mia prima contrattazione sindacale dinanzi all'allora Ministro della Giustizia on. Martelli, con l'allora Direttore Generale dell'Amministrazione Penitenziaria Prefetto Nicolò Amato e così via. Molte altre contrattazioni seguirono a questa, col Ministro Prof. Giovanni Maria Flik e col Ministro Prof. Conso.

Nel 1994 fu organizzato il primo Convegno del SAPPE, presso la Sala Consiliare del Municipio di Cuneo, ove tenni una relazione dal titolo "La pena e la rieducazione", alla presenza del sindaco ing. Giuseppe Menardi, del Presidente Provinciale Giovanni Quaglia, del Presidente del Tribunale di Cuneo, del Procuratore Generale di Torino S.E. dr. Silvio Pieri, del Presidente del Tribunale di Sorveglianza di Torino dr. Fornace e del Magistrato di Sorveglianza di Cuneo dr.ssa Monge.

Nel 1997 divenni Segretario Provinciale dell'OSAPP, poi ricoprii nello stesso sindacato il ruolo di Segretario Nazionale, partecipando quale relatore a numerosi Convegni in molti luoghi d'Italia: Torino, Roma, Sicilia, Sardegna, Napoli, e da ultimo a Cuneo il 2 aprile 2004 : "La Polizia Penitenziaria nella giustizia italiana". Presenti l'on. Raffacle Costa, il senatore Salerno, il senatore Brignone, l'on. Delfino, S.E. dr. Silvio Pieri - presidente della Corte di Cassazione-, il consigliere Gianfrotta - GIP del Tribunale di Torino -, il presidente del Tribunale di Mondovì dr. Masante, il Procuratore Capo di Mondovì dr. Bausone, il Magistrato del Tribunale di Cuneo dr. Caccioppoli, il Magistrato di Sorveglianza di Cuneo dott.ssa Falcone, il consigliere Baglietto del TAR Piemonte, il Vice-Presidente della Regione Piemonte on. William Casoni e numerosi avvocati di Cuneo.

Nel 2000 vinsi il Concorso come Ispettore di Polizia Penitenziaria. Così mi recai a Roma per frequentare il corso della durata di sei mesi, e il tirocinio presso la Casa Circondariale di Alessandria. Al termine del Corso, fui assegnato alla Casa di Reclusione di Saluzzo col ruolo di Vice- Comandante e talvolta anche Comandante di Reparto, e vi rimasi fino al 2001, quando mi trasferii all'Ufficio di Esecuzione Penale esterna di Cuneo in qualità di Responsabile della Sicurezza ove rimasi fino al 2005.

Mi sovviene - e per questo faccio un passo indietro - che il 18 febbraio del 2000, dopo aver ampiamente descritto il Sistema Penitenziario italiano durante un mio intervento al Convegno Internazionale di Parigi, ricevetti una prestigiosa onorificenza francese, a seguito della quale numerosi Parlamentari della Repubblica Italiana presentarono Interrogazioni al Ministro della Giustizia chiedendo la "promozione del dr. Santoro al grado di Ispettore Capo della Polizia Penitenziaria.

Mi pregio di elencare qui di seguito le Interrogazioni Parlamentari presentate a mio favore:

sen. Salerno - n.4-06-6998 del 01.07.2004;
on. Bueni - n. 4-17797 del 09.11.2005;
on. Delfino, Vietti, Rao e Ria - n. 4-04794 del 29.10.2009;
on. Avv. Del Mastro delle Vedove n. 3-06541 del 09.11.2000;
on. Ghigo - n.4-00878 del 15.11.2006;
on. Zacchera - n.4-01085 del 18.09.2008;
on. Zacchera - n.4-00475 del 01.08.2001;
sen. Brignone - n.4-01796 del 19.04.2007.

Nel 1998 avevo conseguito il titolo di istruttore di Scuola Guida, titolo questo che mi permise di istruire Allievi Agenti alla guida dei mezzi speciali della Polizia Penitenziaria. In quel periodo scrissi un libro dal titolo "Gesù è vivo", ispirato e dalle conoscenze apprese dallo studio della Storia della Chiesa e dalle profonde esperienze di sofferenza umana. Il libro, pubblicato in 22.000 copie, fu presentato a Saluzzo dal Vescovo del tempo S.E. Mons. Diego Bona. Donai alla Chiesa i diritti d'autore.

I Dirigenti Generali dell'Amministrazione Penitenziaria - tra i quali il dr. Giuseppe Rizzo, dr. Angelo Zaccagnino, dr. Aldo Fabozzi - dal 2001 al 2009 espressero su di me - dr. Santoro - un rapporto informativo comportante il punteggio massimo di 30/30, sottolineando senso del dovere e capacità organizzative non comuni nelle problematiche relative al Corpo di Polizia Penitenziaria. Vincevo intanto il Concorso di Commissario di Polizia Penitenziaria, nell'anno 2005.

Conobbi allora un insigne giurista, dott.ssa Teresa Benvenuto, magistrato di Cassazione nominata Vice-Capo dell'Ufficio Legislativo del Ministero della Giustizia e annoverata come il più giovane Direttore Generale degli affari Penali della giustizia italiana. Nacque con quest'ultima un rapporto di sincera amicizia, tanto che, ormai laureato in scienze Politiche con una tesi sui "termini massimi di custodia cautelare 303 CPP", mi indusse ad iscrivermi alla Facoltà di Giurisprudenza, ove mi laureai in concomitanza al Corso di Formazione presso l'Istituto Superiore di studi Penitenziari della durata di diciotto mesi. Discussi la mia tesi in Giurisprudenza con il Prof. Mastrocola, noto giurista e penalista Napoletano, sul "concetto di pena, misure alternative, esecuzione della pena e riabilitazione novellata con la Legge 145/2004" che ha modificato l'art. 179 del Codice Penale.

Mi iscrissi poi ad un Master presso l'Ateneo della Universidal Abad Olida CEU di Barcellona; superai l'esame di avvocato a pieni voti e finalmente vidi realizzato il mio grande sogno di diventare avvocato penalista, specializzandomi sull'Esecuzione penale e amministrativa nonché sui diritti dell'unione Europea della Corte di Strasburgo circa le direttive del CEDU. Tutto questo avviene grazie anche alla conoscenza, durante la pratica forense, di un grande penalista di Catania, avv. Biagio, detto Gino GRASSIA e di un grande penalista di Bologna, avv. Giuseppe Coliva. Avevo inoltre conosciuto nella giurisdizione amministrativa il magistrato Bernardo Baglietto, consigliere del TAR Piemonte. E' ancora così caro e vivo il ricordo delle domeniche trascorse insieme a Limone Piemonte... un paese che amo molto.

A tutti i giuristi che ho incontrato sulla mia strada - non ultimi l'avv. Donato Pace di Potenza e l'avv. Saverio Fatone di Roma - va il mio più vivo e profondo ringraziamento per ciò che del Diritto mi hanno insegnato. E' anche grazie a loro che sono diventato umile servitore della Legge.

A parte la nota amorosa, sono appassionato cultore alla continua ricerca della Giurisprudenza sia di legittimità che di merito, e dei suoi vari orientamenti sulle norme penali, di procedura penale, di esecuzione penale nonché amministrativa.

Sono un uomo molto credente, devoto di S. Pio da Pietrelcina, di cui conosco approfonditamente la storia, tanto da essere stato promotore della realizzazione di una sua statua istallata a lazzi di Corbo, frazione di Filiano, alla presenza di autorità civili e religiose quali il sindaco e consiglieri tutti, e vari parroci della Diocesi di Potenza, tra i quali don Mariano Spera parroco di Filiano e don Jemon parroco di Dragonetti - frazione di Filiano.

Sono appassionato lettore di filosofia, in particolare degli scritti di Spinosa, Cicerone, Russell, Seneca, Marco Aurelio.

Studio e faccio riferimento molto spesso all'insostituibile testo del diritto penale italiano scritto dal chiar. Mo prof. Francesco Antolisei e all'altro scritto dal prof. Fiandaca Musco, nonché quello del Prof. Ferico STELLA, e di diritto penitenziario il testo di Canepa - Merlo e il Di Gennaro.

Spero che con le opere di tali insigni giuristi io possa continuare la mia carriera forense, nonché come docente di Diritto dell'Esecuzione Penale e Penitenziario presso l'università, avendo bene impressi nella mente e nel cuore gli insegnamenti di Madre Teresa: il compimento del proprio dovere e l'essere utile agli altri perché la felicità più grande risiede nel sorriso del nostro fratello.

Nel migliore dei miei modi, con tenacia, con passione, con amore, con fede e con intelligenza nonché con studio e competenza, continuerò il mio cammino di avvocato penalista, instancabile amante della verità illuminata dalla fede per il trionfo della "giustizia".....

"Riguardo alle cose umane,

Non ridere,

Non piangere,

Non indignarsi,

Ma capire."

*(B. Spinoza)*

# LA SOCIETÀ IN CUI VIVIAMO TRA LA GIUSTIZIA E LA VERITÀ

## Prefazione del Dott. Giuseppe Grieco
## Autore & Ricercatore

Un'opera pregevole, quella scritta e documentata dal giovane e brillante Professore Avv. Penalista di origine Lucana Donato Santoro.

Si caratterizza, tra le diversissime digressioni documentative, di un risultato d'insieme crono-logistico davvero ineccepibile e per niente scontato.

Frutto di accurate riflessioni e ricerche all'interno dell'intricato ma altrettanto bellissimo mondo della Giurisprudenza sia di legittimità che di merito.

Una lettura intrisa dunque di misteri e colpi di scena, avvincente come l'ultima saga di una pressochè interminabile epopea umana.

Risalta la proiezione di uno stato di cose che fa da specchio ad una realtà che andrebbe meglio analizzata e maggiormente disciplinata a dovere.

Un appassionato richiamo ai principi cardini di "Verità" e di "Giustizia" nella società moderna, così paricolosamente intrisa di anomalie che andrebbero meglio analizzate ed arginate con una urgenza tempestiva ed accurata.

Principi Universali intesi dunque non solo dal punto di vista epistemologico ma soprattutto come essenza vitale e pilastri fondativi di ogni "Stato" democratico degno di questo nome.

Così come effettivamente pensati, voluti ed attuati dai nostri beneamati "Padri Costituenti" che, con instancabile attività laboriosa e certosina, ebbero a formulare soluzioni in grado di dare speranza ed infuocare prospettive di crescita.

Riecheggia una velata ma altrettanto legittima nota di nostalgia che conduce il lettore di occasione o di professione verso l'atavico richiamo di "Lealtà e Responsabilità Istituzionale".

Un dipinto narrativo che può essere ben compreso soltanto alla fine, quando il quadro assume i colori e le forme che ognuno di noi, nel proprio cuore, è riuscito saggiamente a plasmare.

Gli uomini di cultura di ogni orientamento e grado hanno, innanzitutto, l'irrinunciabile dovere alla incontrovertibile avvedutezza, in modo da ottimizzare ed efficacizzare i processi di armonia e sviluppo sociale proprio alla luce del bene comune e di una più adeguata rettitudine distributiva.

E' questo uno tra gli innumerevoli messaggi racchiusi in un libro puntuale in ogni aspetto delle sue informazioni e che appartiene, forse per certi altri versi, di certo più al mito che al destino degli uomini.

# 1. Amicizia, tisana del cuore.

**Fabrizio e Cristian**, figli miei,

Scrivo per voi questo libro, che vuole essere ciò che è : un piccolo libro, niente di più niente di meno. Personale e soggettivo. Come il rapporto tra un padre e i propri figli. Ma universale. Perché universale è il valore che voglio trasmettervi : l'amicizia.

Vi chiedo : secondo voi, esiste ancora l'amicizia nel mondo contemporaneo? Dominato dall'utile economico, dalla competizione per il potere? C'è ancora spazio per un rapporto sincero?

Mentre voi ci pensate su, vi esprimo le mie opinioni.

L'amicizia è un sentimento sereno, limpido, fatto di fiducia, di confidenza. E nulla ha in comune con l'interesse, il calcolo ed il potere.

L'amicizia ha tanti modi e tanti gradi, da un minimo a un massimo di perfezione. Richiede sempre reciprocità e non riserva all'odio spazio alcuno.

L'amicizia si fonda sul rispetto di un bene donato gratuitamente. E' un percorso che chiude tanti anelli di una catena invisibile, una catena che tiene saldi tutti i preziosi istanti condivisi. Forma un cerchio di protezione, dentro cui sentirsi al sicuro. Non devi convincere nessuno, né piacere, né cambiare...

L'amicizia è un valore. Un sentimento importante. Sa parlare...sa sorridere...capire e consigliare...sa volere bene per quello che sei...per come sei...senza mai giudicare e mai tradire.

L'amicizia è un atto di fede, redatto dalle promesse del cuore.

Ma ricordate : per annientare l'amicizia basta poco : cospargere bene d'indifferenza e orgoglio quanto basta, poi congelare tutto con cura. Ragazzi miei, questo mio libro non vuole essere un manuale per imparare il mestiere di essere amico, perché l'amicizia è un'esperienza di vita. Né io voglio essere per voi un insegnante, ma soltanto e sempre il vostro papà.

So che prima o poi vedrò la vostra distanza correre più avanti. Vi seguirà il mio sguardo. Per voi ci sarò...in quell'ovunque necessario in cui pare tutto si disperda. Voi chiamatemi. Un lampo...è la velocità del cuore.

**Papà**

## L'Amicizia

L'Amicizia, è un tipo di legame sociale accompagnato da un sentimento di affetto vivo e reciproco tra due o più persone dello stesso o di differente sesso. Da un punto di vista soggettivo, insieme all'amore, l'amicizia è un atteggiamento nei confronti degli altri, caratterizzato da una rilevante carica emotiva e fondante la vita sociale del singolo. In quasi tutte le culture, l'amicizia viene intesa e percepita come un rapporto alla pari, basato sul rispetto, la stima, e la disponibilità reciproca. L'amicizia non prevede l'esclusività affettiva: gli amici possono cioè frequentare altri individui a scopo amoroso, sessuale, relazione ecc. senza che il rapporto vicendevole di amicizia ne risulti compromesso. Il tema dell'amicizia è il centro di innumerevoli opere dell'arte e dell'ingegno; fu trattato già da Aristotele e Cicerone ed è oggetto di canzoni, testi letterari, opere filmiche e via dicendo. In genere, si distinguono diversi gradi di amicizia, dall'amicizia casuale legata a una simpatia che emerge fortuitamente in una certa circostanza magari in modo temporaneo, all'amicizia cosiddetta intima, ovvero associata a un rapporto continuativo nel tempo fra persone che arrivano a stabilire un grado di confidenza reciproca paragonabile a quella tipica del rapporto di coppia. Nella storia, l'amicizia è stata considerata in ogni epoca una delle esperienze umane fondamentali, ed è stata santificata da tutte le religioni. Ad esempio i Greci portavano come esempio di amicizia portata alle estreme conseguenze quella fra Oreste e Pilade. In tutte le cosiddette Religioni abramatiche ricorre il racconto di Davide e Gionata. Tuttavia è impossibile parlare di amicizia nel mondo greco senza fare riferimento al simposio. Per gli antichi romani, popolo, almeno alle origini,molto pratico e poco portato a enfatizzare i sentimenti umani, equivaleva alla "sodalitas", cioè alla solidarietà fra gruppi di individui - detti "sodales"- accomunati da uno stretto scopo pratico da raggiungere, come ad esempio i legionari impegni nelle campagne di conquista. Aristotele distingue tre tipi di amicizia: 1- amicizia basata sul piacere; 2- amicizia basata sull'interesse; 3- amicizia basata sulla bontà. Nel divenire dello sviluppo dell'emotività individuale, le amicizie vengono dopo il rapporto con i genitori e prima dei legami di coppia che si stabiliscono alla soglia della maturità. Nel periodo che intercorre fra le fine dell'infanzia e l'inizio dell'età adulta, gli amici sono spesso la componente più importante della vita emotiva dell'adolescente, e spesso raggiungono un livello di intensità mai più eguagliato in seguito. Queste amicizie si stabiliscono il più delle volte, ma non necessariamente, con individui dello stesso sesso ed età. Le prime forme d'amicizia si possono avere anche nei primi anni di vita quando i bambini condividono gli stessi giochi e le stesse esperienze ludiche e di crescita. I bimbi piccoli incontrano i loro coetanei all'interno del nido e con loro instaurano delle semplici relazioni che ancora non si possono definire amicizia. Due bambini che giocano insieme entrano le abilità fondamentali che servono per lo sviluppo e la nascita delle nuove amicizie. Negli anni della scuola materna preferiscono stare insieme ad alcuni bambini trascorrono molte ore con i loro compagni e cercano punti di riferimento all'interno della classe. Solitamente il punto di riferimento è un compagno dello stesso sesso, ma può anche accadere che nascono amicizie tra coetanei di sesso differente. Le amicizie alla fine della scuola elementare sono ormai consolidate e solitamente destinate a cambiare con l'ingresso nella scuola media. I bambini instaurano amicizie con i coetanei o con altri bambini di età differente anche in altri luoghi come nei parchi o nelle ludoteche. Come si diceva un gruppo di amici consiste di due o più persone gratificate a stare insieme da sentimenti di cameratismo, esclusività e reciproco interesse. Ci sono varie "gradazioni" e "sfumature" nei modi di intendere questo sentimento, tanto che, nelle varie culture, ci sono da sempre stati diversi modi di intendere e manifestare l'amicizia. In Russia è usanza accordare a pochissime persone la qualifica di amico. Solo fra amici ci si chiama per nome (o col diminutivo) mentre fra semplici "conoscenti" ci si chiama usando il nome completo, a cui si aggiunge anche il patronimico. Gli amici possono essere colleghi di lavoro da lungo tempo, vicini con cui si scambiano visite o inviti a pranzo, ecc. Il contatto fisico fra amici è considerato cosa del tutto normale anche fra persone dello stesso sesso, che si abbracciano, si baciano e camminano in pubblico a braccetto o mano nella mano, senza il minimo imbarazzo o connotazione di tipo sessuale. Secondo uno scritto di Oleg Khardkhordin sulle implicazioni politiche dell'amicizia, ai tempi del regime stalinista le amicizie erano viste con un certo sospetto, in quanto la fedeltà fra amici poteva essere in contrasto con la fedeltà al Partito. Per definizione un amico è una persona che non ti abbandona nemmeno quando è direttamente minacciata, una persona a cui si possono fare tranquillamente confidenze di ogni tipo, una persona che non ti tradirà mai, nemmeno se messa sotto pressione. In un certo senso l'amicizia divenne l'ultimo valore - baluardo del dissenso politico in Unione Sovietica. Anche in Medio Oriente ed Asia centrale l'amicizia fra maschi, sebbene meno stretta che in Russia, tende ad essere particolarmente intima, e si accompagna con una grande quantità di effusioni fisiche di natura non sessuale, tenersi per mano, dormire insieme ecc. In Occidente i contatti fisici intimi hanno assunto nell'ultimo secolo una connotazione decisamente "sessuale", e praticarli fra amici è considerato un tabù. Tuttavia un modo appena accennato, quasi "rituale", di abbracciarsi e baciarsi può essere accertato, anche se solo in determinati contesti; comunque tra le femmine è maggiormente diffuso l'uso di gesti intimi anche in amicizia (come il tenersi per mano o baciarsi sulle guance) ed è anche socialmente accettato come modo normale di esprimere tale sentimento mentre lo stesso non accade invece nelle amicizie instaurate tra maschi dove, al contrario, gesti intimi affettivi sono molto rari (se non completamente assenti) e comunque non considerati una consuetudine dalla collettività come accade invece per le amicizie femminili. Fanno eccezioni i bambini, la cui amicizia può tradursi in manifestazioni di stretta intimità anche tra maschi, che vengono però soppresse successivamente per uniformarsi alle convenzioni sociali. Sebbene nell'accezione originaria il termine indichi l'amicizia fra individui, viene a volte usato anche nel contesto delle relazioni politiche per indicare una particolare condizione delle relazioni fra stati o popoli (si veda l'amicizia "franco - tedesca") legati da affinità e comuni interessi. A questo riguardo vale citare una celebre affermazione dello statista inglese Benjamin Disraeli che ebbe a dire: Le nazioni non hanno mai amici stabili e nemmeno nemici stabili. Solo interessi permanenti. Altro esempio è l'amico immaginario, che consiste, sempre nell'ambito infantile, ad immagine un amico, presente esclusivamente nella fantasia dell'immaginante, spesso molto fantasioso. A volte l'amico immaginario può creare problemi alla psiche, dato che il bambino cerca di convincersi sempre di più della sua esistenza, tanto da crederci quasi letteralmente e trattandolo come una persona vera, ad esempio tenendo il suo posto come se vi fosse seduto, o anche parlargli in maniera seria o rivelargli i propri segreti.

### Esalta il valore dell'amicizia

Com'è perverso i ipocrita che dice: Mi sono proposto di essere franco con te. Che fai, amico?. Non c'è bisogno di una simile promessa. Sarà evidente da sé, deve essere scritto in fronte, deve risuonare subito nella tua voce, cogliersi subito nei tuoi occhi, come nello sguardo degli amanti tutto è immediatamente chiaro per l'amato. L'uomo semplice e onesto deve essere assolutamente così, come uno che sa di selvatico e che, chi gli sta vicino, scopre subito appena arriva, lo voglia o no. La franchezza affettata è un pugnale. Niente è peggio dell'amicizia del lupo: rifuggila più di ogni altra cosa. L'uomo onesto, semplice e benevolo porta negli occhi queste qualità, e non passano inosservate.

Il sentimento dell'amicizia è come un fiore appena sbocciato: pronto a ricevere la luce del sole e irradiare colore. Ma è anche esposto ai venti impetuosi della notte: al tradimento. E non c'è infedeltà peggiore di quella di un amico. Perché l'amicizia, insieme all'amore, è uno di quei rapporti umani che alimenta la nostra ricchezza interiore: dà senso alla vita. Nell'amicizia rifiorisce il fanciullo che è in noi, quello che ripone nell'amico tutto se stesso, senza secondi fini, in piena spontaneità. Nell'amicizia rivive quel bimbo che attraverso le confidenze al coetaneo scopre per la prima volta un canale di comunicazione affettiva diverso da quello dei genitori e crea così la propria autonomia. Per questa ragione, forse un bambino, meglio di noi, potrebbe comprendere il mio Oreste e Pilade: quando Oreste fu condannato a morte per avere sottratto la statua di Atena, l'amico Pilade dichiarò di essere Oreste per sostituirsi a lui nel subire la sentenza. L'infedeltà dell'amico che ha condiviso i nostri segreti o che abbiamo sostenuto nelle difficoltà colpisce, quindi, nel nucleo più profondo del nostro essere, perché incrina la fiducia in noi stessi. Ci espone al dubbio sulle effettive capacità di farci amare. E a giusta ragione Dante pone i traditori dell'amicizia nell'ultimo cerchio dell'inferno. Non aspettiamoci, comunque, nella vita di ogni giorno, di incontrare un Pilade che si salva. Ma neppure un Giuda che ci tradisce con un bacio. Le perfidie sono oggi più sottili e nascoste. Il moltiplicarsi delle occasioni di incontro nella nostra società complessa crea un ambiente favorevole al loro occultamento: sotto la maschera di scambi di favori o di informazioni, di comunanza di idee politiche o di collaborazioni occasionali. Così, in molte circostanze è difficile distinguere tra vera amicizia e pura conoscenza. Non siamo sempre in grado di stabilire con chiarezza se esiste una qualche sintonia sincera. Non a caso, spesso mi capita di ascoltare lamentele motivate dal voltafaccia di un amico: confidenze rivelate ad altri sulle emozioni più intime, maldicenze comunicate al capoufficio, impegni non mantenuti ecc. Per difenderci da queste delusioni la filosofia offre la massima attenzione per distinguere fin dall'inizio il vero amico da quello apparente in base a tutti gli indizi ricavabili dai suoi atteggiamenti. Oppure, non sottovalutare il fatto che interessi materiali spesso alterano la relazione amicale. Pertanto non dobbiamo avvilirci se ci sentiamo traditi da una persona amica. Perché abbia rivestito di un'immagine impropria una relazione nata all'insegna di interessi, di bisogni materiali o di carenze affettive. Quando sembra germogliare un'amicizia, inoltre, prima di ogni valutazione, fermiamoci un attimo nel presente. Poniamoci in ascolto della voce interiore che dal profondo della nostra intimità cerca di farsi sentire. Non potrà certo diagnosticare l'esito futuro. Ma ci darà la consapevolezza che, qualsiasi cosa possa accadere, il nostro essere spirituale non verrà mai intaccato ...

# 2. Violenza oggi

Il nostro tempo è violento, crudele, spietato: certo, la violenza è strettamente, indissolubilmente connessa, purtroppo, con il cammino storico dell'umanità, ma oggi essa è diventata elemento strutturale del vivere in comune, componente costitutiva della organizzazione sociale. Violenza, infatti, non può essere considerata soltanto quella più immediata ed evidente, praticata dai prepotenti, dai delinquenti, dai ladri, dagli assassini: sarebbe un grave errore, certamente, sottovalutarne questa forma, ma altrettanto pericoloso ed errato risulterebbe limitare soltanto a questa dimensione la natura, gli aspetti, l'estensione della violenza attuale. Sono in realtà le condizioni generali della società moderna che determinano un clima e favoriscono una pratica di violenza ininterrotta, costante, di cui restano vittime, in una spirale inarrestabile, soprattutto gli strati sociali più indifesi e le creature umane più esposte, come i bambini, le donne, i giovani, i vecchi, i poveri. Nel mondo d'oggi si è ormai diffusa la convinzione che soltanto usando la forza, mostrandosi sprezzanti, agendo con la prepotenza e con la violenza, non avendo rispetto di niente e di nessuno, sia possibile farsi largo nella vita, conquistare posizioni di prestigio e di comando, raggiungere la ricchezza. Il brutale materialismo che domina i rapporti umani e sociali è una prima, fondamentale causa di violenza: resistenza moderna è dominata dall'idolo del denaro e del potere, e sull'altare di questa nuova falsa religione vengono sacrificati affetti e sentimenti, valori e principi, ideali e convinzioni. Ed è fatale che la corsa crudele alla ricchezza e al potere scateni la violenza non soltanto tra coloro che combattono per gli stessi obiettivi, ma anche a danno di quanti, al contrario, non possono o non vogliono usare gli stessi mezzi, raggiungere gli stessi traguardi, lottare per gli stessi fini. Essendo tutta la società dominata e lacerata da questa competizione spietata, ne consegue che in ogni momento, in ogni settore della vita individuale e collettiva si è costretti a subire una violenza ineliminabile, anche senza averne nessuna colpa e responsabilità. La criminalità dilagante è dunque violenza non soltanto fisica, come minaccia, sopruso, ferimento, assassinio, prepotenza, cioè, ma anche come offesa alla dignità, alla coscienza, al senso dell'onore e della giustizia, all'integrità fisica e morale della persona umana. Ma violenza è anche lo sfruttamento del lavoro, del sudore, dell'intelligenza, dell'impegno dei lavoratori, operai, impiegati, intellettuali; violenza è anche il profitto ingiusto ed esorbitante, immorale e scandaloso che gli industriali, gli imprenditori, i commercianti, gli affaristi, traggono dalla produzione e dalla vendita dei beni necessari e anche di quelli superflui. Nella società contemporanea, gli interessi e gli egoismi cinici dei padroni del sistema economico spingono la comunità a comportamenti, a spese, a consumi che costituiscono una sopraffazione oggettiva della volontà e delle tendenze degli individui singoli e della collettività. Imporre modelli di vita, fare del possesso di beni materiali sempre più costosi e numerosi i valori e i fini fondamentali degli uomini considerati soltanto come consumatori è una violenza oggettiva, che genera tensione, problemi, inquietudini, insoddisfazione, corsa al denaro, e cioè rabbia, prepotenza, arrivismo; violenza, appunto. La vita degli uomini d'oggi nasce e si sviluppa sotto il segno e nella morsa di un viluppo complesso di atti violenti che rendono a loro volta violente le stesse vittime dell'oppressione e della prepotenza, in una spirale ininterrotta. Già nell'ambito della famiglia bambini e ragazzi scontano dolorosamente, sin dai primi inni di vita, le frustrazioni e le preoccupazioni, i problemi e le inquietudini dei genitori, che spesso si attendono dai figli la realizzazione dei sogni e delle attese che essi stessi non hanno saputo o potuto tradurre in realtà. Ma non è soltanto il complesso dei problemi familiari il cui peso finisce per gravare direttamente o indirettamente anche sulle spalle dei figli che costituisce l'unica forma di violenza oggettiva che i bambini e i ragazzi devono subire già nella famiglia, che pure resta, nonostante tutto, l'ambiente naturalmente più sicuro e gratificante per gli adolescenti. Non di rado, infatti, lo stesso amore ossessivo o le paure angosciose dei genitori finiscono per essere dei pesanti condizionamenti per la libertà, l'autonomia, l'originalità dello sviluppo progressivo della personalità dei giovani. E nella scuola, poi, la violenza continua, non soltanto nelle forme e con i mezzi ancora illiberali o autoritari che costituiscono i persistenti residui di un tempo e di una struttura educativa fortemente oppressiva, ma anche e soprattutto con l'inadeguatezza, la precarietà, la superficialità dell'opera educativa condotta nella scuola d'oggi, largamente inidonea ad assicurare ai giovani sia una preparazione culturale e professionale valida e moderna, sia concrete possibilità di inserimento nella società e nel mondo del lavoro. Non si può negare, infatti, che una scuola arretrata e poco funzionale costituisce oggettivamente una limitazione delle possibilità di sviluppo umano e culturale di quanti la frequentano per maturare e prepararsi alla vita con responsabile consapevolezza e adeguate capacità: le false illusioni, le amare delusioni, l'impreparazione, il senso frustrante della inutilità, che la scuola spesso genera ampiamente, sono violenza e fonte di violenza. Come dimostrano, tra l'altro, le ricorrenti contestazioni degli studenti, condannati alla disoccupazione, alla sottoccupazione, allo sfruttamento, e perciò automaticamente spinti dalla forza delle cose alla ribellione, alla violenza. E poi, nel più ampio contesto sociale non mancano davvero le cause di violenza, di aggressività, di scontro: ingiustizie sociali, sfruttamento economico, differenze di classe, miseria, disoccupazione, disperazione, corruzione, ostentazione sfacciata di ricchezze e di potenza, degenerazione morale, crisi insanabile delle città, speculazione, degradazione della vita, sfascio urbano, distruzione sistematica dell'ambiente di vita, sono fattori diretti, cause prime, elementi scatenanti di una violenza continua, diffusa, generalizzata, accettata ormai come norma e condizione di esistenza individuale e collettiva. Nessuno può negare, infatti, che la situazione generale del nostro tempo sia essa stessa matrice e causa di violenza, per le inquietudini e le paure, le incertezze e le esasperazioni che genera: vivere, oggi, significa affrontare una serie intricata di problemi giorno dopo giorno, tra mille rischi e pericoli, senza avere né la forza né l'intima certezza di poterli risolvere e superare. La vita dovrebbe essere, per ognuno e per tutti, impegno serio e responsabile, ma anche sereno e gratificante; fatica, certo, ma produttiva, costruttiva, umana: oggi, al contrario, il tempo si spende in mille esasperanti, alienanti doveri, ai quali non corrisponde quasi mai il senso, l'intima consapevolezza di aver compiuto o collaborato a compiere qualcosa di buono, di valido, di positivo, per sé e per gli altri. È l'organizzazione generale della nostra società, dunque, che provoca e alimenta la violenza che finiamo, poi, per subire tutti quanti, sia pure in diversa misura. E perché la vita ritorni ad essere umana, più pacifica, meno tormentata e violenta, è necessario dunque rinnovare profondamente, radicalmente le strutture di una convivenza sociale che così come risulta organizzata si rivela negatrice dei valori e delle aspirazioni, dei sentimenti e degli ideali più veri e significativi dell'umanità. Contro la violenza, tuttavia, non ci si può illudere di avere un comportamento passivo, mettendosi a posto la coscienza con il rinchiudersi nella corazza della propria indifferenza e del proprio egoismo. Per combattere il male presente nel mondo d'oggi non basta condannarlo soltanto, non è sufficiente esprimere una condanna morale e poi tornarsene a casa soddisfatti, o illusi di aver fatto il proprio dovere. La violenza dilagante, in tutte le forme con le quali si presenta e con tutti i mezzi con cui viene praticata, esige, per essere sconfitta o almeno attenuata e limitata, un impegno attivo, una presenza costante nella difesa dei valori in cui si crede, una partecipazione responsabile alla formazione, in tutte le sedi e a qualunque livello, del destino individuale e collettivo. Occorre, in altri termini, che alla violenza ci si opponga attivamente, sia riconoscendo la validità di tutti i principi che la negano, sia praticando costantemente, in ogni momento della propria esistenza, i valori umani che la violenza opprime e calpesta. Bisogna, cioè, denunciare e combattere la corruzione, lo sfruttamento, l'oppressione, la degenerazione e l'indifferenza morale, l'illegalità, le ingiustizie, la sopraffazione, l'autoritarismo, la dittatura, ma essere anche, ognuno per proprio conto, onesto e giusto, corretto e consapevole moralmente, rispettoso e tollerante, leale e pacifico, libero e difensore della libertà altrui. E soprattutto, bisogna che ognuno rifiuti e combatta senza tregua i falsi valori che dominano la vita moderna: la ricchezza, il potere, il successo. Soltanto in questo modo ogni uomo degno di tale nome potrà vivere una vita autenticamente umana e contribuire responsabilmente e gioiosamente a costruire le basi per una esistenza diversa per ognuno e per tutti. Un errore fatale, infatti, sarebbe quello di opporsi alla violenza malvagia che domina la nostra vita, con un'altra violenza giustificata e considerata come strumento doloroso ma necessario per ristabilire l'ordine, eliminare le radici del male, ricondurre la convivenza civile ai valori autenticamente umani. In realtà i problemi di una guerra non sono mai stati risolti con un'altra guerra, e il male del mondo non è mai stato sconfitto, ma aggravato, da altro male. L'unica strada da percorrere nella lotta pacifica ma attiva contro la violenza attuale deve necessariamente essere quella del rifiuto individuale prima e collettivo poi dell'oppressione e dell'aggressività, della competizione e della violenza, in tutte le sue forme.

# 3. Violenza alle donne: le cause e i meccanismi.

I carnefici, gli aguzzini, i seviziatori appartengono a tutte le categorie sociali, hanno alle spalle storie diverse, opposte, sono giovani o vecchi, talora, molto spesso ragazzi, addirittura. Le vittime, invece, sono sempre le stesse: donne, proprio in quanto donne, senza distinzioni culturali, o economiche o sociali. Gli episodi di violenza alle donne sono diventati non soltanto più numerosi e frequenti, in ogni parte del nostro paese, ma anche più crudeli, più offensivi, più ripugnanti. È come se un rancore occulto, profondo, tenace, esplodesse improvviso in atti di violenza fini a se stessi, in sevizie brutali, in stupri barbari. La cronaca registra sempre più spesso casi raccapriccianti di violenze subite dalle donne: è una marea che sale impetuosa a insozzare la dignità umana e civile che le donne tentano faticosamente di conquistare, di difendere, di salvaguardare. Non può trattarsi, non si tratta soltanto di istinti repressi, di smanie animalesche, di frenesie sensuali che travolgono le barriere psicologiche, rompono gli argini morali e si abbattono senza controllo sulle vittime tradizionali della violenza e della bestialità maschile. Quando gruppi di ragazzi, di giovani trascinano e violentano sui prati di periferia una povera donna indifesa e sola; quando un vecchio satiro sevizia una bambina; quando un maschio della specie animale detta umana assale, stupra, ferisce o uccide, addirittura, una donna; quando si brutalizza vergognosamente una creatura umana colpevole soltanto di essere di sesso femminile — e tutto questo, per giunta, in un tempo, in una società che non solo proclama e riconosce i diritti e la dignità di tutti gli esseri umani, ma consente e stimola, anzi, rapporti più liberi, a qualunque livello —, allora vuol dire che le radici della violenza vanno ricercate e individuate non nell'esplosione incontrollata degli istinti individuali, ma in motivazioni più generali e complesse, da riportare alle condizioni stesse della vita e dell'organizzazione sociale della nostra epoca. In effetti, le donne hanno storicamente subito la violenza maschile, non solo a livello sessuale, ma anche e soprattutto nell'ambito dei più generali rapporti familiari, interpersonali, economici, sociali. Gli stupri e le sevizie sono una realtà dolorosa che si ritrova in ogni periodo storico, in ogni società, tanto in tempo di pace, quanto, soprattutto, in tempo di guerra, che ha sempre vanificato ogni legge morale, ogni sentimento e principio umano, specialmente a danno delle donne, vittime predestinate degli eserciti vincitori. In realtà, la violenza sessuale è sempre risultata un aspetto particolare di una condizione generale di oppressione e di subalternità che le donne sono state costrette a subire, in ogni tempo, in ogni luogo. Considerate prevalentemente come oggetti sessuali, come macchine per il piacere maschile, come strumenti naturali di riproduzione della specie, alle donne è stato sempre imposto un ruolo secondario e subalterno nella società dell'uomo, e non è stato mai riconosciuto concretamente il diritto a sentirsi e ad essere creature umane di piena dignità, di pari diritti, di autonoma personalità. Fare violenza alle donne è stato perciò sempre considerato quasi un diritto del maschio, o, perlomeno, un'azione non particolarmente delittuosa e immorale, dal momento che essa si è esercitata a danno di soggetti umani di limitati diritti e dignità. Se questo, tuttavia, appare vero e, se certamente non giustificabile, almeno comprensibile nell'ambito delle società tradizionali, risulta del tutto inconcepibile e inaccettabile in una situazione storica profondamente mutata come quella attuale. Un elemento di fondamentale diversità della società contemporanea rispetto a quella antica è costituito infatti dal movimento femminile di rivendicazione e di effettiva conquista, anche se limitata, di una più vera dignità delle donne come creature umane e individui sociali di pieno diritto. L'indipendenza economica, l'autonomia sentimentale, la libertà personale, l'elevazione culturale, la partecipazione politica appaiono tra le maggiori e più significative conquiste femminili, individuali e collettive, nell'ambito della civiltà moderna, che da parte sua ha certamente abbandonato e rifiutato molti degli antichi tabù con i quali gli uomini tenevano sottomesse le donne. Il superamento degli arcaici ostacoli di natura morale e ideologica che impedivano rapporti più liberi ed aperti, ad ogni livello, tra uomini e donne, sono caduti sotto la pressione costante sia del movimento femminile che delle esigenze e degli orientamenti nuovi e diversi della società nel suo complesso. Vecchie inibizioni, ancestrali repressioni, antiche norme comportamentali sono scomparse rapidamente, nel breve giro di qualche decennio, parallelamente e in conseguenza del generale progresso economico e culturale, morale e civile che ha profondamente trasformato i modi di vita, i valori, le strutture tradizionali della convivenza sociale. In una condizione civile caratterizzata da nuovi rapporti e sentimenti, da principi e da valori diversi, la perdurante violenza alle donne deve necessariamente apparire come un residuo di un passato che stenta a morire, come la drammatica testimonianza della sopravvivenza di sacche sociali di arretratezza barbara, come l'esplosione di un teppismo isolato di individui tarati, incapaci per varie ragioni di vivere una vita normale. Quando una donna resta ancora una volta vittima della brutalità aggressiva di un uomo, la prima spiegazione che si tenta di dare di una violenza così apparentemente aliena dai rapporti umani e dai sentimenti del nostro tempo è appunto quella di riportare le cause e il meccanismo dell'azione delittuosa a presunte deviazioni, malattie, dissociazioni, tare fisiche e psicologiche di individui singoli, viventi ai margini della società, lontani dalla linea di crescita e di sviluppo civile e morale della collettività nel suo insieme. Eppure, a guardar bene, una tale spiegazione non basta e non convince. Certo, come già per il passato, anche oggi ci sono individui che per cause di ordine fisico e psicologico risultano tendenzialmente portati ad assalire e a violentare le donne: ma limitare il problema generale della violenza alle donne, o quello particolare degli stupri e delle sevizie, all'ambito ristretto delle deviazioni patologiche di pochi e isolati individui non serve a spiegare né una casistica molto più ampia e articolata di violenze sessuali, né il perdurante fenomeno dell'oppressione e dello sfruttamento delle donne da parte degli uomini e della società. In realtà, per tentare di comprendere le origini, le cause e i meccanismi di un problema così drammatico, non si può in alcun modo prescindere dall'analisi di alcuni elementi estremamente significativi che ne segnano le dimensioni e gli aspetti. Si impone in primo luogo, infatti, la considerazione inoppugnabile che i casi di violenza alle donne sono cresciuti enormemente negli ultimi tempi, in stretta, evidente connessione con l'avanzata del movimento femminile di riscatto umano e civile, oltre che economico e sociale. In secondo luogo non si può ignorare l'uso distorto che i moderni mezzi di comunicazione fanno dell'immagine e del corpo della donna per fini che contrastano nettamente sia con la nuova condizione che con la diversa considerazione della donna moderna. In netta opposizione rispetto al faticoso e lento emergere di una nuova generazione femminile, più aperta, più consapevole, meno disposta ad essere ritenuta e ad essere nella realtà concreta soltanto un oggetto sessuale, soltanto un corpo, giornali e riviste, televisione e cinema, fotografia e pubblicità continuano imperterriti a presentare e a pubblicizzare la donna esclusivamente come sesso, come corpo, come bellezza fisica: la differenza rispetto al passato consiste nella pretesa e nella presunzione che le donne d'oggi siano e debbano essere più libere e spregiudicate, più disponibili e vogliose di rapporti sessuali. L'autonomia e l'indipendenza che le donne sono riuscite sia pure in parte a conquistarsi risultano in tal modo gravemente snaturate e strumentalizzate dagli interessi cinici dei gruppi dominanti, che attraverso i mass-media riducono la personalità umana femminile a mero oggetto sessuale buono per far vendere una quantità maggiore di beni di consumo. Se da una parte, dunque, si riconosce alle donne una nuova dimensione civile, dall'altra si continua con mezzi moderni, più raffinati e subdoli, il vecchio giuoco della sottomissione e della degradazione della donna. L'esposizione senza veli, continua, ossessiva, del corpo della donna nella pubblicità, a cinema, a teatro, nei giornali, in televisione, provoca inevitabilmente una tensione ininterrotta, dagli effetti imprevedibili: la ricerca del piacere sessuale a qualunque costo, la pretesa maschile di una pronta, incondizionata disponibilità e « libertà », la presunzione che le donne altro non siano e non debbano essere che corpi, sono alimentate e stimolate ossessivamente, sollecitando oggettivamente non pochi individui all'aggressività, alla violenza che spesso tocca punte tragiche. La libertà umana e civile delle donne, in altri termini, è fraintesa come superamento dei limiti morali, degli ostacoli sociali, delle resistenze individuali a rapporti che ora, invece, si pretendono senza riserve e senza remore di sorta. I « maschi » moderni si sentono in diritto, ormai, di disporre a proprio piacimento, più ancora di un tempo, delle donne: perciò aggredirle, offenderle, seviziarle, violentarle, malmenarle, appare l'esercizio di un diritto che il generale clima morale sembra consentire e riaffermare. Dal momento che sono « libere », perché fanno tante storie, queste donne? Forse che certe cose non le devono, in un modo o nell'altro, agli uomini? E forse che non ne hanno anche esse piacere? La sordida morale che è sottintesa alle aggressioni e alle violenze finisce in molti casi per essere proprio questa. L'esaltazione della donna-oggetto, della donna-copertina, della donna-sesso è una delle cause che appaiono direttamente responsabili della maggior parte delle violenze commesse ininterrottamente contro le donne, oggi. Ma non è certamente l'unica. Bisogna infatti tenere nel debito conto anche un'altra realtà: l'affermazione dei diritti femminili ha concretamente significato un ridimensionamento notevole del potere maschile, nell'ambito della famiglia come in quello più vasto della società, nel campo del lavoro come in quello dei rapporti interpersonali. Nonostante il riconoscimento teorico e l'accettazione formale della nuova dignità femminile, dei nuovi diritti delle donne, della loro recente libertà e indipendenza, nella grande maggioranza gli uomini non si sono affatto convinti o rassegnati a rinunciare alle loro pretese, al loro antico e consolidato potere. In molti serpeggia come un rancore, una volontà acrimoniosa di rivalsa, di riconquista delle posizioni perdute. Le violenze sessuali alle donne sono una conseguenza diretta e indiretta anche di questo atteggiamento molto diffuso, di questa reazione occulta alla crescita umana e civile delle donne, che troppo facilmente e troppo a lungo ci si era illusi di poter contrastare e respingere. E da questo punto di vista, gli stupri e le offese sono soltanto un aspetto particolare, per quanto dolorosamente traumatico e crudelmente umiliante, di una generale tendenza maschile a frapporre ostacoli all'effettivo esercizio dei diritti proclamati in teoria e astrattamente riconosciuti alle donne, sul posto di lavoro, in campo politico, a livello di istruzione, in tema di libertà: è un'opposizione strisciante, ma continua, spesso subdola, che i maschi fanno sia alla maturazione progressiva della coscienza femminile, sia alla loro presenza sempre più ampia e determinante nei diversi settori della società. È, in altri termini, una violenza meno appariscente, meno brutale, ma concreta, quotidiana, che si esercita in ogni momento, in ogni luogo, in ogni ambiente. Serpeggia come una paura ancestrale della donna, nel mondo moderno: una paura che appare innanzi tutto sgomento del maschio come tale di fronte alla femmina, capace di una attività sessuale che al maschio naturalmente limitato risulta oggettivamente come una minaccia, un potere enorme che può umiliarlo e ridicolizzarlo. La violenza alle donne ha, infatti, anche quest'altra componente irrazionale: essa, cioè, vuole essere una punizione, un'offesa a chi appare più forte a livello sessuale. Una reazione, questa, che si confonde e si intreccia con l'altra suscitata dal peso maggiore che le donne vanno conquistando nella famiglia e nella società: il maschio-padrone si sente come braccato, avverte di essere ridimensionato e reagisce con la forza bruta, con l'offesa gratuita, con lo sfregio. Ed infine non si può trascurare, tra le cause profonde che determinano le violenze alle donne, l'aggressività generale che è una delle componenti negative più gravi e preoccupanti del nostro tempo. La vita contemporanea, per un complesso intreccio di fattori, è certamente inquieta, tormentata, lacerata da ambizioni e da conflitti, da competizioni e da smanie individuali e collettive, che innescano quotidianamente una spirale di animosità, di rancori, di contrapposizioni, di rivalse da cui è determinato un clima di incertezza, di paura, di insoddisfazione. Ogni individuo per proprio conto, e tutta la collettività nel suo insieme, si sentono minacciati da pericoli oscuri, da nemici occulti e misteriosi, e sono perciò pronti a reagire, ad opporre violenza a violenza. Ed è fatale che in questo clima la tensione si scarichi in una serie infinita di piccoli e grandi atti di violenza: a fare le spese dei quali sono, come sempre, i più deboli, i più indifesi, i più esposti, i bambini, i vecchi, i poveri, le donne, appunto, in misura particolare. Le condizioni generali del vivere attuale risultano, in tal modo, oggettivamente violente, disumane, alienanti. La gravità della situazione potrebbe perciò indurre la persuasione di un abbandono di ognuno e di tutti al marasma generale, di una rinuncia ai valori nei quali nonostante tutto si continua a credere, nei quali bisogna continuare a credere. È per questo che ogni individuo, ogni uomo ha le sue responsabilità, i suoi doveri, la cui voce non può e non deve soffocare nella propria coscienza. Perché ognuno non senta soltanto di essere dalla parte del giusto, ma sappia di agire concretamente affinché l'umanità prevalga sulla barbarie, appare indispensabile che ogni essere civile impari a rispettare i diritti e le esigenze di tutte le altre creature, di ognuna di esse. È proprio per questo che da una parte non si può non offrire la propria fattiva collaborazione al movimento di riscatto della metà del genere umano e cioè delle donne, dall'altra non solo si deve rinunciare, dentro di sé, alle ipotesi e alla volontà di far male, di fare violenza, ma assolutamente necessario operare attivamente affinché la prepotenza e il cinismo non prevalgano, affinché non dilaghi la violenza bestiale. Soprattutto contro le donne. La società contemporanea, infatti, non può in alcun modo continuare ipocritamente ad illudersi di poter costruire un avvenire diverso e migliore per ognuno e per tutti, ribadendo comunque in altre forme e con altri mezzi l'antica, secolare oppressione che gli uomini esercitano da sempre sulle donne. La violenza alle quali fa crudamente emergere, al contrario, i residui barbari di un passato che si credeva superato, la sopravvivenza di tendenze e di istinti atavici che la civiltà moderna sembrava avere spazzato via una volta per tutte. È per questo che il problema dello sviluppo civile resta ancora aperto, nonostante l'apparente progresso che l'umanità presente afferma di aver realizzato: fino a quando le donne saranno vittime della prepotenza e della violenza maschile non potrà esserci né giustizia sociale né sviluppo umano né progresso civile pieno e indiscusso.

# 4. Violenza nella scuola: grossi problemi e ipotesi di soluzione.

Nelle scuole è ricomparsa la violenza che sembrava essere stata incanalata in altri settori della vita sociale, dopo la fiammata della contestazione studentesca e giovanile di qualche anno addietro. Ad innescare nuovamente la spirale della violenza ha contribuito in misura determinante la polemica che si è improvvisamente accesa sulla richiesta di alcuni gruppi di studenti di vedersi riconosciuto e garantito il diritto alla promozione. Risulta evidente, comunque, che il problema del cosiddetto « sei politico », ossia della promozione di massa, è soltanto un aspetto di una situazione e di una condizione generale caratterizzata da preoccupanti elementi di incertezza, di rabbia, di delusione, di ribellione, oltre che, ovviamente, di ansia insoddisfatta di rinnovamento sia delle strutture scolastiche che della società nel suo insieme. Nelle scuole sono ricominciati, dunque, gli scontri, gli avvertimenti minacciosi, i pestaggi, anche: una novità preoccupante e discutibile è rappresentata dalla comparsa di « liste di proscrizione » di insegnanti accusati di essere reazionari, autoritari, incapaci, ecc... ecc... Nonostante la gravità e la pericolosità del fenomeno, occorre tuttavia distinguere tra un movimento di contestazione democratica della scuola attuale e delle sue vecchie, inadeguate strutture, e una ondata di violenza fine a se stessa che appare portata avanti da una minoranza ristretta. In effetti i violenti nella scuola sono poche migliaia in un corpo comunitario di milioni di alunni: l'obiettivo di tale minoranza appare con tutta evidenza la distruzione pura e semplice della scuola, senza che al suo smantellamento programmato i gruppi estremisti sappiano far seguire, almeno come ipotesi, un progetto di ricostruzione e di rifondazione adeguato alle esigenze della società attuale, e soprattutto delle classi più umili che nella scuola, nonostante i suoi limiti gravissimi, guardano con ragione come ad uno strumento necessario e indispensabile di elevazione culturale e civile. Alla violenza scatenata nelle scuole da gruppi limitati e minoritari di studenti, ha perciò fatto riscontro un atteggiamento di estesa e profonda maturità politica e civile della stragrande maggioranza dei giovani, che hanno respinto gli attacchi portati, significativamente, contro quanti, nella scuola, come docenti o come alunni, si battono per un rinnovamento democratico dell'istituzione scolastica. La generazione che frequenta attualmente la scuola sembra aver meditata e capita la lezione dell'ondata di contestazione che una diecina di anni fa si abbatté, sconvolgendole, sulle strutture educative di ogni livello, nel nostro come in altri paesi. I giovani di oggi vogliono che la scuola si rinnovi, si rivitalizzi, si salvi: non sono perciò disposti a contribuire alla sua distruzione, scatenando una violenza che rischierebbe di travolgere non soltanto la scuola, ma tutta la nostra società. Certo, la violenza freddamente predeterminata che gruppi minoritari innescano nelle scuole, spesso paralizzandole o comunque ostacolandone la già ridotta e insufficiente, inadeguata attività, è una conseguenza e un aspetto della crisi generale che investe il nostro paese, il cui costo è pagato soprattutto dai giovani, dagli studenti, dai diplomati, dai laureati, dalle donne, specialmente dei ceti sociali ed economici più deboli. In una situazione di preoccupante, angosciosa incertezza sulle possibilità di sviluppo e sul destino stesso della società nazionale, il malessere giovanile è inevitabilmente destinato a manifestarsi e a incanalarsi in forme di contestazione violenta delle strutture nell'ambito delle quali le nuove generazioni si trovano prevalentemente ad operare, e quindi soprattutto nella scuola. È altrettanto vero, comunque, che il problema della violenza nelle scuole non può essere lasciato incancrenire, trascurando di intervenire al fine di limitarne le dimensioni e di approntarne una soluzione efficace e definitiva. Anche se risulta praticata da una minoranza, la violenza nelle scuole deve essere dunque adeguatamente fronteggiata e impedita, con opportuni, idonei provvedimenti. Ed è proprio in riferimento a tale problema che si manifestano le divergenze più sensibili tra coloro che a vario titolo sono impegnati nella sua soluzione. Da parte di alcuni si è infatti affermato che alla violenza è necessario rispondere con la violenza: pesanti sanzioni disciplinari o espulsione a carico degli studenti violenti, o addirittura la chiusura delle scuole. Questo tipo di risposta appare come la reazione più immediata e impulsiva ad un fenomeno che certamente richiede decisione, ma che non si può tuttavia sperare di affrontare con gli stessi metodi e con gli stessi mezzi con cui esso si manifesta e viene gradualmente esteso. La violenza nelle scuole non può, in effetti, essere considerata come un problema di ordine pubblico, da risolvere con il ricorso al codice penale o all'impiego delle forze di polizia: una tale soluzione, ammesso che si rivelasse efficace, segnerebbe una pericolosa svolta autoritaria non solo nella vita della scuola ma nell'organizzazione generale della convivenza sociale. D'altra parte, non si può negare ai presidi, agli insegnanti, agli studenti il diritto di essere protetti e difesi, e comunque di non subire violenze di nessuna specie nell'ambito della scuola e nell'esercizio delle loro rispettive funzioni. La difesa della scuola in generale, degli insegnanti e dei presidi, oltre che degli alunni in particolare, dagli atti di teppismo politico e di violenza distruttiva va dunque assicurata, ma senza far ricorso a metodi e a strumenti che finirebbero per acuire la tensione, per creare blocchi contrapposti, per minacciare la democrazia e la pace sociale. La soluzione, allora, consiste nell'isolamento politico e culturale dei violenti ad opera di tutte le forze e i settori sociali interessati a salvare la scuola come un inalienabile bene collettivo e popolare. Quello che serve contro la violenza, da qualunque parte venga e qualsiasi obiettivo si proponga, è la contromobilitazione democratica di massa, che veda docenti e studenti uniti e decisi ad impedire la distruzione, il tracollo, la fine della scuola, che è loro, ma è anche della comunità nazionale. È per questo che appare altresì indispensabile un collegamento costante con i sindacati democratici e con le forze politiche costituzionali e popolari, che rappresentano e difendono gli interessi generali del popolo, in ogni settore e ad ogni livello della società e dello stato. La difesa prioritaria e pregiudiziale della scuola e della sua attività istituzionale risulta dunque la condizione fondamentale per isolare i gruppi violenti e respingerne l'attacco: un obiettivo, questo, che si consegue mediante la coesione delle forze democratiche che sono presenti nella scuola e nell'ambito più vasto della comunità sociale. È pur vero, comunque, che il col- legamento degli studenti, degli insegnanti e dei responsabili a vario livello dell'organizzazione scolastica con i sindacati dei lavoratori e con i partiti democratici non basta, di per sé, ad assicurare lo svolgimento pacifico e produttivo dell'attività educativa nel suo complesso. Occorre, in altri termini, che siano rapidamente definite e concretamente attuate le riforme della scuola di cui si favoleggia ormai da decenni senza che praticamente nulla sia stato effettivamente realizzato per l'adeguamento delle strutture, dei compiti, dei metodi, degli obiettivi finali dell'istituzione scolastica nel suo insieme. Senza il rinnovamento della scuola, l'autodifesa democratica di studenti e professori rischia di esaurirsi nella sfiducia e nell'indifferenza che appaiono le condizioni migliori per la ripresa e l'espansione della violenza. Non si può fare continuamente ed esclusivamente appello alla coscienza democratica dei giovani e degli operatori scolastici per difendere e salvare la scuola senza fare poi nulla, a livello politico, giuridico, sociale per avviare a soluzione gli infiniti, intricati problemi dell'istituzione scolastica italiana. La quale resta perciò uno dei campi nei quali più incisivamente deve esercitarsi l'azione di rinnovamento di tutta la società nazionale, che sembra l'obiettivo unitario delle forze democratiche e popolari del nostro paese. Ma occorre far presto, e agire concretamente: le analisi teoriche, le dichiarazioni di principio, i programmi, sono certamente necessari, ma altrettanto indispensabile appare un'azione immediata ed efficace di concreto rinnovamento della scuola ad opera degli uomini e degli organi istituzionalmente preposti a tale compito essenziale. Soltanto in questo modo si può sperare di respingere ed eliminare la violenza, che diversamente appare fatalmente destinata a trasformarsi, da manifestazione episodica di un malessere generale delle nuove generazioni, in componente stabile della già travagliata e problematica vita della nostra scuola. La quale, tanto per indicare delle esigenze reali, non può continuare a gingillarsi inutilmente e ipocritamente con vecchi contenuti culturali che risultano sistematicamente noiosi e incomprensibili alla totalità degli studenti nati e cresciuti in una dimensione civile moderna, profondamente diversa dal passato non solo lontano, ma anche recente. Né, d'altra parte, si può accettare che la scuola comporti un costo altissimo, uno spreco enorme di risorse nazionali senza produrre altro che incultura, impreparazione, disoccupazione, frustrazione e pezzi di carta privi di qualsiasi valore e significato. L'attività educativa deve essere riportata, mediante l'adozione di mezzi, contenuti e metodi idonei e moderni, al suo compito fondamentale, che consiste nella formazione tanto di personalità umane civilmente e culturalmente mature e responsabili, quanto di capacità professionali e abilità tecniche necessarie allo sviluppo della società nazionale. Solo in questo modo, infatti, si può sperare di fermare o almeno di ostacolare la violenza dilagante nella scuola, tra masse di giovani sfiduciati, preoccupati, delusi.

# 5. Città e violenza.

Tenuta per lungo tempo ai margini, la violenza è ormai penetrata profondamente nel cuore stesso della città. Non è affatto un caso che nei grandi centri urbani del nostro tempo l'aggressività e la violenza, spesso del tutto gratuite, non immediatamente motivate, siano diventate componenti normali dell'esistenza individuale e collettiva. È la città stessa, infatti, con la sua soffocante struttura di ininterrotti agglomerati edilizi, che suscita, stimola e alimenta la violenza. Vivere in città significa, in realtà, subire una serie complessa e irritante di divieti, di limitazioni, di condizionamenti, per i quali l'aggressività latente e la violenza aperta risultano come valvole di sfogo, come liberazione di energie compresse e represse. I divieti che limitano e condizionano ogni momento dell'esistenza quotidiana, invece di regolare le azioni di ogni cittadino e di attenuarne o impedirne del tutto l'aggressività, risultano in tal modo strumenti e occasioni di esasperazione violenta, che poi si scarica, appunto, cogliendo i pretesti più vari e spesso del tutto inconsistenti. Il traffico cittadino, il superaffollamento urbano, le carenze dei servizi essenziali, la lotta per resistenza, per il successo, per la ricchezza, per il prestigio sociale, che costituisce un elemento ormai generalizzato della vita moderna, ma che risulta avvertita e combattuta in forme più aspre soprattutto nelle grandi città, sono alcuni soltanto dei motivi che rendono più acuta l'aggressività dei singoli individui e della collettività nelle caotiche, alienanti metropoli del nostro tempo. È nelle città che viene annualmente consumato il più gran numero di delitti contro la persona, la proprietà, contro le istituzioni: in città si uccide, si ruba, si violenta, si protesta con una intensità e una frequenza del tutto sconosciute ai piccoli centri o nei paesi della provincia. Esiste infatti un'innegabile, stretta connessione tra dimensione dei centri urbani ed estensione della criminalità: è statisticamente accertato che a partire da un certo numero di abitanti, dopo il limite cioè di due-trecentomila cittadini, la delinquenza cresce improvvisamente, con un'impennata rapida e inarrestabile. Ed è evidente che il fenomeno dell'espansione della criminalità rappresenta l'aspetto più grave ed evidente di un generale incremento dell'aggressività e della violenza nei grandi centri urbani. Oltre le ragioni e le cause che scatenano direttamente la violenza, bisogna considerare, infatti, che l'aggressività tipica delle città moderne è suscitata e alimentata anche dalla paura, dall'angoscia dei cittadini di restare vittime della delinquenza: il senso di insicurezza, la frustrazione quotidiana, l'impotenza oggettiva degli individui singoli nei confronti della criminalità organizzata e della violenza altrui, genera pertanto una tensione costante, una disponibilità istintiva ad usare le stesse armi, a mostrarsi e ad essere aggressivi, a colpire, proprio per la generalizzata consapevolezza di essere indifesi, e per la paura di subire in un modo o in un altro la violenza dilagante. È uno stato d'animo largamente diffuso, un nervosismo pericoloso, una predisposizione a reagire spesso inconsultamente e sproporzionatamente ad un pericolo incombente, ad una minaccia oscura che rende inquieti e pronti a tutto. Si deve tener presente, infatti, che ormai risulta largamente diffusa una profonda sfiducia sia nelle forze dell'ordine, che appaiono all'opinione pubblica incapaci di arginare il fenomeno della crescente criminalità, sia nello stato in quanto tale, accusato di essere diventato una entità astratta e lontana, egoista e indifferente ai problemi e ai drammi dei cittadini comuni. Il senso di solitudine e di impotenza che tormenta gli abitanti delle grandi città moderne costituisce, pertanto, una spinta oggettiva alla violenza, che in tal modo viene alimentata ininterrottamente, in una spirale paurosa e sempre più preoccupante. A spezzare la quale non possono evidentemente bastare né leggi più severe e repressive, né un'opera più decisa e sistematica delle forze di polizia; per attenuare, in un primo tempo, ed eliminare, poi, il fenomeno della violenza e dell'aggressività, risulta indispensabile trasformare radicalmente il modo di vita, la struttura, i compiti stessi della città, la quale non può continuare più ad essere il girone infernale nel quale si affollano e si combattono masse sterminate di uomini disperati e soli, angosciati e atterriti, ma deve riacquistare o darsi una nuova dimensione umana e civile, morale e culturale. Occorre, in altri termini, tagliare le radici stesse della violenza che nelle metropoli moderne trovano il terreno adatto per estendersi e rafforzarsi. La città deve essere l'espressione e la realizzazione di un modello di società civile nella quale siano prevalenti, una volta per tutte, non i beni materiali, l'egoismo, la corsa al successo e al potere, la concorrenza tra gli individui e i gruppi, ma i valori dello spirito, i principi umani della collaborazione, della solidarietà, dell'uguaglianza effettiva, reale, concreta, non astratta e teorica. La città deve poter offrire ai suoi abitanti possibilità costanti e concrete di comunicare tra loro, di esprimersi, di parlarsi e di ascoltarsi reciprocamente; la città fatta a misura dell'uomo deve sostituire la lotta spietata e la paura con la fiducia, la sicurezza, l'amicizia: va da sé che una tale città è oggettivamente irrealizzabile fino a quando la società di cui essa è espressione e risultato continua ad essere dominata dalle ingiustizie, dagli odi, dallo sfruttamento dell'uomo da parte dell'uomo. È proprio per questo che oggi nelle grandi metropoli, che continuano ad allargarsi a macchia d'olio in tutti i paesi cosiddetti avanzati e civili, i problemi si ingigantiscono e incancreniscono, che i mali della organizzazione sociale si fanno più aspri ed evidenti, che le ingiustizie diventano più palesi e dolorose. Nasce da tutto questo groviglio di risentimenti e di paure, di egoismi e di crudeltà, di lotte e di rivalità, di ingiustizie e di sofferenze, il fenomeno della violenza dilagante, dell'aggressività di ognuno e di tutti contro ognuno e contro tutti. Una situazione esplosiva minaccia, dunque, di travolgere i già precari equilibri umani e sociali che ancora consentono e garantiscono le possibilità stesse della convivenza umana nei grandi centri urbani: ma la gravità delle condizioni generali è tale da esigere provvedimenti rapidi e risolutivi. Diversamente, come già in occasione di sporadiche e limitate manifestazioni di frenesia collettiva, una tragedia di proporzioni incalcolabili rischia di travolgere in un mare di violenza non soltanto le città, ma tutta la società di cui esse fanno parte, e di cui sono specchio e coscienza. Anche perché, oggi più ancora che nel passato, le città costituiscono nel loro insieme il centro effettivo, il cuore e la testa di ogni moderno organismo sociale: e come dai grandi centri urbani è, in effetti, stimolato e diretto lo sviluppo civile e culturale, politico ed economico di una nazione, così da essi può alla stessa maniera nascere e dilagare il male, e la rovina, di un popolo intero.

# 6. Violenza e televisione.

Tra i moderni mezzi di comunicazione, la televisione esercita la maggiore e più costante influenza sugli spettatori. Se si considera che tra i programmi di vario genere che vengono mandati in onda quotidianamente, le trasmissioni che presentano una trama, o azioni o scene di violenza occupano un posto e un tempo notevoli, si comprenderà facilmente come la televisione abbia precise responsabilità, e un'influenza ben determinata sul traumatico fenomeno della violenza dilagante nella società contemporanea. La televisione non crea, certamente, la violenza, ma indubbiamente spinge ad azioni violente, rafforzando gli istinti e le tendenze criminali, insegnando i metodi del delitto, facendo apparire eroiche e affascinanti la vita e le imprese dei fuorilegge. I pericoli maggiori degli spettacoli televisivi che hanno come tema centrale la violenza e la criminalità, consistono sia nella rappresentazione della vita come odio, lotta, trasgressione della legge, sopraffazione e crudeltà, sia nella diffusione di un'estesa indifferenza per il dolore, il male, la sofferenza, la morte provocati dalla violenza. Gli atteggiamenti che ne sono suggeriti e determinati si rivelano gravemente antisociali, ispirati come sono al disprezzo della legge, alla esaltazione della forza fisica individuale, del crimine, della violenza come mezzo di affermazione e dimostrazione di superiorità. Vedere, infatti, per ore ed ore, e per giorni e giorni, uomini, bambini, donne, vecchi percossi, maltrattati, torturati, uccisi, nelle forme più crudeli ed esasperate, genera insensibilità e indifferenza per il dolore e la morte degli uomini. Non solo: la stessa conoscenza della realtà effettiva della vita finisce, infatti, per essere gravemente deformata, se non definitivamente compromessa, in quanto la frequenza degli spettacoli televisivi che hanno per oggetto la violenza e il crimine, suggerisce l'idea che l'esistenza quotidiana sia, debba essere, anzi, una ininterrotta sequenza di sopraffazioni, di male, di dolore. Le preoccupazioni e i pericoli di una tale situazione sono tanto più concreti quanto più gli spettacoli televisivi di un certo genere pseudo-avventuroso, o poliziesco, o « giallo », sono seguiti da bambini e ragazzi, oltre che da adulti. Fanciulli e adolescenti, infatti, sono attratti proprio dalle trasmissioni che dovrebbero esser loro vietate, in considerazione della poca esperienza che essi hanno della vita, oltre che della loro naturale predisposizione ad assorbire qualunque influenza cui siano sottoposti. Un problema gravissimo, denso di incognite preoccupanti e di rischi concreti, dunque, quella della violenza televisiva. A limitare il fascino inquietante della quale sarebbe necessario un controllo più oculato e severo da parte dei genitori sugli spettacoli cui lasciare assistere i ragazzi: ma anche un intervento deciso di quanti hanno il dovere di offrire alla gioventù i mezzi per una educazione positiva e una responsabile preparazione alla vita sodale, alla libertà, al rispetto della dignità umana, invece che per una sollecitazione all'aggressività, alla violenza, a un comportamento antisociale o addirittura criminale. È un problema che investe, evidentemente, il quadro generale della funzione e dell'uso della televisione nella società moderna. Piuttosto che assecondare le tendenze spesso discutibili del pubblico, infatti, la televisione dovrebbe proporsi un programma generale di educazione non soltanto del gusto, ma anche e soprattutto dell'intelligenza dei cittadini: il che non può certamente essere ottenuto con il propinare una sequela ininterrotta di filmati e di sceneggiati riprovevoli o semplicemente ridicoli, il cui obiettivo fondamentale consiste nell'offrire occasioni e contenuti di pura e semplice evasione agli spettatori. Utilizzando a tale scopo, per giunta, trasmissioni che si rivelano non soltanto diseducative in ogni senso, ma gravemente dannose tanto per una consapevole conoscenza della realtà quanto per un orientamento moralmente e socialmente corretto e giusto dei ragazzi e dei giovani in particolar modo. Non c'è da meravigliarsi, d'altra parte, che le masse dei telespettatori finiscano per preferire il genere « giallo », i film di violenza, gli sceneggiati polizieschi, dal momento che sono stati abituati soprattutto a questo tipo di trasmissioni, per anni e anni: una ragione di più per porre fine una volta per sempre a programmi che provocano, direttamente e indirettamente, guasti profondi nella psiche degli spettatori, soprattutto giovani.

# 7. Aggressività e violenza umana.

Nel linguaggio comunemente usato per le quotidiane esigenze di comunicazione sociale, si suole attribuire tutte le qualità negative di un individuo, di un gruppo, a una dimensione animalesca di cui molti uomini non riuscirebbero a liberarsi: in altri termini, si dice che è un animale l'individuo che non riesce a dominare gli istinti, che sia violento, prepotente, e così via. È uno dei molti casi in cui si fa evidentemente torto agli animali che continuano a vivere allo stato selvaggio, e che non si sono « evoluti » come gli uomini, diventando « civili » come, appunto, gli esseri umani. L'aggressività, infatti, se è tipica delle bestie, non è affatto scomparsa nell'uomo, che anzi l'ha perfezionata ed esasperata, a danno non soltanto dell'ambiente, degli esseri viventi appartenenti ad altre specie, ma dei suoi stessi simili. Se una differenza profonda, essenziale, c'è indubbiamente tra l'aggressività e la violenza dell'uomo e quelle degli animali, essa consiste nel fatto che mentre i secondi raramente giungono ad uccidere i propri simili, il primo, al contrario, ha esercitato costantemente, nel corso della storia, e continua ancora oggi ad esercitare la sua violenza contro coloro che appartengono alla sua stessa razza. Solo di rado, infatti, la violenza animale è diretta contro i membri della stessa specie e ha esiti mortali, mentre nell'uomo tale evento costituisce non l'eccezione, ma la regola. Come dimostrano abbondantemente e tragicamente non soltanto le guerre che hanno insanguinato il cammino storico dell'umanità, ma le aggressioni quotidiane, le violenze, i ferimenti, gli omicidi a cui non si riesce a porre un freno, dopo millenni di vita cosiddetta civile. In realtà l'aggressività e la violenza sono connaturate all'uomo, e rappresentano una eredità del passato lontanissimo in cui la razza umana era niente altro che una delle specie viventi costretta ad opporre violenza a violenza, nella dura, spietata lotta per l'esistenza. Il comportamento aggressivo e violento tipicamente animale, ereditato dagli antenati preistorici, non è stato eliminato dalla civiltà, la quale, anzi, ha dato ad esso nuove forme e nuove occasioni, contribuendo ad esasperarlo. Un elemento caratteristico della naturale aggressività umana è rappresentato infatti dalla scomparsa di un preciso rituale sostitutivo della morte violenta, che invece è ancora in uso presso gli animali: mentre infatti quasi tutte le specie animali evitano accuratamente la morte di un individuo ad opera di un altro individuo della stessa razza, se a conclusione di uno scontro il vinto si sottomette con atti precisi al vincitore, gli uomini danno la morte ai loro simili anche se interviene la sottomissione del vinto, del più debole. E così, mentre un lupo sopraffatto in combattimento evita la morte se in segno di resa offre la gola al vincitore più forte, gli uomini sparano, accoltellano, strangolano senza pietà, o addirittura programmano con la guerra la fine di milioni di loro simili. In realtà la naturale spinta aggressiva dell'uomo è stata in parte deviata e in parte conservata dalla civiltà. Gli ideali, le idee, i valori morali e politici, infatti, sono molto spesso occasioni e mezzi per suscitare la violenza umana dando ad essa un carattere positivo, sociale e culturale. La difesa dei principi accettati dalla comunità sociale e in essa diffusi spinge non di rado molti individui a sacrificare la loro stessa vita: si tratta, evidentemente, di una aggressività e di una violenza naturale che vengono utilizzate per fini sociali riconosciuti come positivi, sfruttando l'innata tendenza dell'uomo a combattere per ciò che sente minacciato nella sua esistenza individuale e nella sua dimensione sociale e nazionale. I grandi atti di eroismo si spiegano, in fondo, come atti di violenza rivolti non ad un fine condannato dalla società, ma ad un obiettivo che la comunità riconosce e accetta come positivo e fondamentale. Anche nel sacrificio estremo di uomini che appaiono e sono senz'altro coraggiosi c'è, dunque, una componente aggressiva sublimata dal valore ad essa attribuito. E un rischio, ovviamente. Non si deve ignorare, in realtà, che spesso, in vari paesi, suscitando artificiosamente la reazione delle masse, le si può spingere ad azioni che di nobile e di alto hanno ben poco: sono soprattutto le dittature che si servono dell'entusiasmo popolare per realizzare determinati obiettivi di potere, creando pericoli e nemici inesistenti e scagliando contro di loro la popolazione convinta che la patria sia in pericolo.

# 8. La competizione tra gli uomini per il successo e la ricchezza.

Un elemento costante della storia umana e dello sviluppo sociale e civile dei popoli è costituito dalla competizione tra uomo e uomo, dalla lotta spesso crudele e spietata che le creature umane si fanno ininterrottamente, a livello di individui e di stati. Accanto alla graduale formulazione e realizzazione dei valori e dei principi più nobili ed utili, il progresso storico dell'umanità deve purtroppo registrare una serie continua di violenze, di lotte, di competizioni, di odi, di brutalità, che hanno diviso e continuano a dividere gli uomini. Homo homini lupus, l'uomo è lupo per l'uomo: l'antica massima ha trovato conferma in ogni tempo e in ogni luogo e, nonostante il prodigioso sviluppo realizzato in questo secolo, si rivela ancora valida nella società moderna. Oggi più che mai, infatti, una competizione aspra, selvaggia, violenta mette l'uno contro l'altro gli individui, i gruppi sociali, i popoli: la maggior parte degli uomini contemporanei riconosce legittimi e validi comportamenti e mezzi spregiudicatamente utilizzati per conseguire il successo a danno dei propri simili, dei propri amici, addirittura, considerati come concorrenti nella dura, spietata corsa al potere, alla ricchezza, al dominio. I principi prevalenti nella moderna organizzazione sociale non sono i valori morali, ideali, spirituali, ma, al contrario, gli interessi pratici, il mito del successo, la ricchezza economica: l'utile ha preso il posto del bene, l'interesse privato ha sostituito la giustizia sociale. Tutti lottano, tutti corrono, tutti si affannano ad inseguire un obiettivo che viene spostato sempre più avanti, e che risulta irraggiungibile per la maggior parte degli uomini impegnati tormentosamente in una competizione angosciosa, senza respiro. Le conseguenze negative che derivano da una tale condizione generale di vita e di organizzazione sociale risultano particolarmente gravi e pericolose. La sete di denaro e l'ansia del successo lacerano inarrestabilmente il necessario tessuto di rapporti umani, inaridiscono e distruggono i sentimenti, creano situazioni di ininterrotta conflittualità: le qualità essenziali, i valori più alti dell'uomo ne risultano drasticamente ridimensionati, rifiutati, rinnegati. La fretta logorante, la competizione stressante impediscono di assaporare e godere momenti e occasioni di serenità, di tranquillità riposante, rendono impossibile quella stessa felicità che dovrebbe essere, in ultima analisi, l'obiettivo e il premio di tante fatiche, di tante lotte. L'angoscia diventa così la condizione normale, la dimensione quotidiana di ognuno e di tutti: la paura e il sospetto reciproco rendono inquieti e nemici tanto colui che mira a conquistare posizioni sempre più forti a danno degli altri e contro gli altri, quanto colui che è costretto per le stesse ragioni a difendersi, servendosi degli stessi mezzi duri e spregiudicati di chi lo attacca. L'ansia tormentosa di diventare ricchi e potenti, o, al contrario, la paura di restare o di tornare poveri; il terrore di sbagliare, di non essere all'altezza dei compiti fissati; l'angoscia di non riuscire o di essere superati dagli altri determinano evidentemente una situazione di estrema, costante tensione psichica e fisica, con danni irreparabili sia alla serenità dello spirito che alla salute del corpo. Non è per niente casuale, infatti, che gli uomini contemporanei siano nevrotici, aggressivi, violenti, irritabili, angosciati, per un verso, e, per un altro, enormemente più esposti di un tempo al rischio di malattie gravi e spesso mortali, come l'infarto, l'esaurimento nervoso, l'ipertensione arteriosa, l'arteriosclerosi, che colpiscono e segnano per tutta la vita, quando addirittura non uccidono prematuramente un numero impressionante di individui apparentemente sani. La dura, quotidiana competizione economica che coinvolge e ossessiona praticamente tutti gli uomini del nostro tempo appare, dunque, una delle più serie minacce non soltanto all'equilibrio psichico e alla salute fisica degli individui, ma anche alla pace e all'ordine sociale: è innegabile, infatti, che gli individui che soffrono per la tensione nervosa e psichica provocata da una competizione senza tregua non possono essere cittadini impegnati in un concorde, armonico programma di sviluppo generale della società di cui sono membri. In realtà, gli obiettivi e gli interessi personali prevalgono inevitabilmente sulle esigenze, le attese, i diritti della comunità, creando situazioni di grave contrasto, di insanabile contrapposizione tra individui e individui, da una parte, e singoli e collettività, dall'altra. Indipendentemente dall'orientamento politico e dalla struttura democratica o dittatoriale delle diverse società nazionali, coloro che detengono il potere economico e politico hanno tutto l'interesse ad esasperare i conflitti individuali, la competizione tra i singoli e i gruppi sociali, la lotta per il successo e la ricchezza. In tal modo, infatti, la corsa al potere in ogni sua forma diventa un valore generalmente accettato, la competizione determina una scala gerarchica al cui vertice sono stabilmente insediati proprio coloro che controllano i centri decisionali dello stato e sono in grado di imporne i caratteri, i tempi, le modalità e i limiti dello sviluppo. Né va dimenticato che le strutture economiche e produttive mirano a rendere sempre più massicci, ampi e costanti i consumi e propongono ed impongono, pertanto, dei modelli di vita la cui realizzazione richiede un impegno ininterrotto, una lotta spietata per guadagnare di più, spendere di più, avere di più. Si crea perciò un circolo vizioso: per essere alla pari con i tempi, alla moda, bisogna disporre di beni sempre più numerosi e costosi, per avere i quali è necessario, evidentemente, riuscire ad occupare i posti migliori, ad impadronirsi di quote sempre maggiori di ricchezze, in qualunque modo, con qualsiasi mezzo, lecito o illecito che sia. Nasce di qui, dall'accettazione dei modelli di comportamento imposti dal potere politico ed economico, la volontà e la necessità di competere con gli altri, di lottare per il successo, per la ricchezza. Ed è una lotta che mentre avvelena l'esistenza di ognuno e di tutti, non reca in effetti nessuno dei benefici sperati e sognati, nessuno dei vantaggi che sono posti come obiettivi finali della competizione. La solitudine e l'infelicità sono, infatti, il prezzo che si finisce inevitabilmente per pagare alle proprie ambizioni sbagliate, agli odi che sono suscitati e di cui si è fatti oggetto, alla repressione dei sentimenti, resa necessaria dalla lotta, dal sospetto, dalla diffidenza. Una vita d'inferno: giorni e giorni, anni e anni bruciati nel tormento e nell'ansia di arrivare ad una meta che sfugge continuamente, che viene spostata sempre più avanti, irraggiungibile. Una spirale soffocante, un circolo vizioso che gli uomini contemporanei devono decidersi a spezzare, se vogliono recuperare la loro umanità, la loro originale fisionomia di creature morali e razionali.

# 9. La malavita oggi.

Uno degli aspetti più sconcertanti e paurosi, insieme, della società contemporanea, è l'aumento costante, ininterrotto, della criminalità, che affligge ormai tutti i paesi, ma soprattutto quelli ad economia moderna, avanzati sia sul piano civile che su quello politico e culturale. Il dato più preoccupante di tale fenomeno è rappresentato da un incremento non soltanto quantitativo, ma anche e specialmente qualitativo: la criminalità, in altri termini, non si estende soltanto a nuovi settori della vita associata e non seduce e arruola soltanto schiere sempre nuove di delinquenti, ma diventa più « moderna », più spietata e decisa, meglio organizzata e ramificata, più efficiente e redditizia. Rispetto a quella tradizionale, tipica di una società ad economia prevalentemente agricola o comunque scarsamente industrializzata, la malavita del nostro tempo non è rappresentata più da individui isolati, ma da potenti, estese, efficienti organizzazioni criminali, che hanno fatto compiere alla delinquenza un salto qualitativo di eccezionale gravità e pericolosità. Se si volesse tentare un paragone con le strutture economiche di un paese, è come se, nel campo della delinquenza, si fosse passati dall'attività artigianale alla produzione industriale: oggi, infatti, il crimine non è più l'impresa di un singolo delinquente, ma l'esercizio di una attività delittuosa rigidamente, scientificamente organizzata, diretta e controllata da associazioni specializzate. Il passaggio da forme primitive di delinquenza individuale a organizzazioni e metodi criminali di tipo moderno, ha determinato un mutamento radicale della malavita, nel suo complesso. Il ladro di vecchio stampo, il prepotente di una volta, financhè il mafioso tradizionale avevano sempre rispettato, anche nei casi di più spregiudicata delinquenza, certi margini di rispetto, certi limiti di umanità, certi valori, perfino: la ferocia disumana, la crudeltà spietata, erano eccezioni in un ambito generale di criminalità che non si spingeva mai oltre certi livelli. Il senso dell'onore, il valore del coraggio individuale, il rispetto per la gioventù e l'innocenza, il rifiuto di una violenza bestiale, fine a se stessa, erano elementi distintivi anche dei delinquenti di un tempo: la ferocia non è certo mancata nemmeno nel passato, anche recente, ma era quasi sempre scatenata da una passionalità che se pure non la giustificava, ne costituiva tuttavia una motivazione umanamente comprensibile. La malavita attuale, al contrario, ha superato tutti i limiti, non conosce remore né impedimenti di nessuna sorta, non rispetta più nessun valore, nessun sentimento, nessuna condizione umana e sociale. Il delitto, oggi, viene consumato con il solo fine di garantire un bottino quanto più consistente possibile: ne consegue che la crudeltà è spinta ai livelli più spietati, purché assicuri il conseguimento dell'obiettivo proposto. È per questo che si uccide a sangue freddo: testimoni innocenti e involontari, agenti e carabinieri, donne e bambini, vecchi e giovani, tutti, senza distinzione alcuna, sono eliminati o colpiti duramente se per una ragione o per l'altra costituiscono un ostacolo, un intoppo, un intralcio per il criminale. Il ladro è capace di ammazzare se viene scoperto dal padrone di casa; lo scippatore trascina spietatamente per terra anche la vecchia, il bambino, la giovane che gli faccia resistenza; il rapinatore spara con il mitra contro chiunque tenti un minimo di difesa o reagisca istintivamente; i delinquenti specializzati in sequestri non esitano a mutilare ferocemente la persona rapita, o addirittura a sopprimerla, per costringere i familiari a pagare il riscatto o per eliminare le prove del loro misfatto. E non basta: anche a livello di imprese criminali di vasta portata, come lo sfruttamento della prostituzione, l'organizzazione del gioco d'azzardo, l'imposizione di tangenti per la « protezione », la malavita di un tempo agiva entro limiti precisi, oltre i quali non andava mai.

Oggi, invece, non esistono settori di attività illegali e criminali che possano garantire profitti illeciti, nei quali non sia presente la criminalità organizzata. E così ai campi tradizionali nei quali ha sempre spadroneggiato, come il gioco d'azzardo e lo sfruttamento della prostituzione, appunto, la malavita moderna non ha esitato ad aggiungere il commercio della droga, i sequestri di persona, l'assassinio su commissione: la delinquenza, cioè, non si limita più a speculare sui vizi e sulle passioni umane, ma arriva a seminare il male per trarne profitto. Ecco, dunque, il commercio della droga, con cui si rovinano e si uccidono centinaia di migliaia di giovani, soprattutto, spinti senza alcuna pietà sulla strada del vizio e costretti così a diventare consumatori di un prodotto il controllo e la distribuzione del quale, così come i livelli dei prezzi di acquisto, sono esclusivamente nelle mani della malavita. La criminalità moderna, in altri termini, non si fa scrupolo di niente e di nessuno, specula su tutto, utilizza tutti i mezzi per assicurarsi profitti piccoli e grandi. La delinquenza del nostro tempo è diventata, perciò, fredda, disumana, feroce, spietata, maniacale: essa è ormai una organizzazione scientifica, altamente specializzata, dell'attività criminale intesa e praticata come attività di gruppo regolata da leggi e comportamenti, compiti e funzioni rigidamente fissati. Proprio come in un'impresa industriale altamente tecnicizzata, nella quale ciò che conta è il profitto che deve essere comunque assicurato, imponendo alienanti ritmi e metodi di lavoro, e considerando le creature umane soltanto come macchine, come mezzi per raggiungere il fine. La progressiva disumanizzazione della vita contemporanea ha influito, pertanto, anche sulla trasformazione della malavita, spingendola oggettivamente a superare quei limiti oltre i quali cammina anche la società moderna, con la sua organizzazione industriale, la ricerca ossessiva del profitto, la corsa al successo, a qualunque prezzo e con qualunque mezzo, il disprezzo e la violenza contro i sentimenti e i valori fondamentali dell'uomo. La delinquenza non è certamente figlia soltanto dell'organizzazione sociale, ma ne è sicuramente, per molta parte, un prodotto: tanto è vero che alla violenza oggettiva del vivere moderno corrisponde quasi automaticamente la crescente ferocia della malavita organizzata e della criminalità individuale. È per questo che bisogna spezzare alle origini la catena della violenza, la spirale soffocante della ferocia: è necessario e ormai improcrastinabile una lotta decisa e dura contro la malavita, ma è altrettanto indispensabile rinunciare a molti falsi valori del nostro tempo, liberare la società presente da tutti i mali che l'affliggono, affermando e praticando i principi morali e spirituali che gran parte degli uomini d'oggi sembrano aver dimenticato. Una società malata, corrotta, sfiduciata, egoista e violenta non può non esprimere dal proprio seno una criminalità spietata: ma se questo è, purtroppo, vero, altrettanto evidente risulta che una convivenza civile che non solo esprima in teoria ma pratichi nella realtà i valori più autenticamente umani costituisce di per se stessa una barriera oggettiva al dilagare della forza bruta, della violenza, della delinquenza.

# 10. La delinquenza: cause sociali e tendenze individuali.

Un problema particolarmente grave e pericoloso del nostro tempo è indubbiamente costituito dal dilagare della criminalità, sia individuale ed occasionale che organizzata e abituale. Accanto alle comprensibili preoccupazioni che tale fenomeno suscita nell'opinione pubblica, c'è tuttavia da registrare una diffusa tendenza a giustificare le azioni criminose dei delinquenti, soprattutto se giovani o addirittura ragazzi: i criminali, in altri termini, sono molto spesso, ormai, considerati piuttosto vittime incolpevoli della società che non individui amorali e asociali, pienamente responsabili delle loro azioni delittuose. E largamente diffusa, infatti, specialmente nei paesi democratici e liberali, la convinzione che tutti gli uomini essendo nati uguali, le deficienze e le deviazioni morali, le tendenze e gli atti criminali dei delinquenti abbiano origine e siano provocati dagli errori e dai limiti, dall'organizzazione e dalla struttura della società: la colpa della delinquenza ricadrebbe, dunque, interamente sulla società nel suo insieme, invece che sul criminale, in quanto le cause che determinano e incrementano la delinquenza sono appunto sociali, e non individuali. Una tale valutazione genera di conseguenza un atteggiamento di tolleranza più o meno ampia, finanche un senso di colpa della collettività nei confronti della delinquenza, e contemporaneamente autorizza il colpevole a considerarsi una vittima che paga per gli errori e le deficienze degli altri, di tutta la comunità, cioè, della quale egli fa parte. Può essere accettata e considerata valida questa tesi? Indubbiamente la società moderna è organizzata in modo tale da spingere oggettivamente un rilevante numero di individui alla delinquenza. La vita contemporanea è dominata, infatti, dal mito del successo, dalla corsa alla ricchezza, dalla ricerca del potere: in ogni ambiente, a qualunque livello, c'è una competizione sfrenata, mentre nei rapporti interpersonali, l'indifferenza, l'egoismo, l'arrivismo, il cinismo hanno preso il posto dei sentimenti di bontà e di solidarietà, di tolleranza e di rispetto reciproco. C'è aggressività, violenza, nella società moderna, lotta, concorrenza, crudeltà. E miseria, ingiustizia, sfruttamento, soprattutto. Le condizioni generali del vivere attuale sono tali, dunque, da costituire oggettivamente delle spinte a trasgredire la legge, a farsi largo nella lotta per l'esistenza con qualunque mezzo, a sopraffare i propri simili, a calpestare qualsiasi sentimento e qualunque norma morale e giuridica. D'altra parte, i modelli di vita e di comportamento proposti e imposti dalle strutture economiche sollecitano in mille modi ogni uomo a chiedere e ad avere sempre di più, a disporre di mezzi sempre più consistenti, per ottenere i quali il lavoro onesto evidentemente non basta. Di conseguenza, in una società come quella attuale, che ha scelto e imposto il denaro, la ricchezza, la forza, come valori fondamentali, il potere, la correttezza, l'onestà, la comprensione, l'altruismo, il senso e il rispetto della giustizia diventano principi ogni giorno più vuoti ed astratti, derisi e rifiutati. È naturale, pertanto, che in una situazione del genere molti uomini scelgano la strada più facile per conseguire i beni che la società fa apparire come indispensabili: con la violenza e il delitto ci si procura, perciò, ricchezza e potere, a danno degli altri, dei singoli e della collettività. Come dimostra, appunto, il dilagare della criminalità, l'aumento costante di furti, rapine, aggressioni, omicidi, sequestri, e così via. Non può esserci dubbio, in conclusione, che la società moderna abbia le sue colpe nella diffusione della criminalità sia individuale che organizzata: tuttavia, di qui ad affermare che i delinquenti sono vittime innocenti di una condizione generale di vita e di un'avanzata crisi di valori, ce ne corre, e molto, anche. Riconoscere all'organizzazione sociale una parte delle responsabilità che essa certamente ha nel fenomeno della criminalità attuale non significa, infatti, e non può significare che i delinquenti non abbiano quasi nessuna colpa degli atti che pure essi commettono contro gli altri. Un'osservazione elementare, in realtà, si impone immediatamente: se le cause della crescente delinquenza fossero soltanto di natura sociale, non si potrebbe spiegare, tra l'altro, come mai la stragrande maggioranza dei cittadini si conservano, nonostante tutto, onesti e rispettosi della legge. Non si può negare, infatti, che i criminali rappresentano un settore molto ridotto della popolazione, in ogni paese del mondo: se così non fosse, vale a dire se i criminali fossero la maggioranza, allora la minoranza degli onesti agirebbe contro la regola generale della disonestà e della violenza. Non si può dunque in alcun modo negare l'evidenza del fatto che in ogni società, nonostante le responsabilità dell'organizzazione e della vita sociale, soltanto una parte limitata e ridotta dei cittadini diventano criminali: il che significa, in altri termini, che le origini e le cause della delinquenza vanno necessariamente ricercate altrove, non nella società soltanto, visto e considerato che la stragrande maggioranza dei membri di quella stessa società non operano da criminali e non sono delinquenti. In realtà, nell'analisi della delinquenza moderna, l'attenzione è stata rivolta quasi esclusivamente alle origini sociali della criminalità, agli errori e alle deficienze innegabili che ogni organismo sociale presenta, dimenticando che esiste oggettivamente, in molti individui, la tendenza naturale, congenita, alla violenza e al crimine, all'asocialità e alla delinquenza. Come nella quasi totalità degli uomini risulta innato il comune, naturale senso della giustizia, in virtù del quale ancora prima della conoscenza della legge scritta essi sanno ciò che è bene e ciò che è male, così in alcuni individui, presso ogni società e in ogni tempo, esiste, indipendentemente dalle influenze negative esercitate su di essi dalla collettività, una predisposizione antisociale. È anche vero, comunque, che l'educazione, i rapporti umani, i valori generali, l'influenza della società possono limitare e attenuare le tendenze negative di alcuni individui, così come, al contrario, possono spingere ad un'attività immorale ed illegale altri uomini tendenzialmente portati ad agire bene: tuttavia, resta valida la considerazione e l'ipotesi che certi istinti naturali di segno negativo siano presenti in alcuni uomini e costituiscano, pertanto, una delle cause maggiori delle loro azioni criminose. In altri termini, il comportamento umano non è frutto soltanto dell'apprendimento, ma è determinato anche dalle tendenze congenite, dal patrimonio genetico, dagli istinti connaturati, sui quali l'ambiente sociale e le occasioni della vita agiscono come stimoli, in un senso o nell'altro. Di fronte al fenomeno della delinquenza e al problema della criminalità del nostro tempo bisogna pertanto evitare due errori fondamentali di eguale rilevanza e pericolosità: da una parte, infatti, non si devono dimenticare né sottovalutare i fattori sociali che incidono spesso ampiamente sulla diffusione e sullo sviluppo della criminalità; dall'altra, non si può e non si deve tollerare con eccessiva e deleteria indulgenza l'attività delinquenziale dei criminali occasionali e abituali, giustificandola con il ricorso a presunte colpe della collettività. In effetti, indipendentemente dal giudizio e dalla valutazione che ogni cittadino vuole dare del fenomeno della criminalità, delle sue origini e delle sue cause, resta fuori discussione la pericolosità gravissima che la delinquenza presenta nei riguardi della società che la subisce. Se è vero, infatti, che sarebbe disumano prima ancora che inopportuno e ingiusto non sforzarsi di comprendere, di aiutare e di correggere il delinquente, al fine di promuoverne e renderne concretamente possibile il riscatto umano e morale e il recupero sociale, è altrettanto vero che i cittadini che conducono una vita onesta, rispettosa dei diritti altrui e delle leggi della convivenza, devono essere protetti e difesi e non lasciati esposti nei confronti della criminalità piccola o grande che sia, occasionale o abituale, individuale o organizzata. La tolleranza eccessiva della delinquenza in forza di un malinteso senso di umanità e di un ambiguo complesso di colpa finirebbe inevitabilmente, come si sta già verificando, del resto, per colpire e punire quelli che delinquenti non sono, e per offrire, ancora, pretesti, alibi e spazi ai criminali vecchi e nuovi. Ciò che risulta indispensabile, in altre parole, è un giusto equilibrio nella valutazione, nella prevenzione e nella repressione della delinquenza: è necessario comprendere e aiutare, ma è altrettanto indispensabile colpire con severità e punire con giustizia. Diversamente, il male diventerà sempre più forte e prepotente, baldanzoso e impunito, mentre il bene sarà condannato ad essere sempre più debole, indifeso e oltraggiato. La società contemporanea, dunque, deve sapere e potere conciliare la necessaria comprensione e compassione verso gli individui che sbagliano, con l'indispensabile, inalienabile difesa delle esigenze generali della collettività: un compito certamente difficile, ma essenziale, e che richiede, tra l'altro, anche e soprattutto una rinnovata, precisa, rigorosa definizione e consapevolezza di ciò che è bene e di ciò che, invece, è male. Tenendo sempre presente, comunque, che la lotta alla criminalità non può in alcun caso essere assunta e colta come pretesto per imporre una svolta autoritaria alla vita democratica del paese. Ciò che appare indispensabile, accanto ad una opportuna opera di prevenzione, è l'eliminazione delle condizioni oggettive che favoriscono e alimentano lo scatenarsi degli istinti asociali e delle tendenze delinquenziali. Non occorrono, in altri termini, leggi e poteri eccezionali, che potrebbero essere utilizzati per indebolire la struttura democratica della società moderna, ma un impegno maggiore nell'esercizio, da parte di ognuno, del proprio dovere, un'applicazione rigorosa ma serena della giustizia, la lotta decisa contro la corruzione e la disonestà, un senso più alto dello stato e dei diritti dei cittadini.

# 11. Delinquenza giovanile e minorile.

Nel corso di questi ultimi anni, la delinquenza minorile ha assunto dimensioni e intensità particolarmente gravi e preoccupanti: il vertiginoso aumento delle azioni criminose di cui si sono resi responsabili giovani non ancora maggiorenni e addirittura ragazzi è, infatti, incontestabilmente dimostrato e documentato dal crescendo pauroso di arresti e di processi a carico di minorenni. Ogni anno, ormai, oltre ventimila adolescenti che non hanno ancora raggiunto l'età maggiore, vengono denunciati per reati che vanno dallo scippo all'assalto a mano armata, alla rapina, e finanche all'omicidio. L'incremento costante del numero di reati commessi da minorenni è accompagnato parallelamente dall'abbassamento altrettanto costante dell'età dei giovani delinquenti: se qualche anno fa, infatti, l'età media degli adolescenti colpevoli di atti criminosi o comunque illegali oscillava intorno ai sedici anni, oggi essa risulta notevolmente abbassata, toccando ormai i quattordici, con punte estreme di nove-dieci anni, e talvolta anche meno, pur se in casi del tutto eccezionali. A questi dati già di per se stessi allarmanti, si deve aggiungere inoltre l'escalation della criminalità minorile: se per il passato si limitavano prevalentemente a furti di poco conto e a scippi, oggi invece i giovani delinquenti risultano responsabili in misura crescente di rapine, possesso di armi, anche da fuoco, ferimenti, sparatorie, scassi, formazione di bande, spaccio di stupefacenti, e persino omicidi. L'attuale fenomeno della delinquenza minorile appare caratterizzato, pertanto, da tre elementi fondamentali di preoccupante gravità: l'età sempre più precoce dei giovani criminali, l'intensità crescente dei reati, l'ininterrotto aumento quantitativo delle azioni criminose. Sono dati di fatto, questi, che sgomentano, aspetti drammatici di una realtà sociale in disfacimento che esigono la consapevole, responsabile partecipazione di tutti i cittadini, di tutte le forze politiche e di tutti gli organi dello stato per far fronte ad un problema gravissimo, la mancata soluzione del quale potrebbe risultare tra non molto tragicamente fatale non soltanto per la pace e la tranquillità degli individui e della collettività, ma per le stesse istituzioni democratiche del nostro paese. Le dimensioni e la virulenza del fenomeno della delinquenza giovanile e minorile stanno chiaramente a dimostrare, in realtà, che tale problema non può e non deve essere né accettato né spiegato come la manifestazione « normale » di una delinquenza che risulta presente ed operante in ogni tipo di società e in ogni periodo storico. In effetti, alla base dell'esplosione violenta della criminalità minorile nel nostro paese ci sono ragioni che affondano le loro radici nell'organizzazione strutturale, nei modi di vita, nei « valori » e nei miti fondamentali della nostra società nazionale. Uno dei fattori che risultano maggiormente determinanti nel provocare la spinta alla delinquenza minorile è senza alcun dubbio costituito dall'emarginazione sociale ed economica, culturale e civile di larghe masse di ragazzi e di giovani, delle classi popolari soprattutto, i quali non soltanto sono esclusi dai livelli medi di vita del paese, e costretti a condurre un'esistenza vuota e priva sia di benessere che di speranze, ma non trovano né occasioni, né possibilità, né aiuto nella loro ansia costantemente insoddisfatta di partecipare attivamente, come membri riconosciuti e rispettati, alla vita e all'organizzazione della comunità. L'emarginazione che sono costretti a subire migliaia e migliaia di ragazzi e di giovani non si concretizza soltanto in condizioni di miseria, di povertà, di assenza di prospettive valide per il futuro, di avvilente e tormentosa precarietà economica, ma si definisce anche e soprattutto come esclusione culturale, disprezzo civile, sfruttamento economico, mancata realizzazione di capacità e di intelligenza, solitudine esistenziale. Spinti e tenuti ai margini della società, frenati e ostacolati oggettivamente nella loro volontà e nel loro naturale desiderio di realizzarsi nelle forme, con i mezzi e ai livelli concessi agli altri, molti giovani ed anche ragazzi non trovano di meglio, per affermarsi e tentare di avere e di godere quanto vedono concesso ai loro coetanei, che imboccare la strada del crimine e della violenza, della delinquenza individuale e organizzata. È la miseria, dunque, che spinge al crimine le migliaia di giovani che anno dopo anno finiscono per pagare, prima o poi, gli errori di cui non soltanto essi sono responsabili. Una miseria che è resa più acuta e insopportabile dallo spettacolo offensivo della ricchezza, del lusso e dello spreco altrui. Non si può passare sotto silenzio, infatti, che il consumismo esasperato della nostra società è un altro fattore oggettivo dell'incremento costante della delinquenza giovanile. Troppi beni inutili sono imposti, nel nostro tempo, come assolutamente indispensabili, mentre mancano o non è possibile procurarsi onestamente i mezzi necessari per acquistarli: la società moderna propone ed impone modelli di vita che sono lontani dalla portata della maggior parte della popolazione, spinge ininterrottamente ed ossessivamente ad accaparrarsi con qualunque sistema prodotti di consumo superflui, di puro prestigio. Ne deriva una corsa ad acquistare, a possedere, a godere beni che costano, che richiedono rilevanti risorse economiche di cui solo pochi dispongono. Scatta così la molla del crimine: furti, rapine, omicidi appaiono agli occhi dei giovanissimi come mezzi per procurarsi ciò che viene loro negato e che essi desiderano. È tuttavia evidente che le colpe di una tale situazione non sono soltanto della società, alla quale si finisce per addebitare tutto il male e tutta la colpa: in realtà non tutti i ragazzi e i giovani che conducono un'esistenza dura e difficile, lottando con la miseria e la disperazione, giorno dopo giorno, scelgono la strada del crimine. Al contrario, la stragrande maggioranza degli adolescenti lavorano, studiano, tentano di resistere alla disperazione e alle difficoltà drammatiche del tempo presente, si impegnano politicamente lottando per il rinnovamento e il miglioramento della società attuale, certamente ingiusta ed oppressiva. Questo significa che la scelta sbagliata dei giovani criminali deve essere addebitata, sia pure in parte, anche a loro: nonostante le colpe pesanti e determinanti dell'assetto sociale non si può negare che i ragazzi e i giovani delinquenti hanno preferito la strada più breve, la scorciatoia più facile del crimine per avere senza lavoro e senza impegno ciò che deve essere, invece, il frutto della fatica onesta, della lotta democratica per la giustizia sociale e l'uguaglianza effettiva di tutti. Comprendere le cause profonde della delinquenza minorile non può significare, dunque, assolvere e giustificare coloro che si macchiano di delitti spesso orribili e spietati: questo, infatti, significherebbe un disconoscimento dell'onestà individuale e dell'impegno democratico di quanti, e sono la quasi totalità, rifiutano la violenza e il crimine e si battono per condizioni migliori per tutti. Senza contare che una indulgenza eccessiva o una giustificazione acritica e programmatica della delinquenza minorile costituirebbe una spinta oggettiva, una ulteriore sollecitazione alla criminalità di giovani e ragazzi. Detto questo, comunque, si deve anche riconoscere che gli organi istituzionali dello stato non sembrano impegnati adeguatamente a risolvere la grave e pericolosa piaga della delinquenza giovanile. A cominciare dalle strutture carcerarie, che invece di tentare il recupero sociale dei minorenni condannati si rivelano vere e proprie università del crimine, scuole di specializzazione in delinquenza, luoghi di disperazione e di ulteriore depravazione, di cinica e ottusa oppressione e repressione. L'istituzione correzionale e carceraria per i minori molto spesso determina la definitiva irrecuperabilità dei giovani delinquenti, oppure offre loro soltanto l'occasione di consolidare amicizie di clan, di formarne di nuove, di perdere qualunque possibilità di riscatto umano e morale. I reclusori minorili sono diventati, così, nella maggior parte dei casi, scuole di rivolta violenta, di iniziazione al vizio, di perfezionamento nel delitto: entratavi con colpe molto spesso non gravi, i minori ne escono meglio preparati e più decisi a continuare e ampliare la loro attività delinquenziale. L'esercito dei malviventi si ingrossa, in tal modo, anno dopo anno, e si fa più agguerrito e pericoloso per la comunità, che appare sempre più impotente e incapace di arginare l'ondata di violenza e di crimini che rendono inquieta o lacerata la convivenza sociale. La gravità del problema esige dunque soluzioni urgenti e adeguate: non si può attendere con le mani in mano, infatti, che la situazione attuale peggiori ulteriormente, con conseguenze imprevedibili per gli individui e la collettività. La riforma del sistema carcerario appare uno degli strumenti principali per arginare o almeno attenuare il fenomeno della delinquenza giovanile, ma non basta, evidentemente, da sola. Ciò che risulta prioritario è, da una parte, il rinnovamento delle strutture sociali e la concreta realizzazione di una migliore giustizia sociale, al fine di eliminare le sperequazioni economiche e culturali, le condizioni di miseria e di povertà, le tentazioni della violenza e del crimine, dall'altra, un mutamento radicale dei valori dominanti nell'attuale società consumistica, e soprattutto l'adozione di una politica nuova e diversa nei confronti dei giovani, che si proponga l'obiettivo della piena occupazione, dell'inserimento stabile nella società e nel mondo del lavoro, delle masse crescenti di giovani disoccupati, operai, diplomati, laureati, costretti a languire senza speranza in una avvilente, forzata inattività, in una disperante condizione di dipendenza economica e di irrequietezza sociale. Anche se il sogno di una società pacifica e giusta, senza oppressori e senza criminali, senza odio e senza violenza è molto probabilmente destinato a restare soltanto un sogno, non si può e non si deve rinunciare a lottare democraticamente, ad impegnarsi civilmente perché le cause strutturali che provocano e favoriscono oggettivamente la delinquenza siano eliminate o comunque ridotte in limiti umanamente accettabili e tollerabili.

# 12. Il fenomeno della delinquenza giovanile e le reazioni dell'opinione pubblica.

Il fenomeno della delinquenza giovanile e minorile nella nostra società ha indubbiamente assunto, soprattutto in questi ultimi anni, dimensioni e livelli di eccezionale gravità. Da fatto isolato e sporadico, come in fondo era nei tempi passati, la criminalità degli adolescenti si è trasformata in una preoccupante realtà sociale i cui confini e le cui linee di sviluppo passano ormai attraverso tutte le categorie e i ceti sociali, senza risparmiare praticamente nessuna fascia economica e culturale della popolazione del nostro paese. All'origine di tale fenomeno ci sono evidentemente fattori scatenanti intricati e complessi, tra i quali: più immediati e diretti possono essere facilmente indicati nella crisi economica che travaglia ormai da tempo il nostro paese, e nello sfrenato consumismo che impone modelli di vita e valori sociali senza che, nel contempo, le strutture produttive della nostra società offrano a tutti le concrete possibilità per realizzarli. Come è dimostrato, tra l'altro, dall'incremento costante della criminalità generale, di cui quella giovanile è appunto un aspetto e un settore particolare. Il problema rappresentato dall'espansione costante della delinquenza minorile in una società già tormentata dalla presenza massiccia di una criminalità individuale e organizzata che diventa ogni giorno più audace e prepotente, preoccupa perciò vivamente non soltanto i responsabili della direzione del paese e i grandi partiti democratici e costituzionali, ma anche, e forse più, l'opinione pubblica nazionale, spesso letteralmente angosciata da tragiche imprese criminali i cui protagonisti risultano sempre più spesso giovani, adolescenti, e talora perfino ragazzi. Tali preoccupazioni sono ampiamente giustificate dall'ampiezza e dalla gravità del fenomeno che le provoca e le alimenta: tuttavia, appare innegabile che esse siano molto spesso oggettivamente ingigantite ed esasperate dal rilievo, dal tono, dalle immagini e dalle descrizioni con cui le azioni criminose dei giovani sono presentate al pubblico dei lettori e degli spettatori dai giornali e dalla televisione, dalla radio e dal cinema. In effetti, soltanto una minoranza ben delimitata di persone subisce il trauma di una esperienza diretta di episodi criminali i cui protagonisti e responsabili siano giovani e adolescenti: la maggior parte dei cittadini percepisce e vive il fenomeno della delinquenza minorile attraverso le cronache giornalistiche e radiotelevisive che ad esso dedicano normalmente ampio spazio. Da una tale situazione generale deriva che i sentimenti, le immagini, le reazioni, i giudizi della gente comune in relazione alla criminalità dei giovani sono determinati in gran parte dal tipo di presentazione che i mass-media ne fanno quotidianamente. Senza contare che il rilievo oggettivo che la notizia di cronaca, di qualunque tipo, concede e riserva alle azioni criminali, spinge l'opinione pubblica a sentire in misura eccessiva e spesso esagitata il problema della delinquenza in generale, e di quella minorile in particolare. D'altra parte, le quotidiane informazioni sul ripetersi ininterrotto di imprese più o meno gravi di giovani delinquenti hanno come destinatari naturali estesi gruppi sociali che sono già preoccupati e tormentati da una serie complessa di problemi di vario ordine. La disoccupazione, l'aumento inarrestabile del costo della vita, le questioni di lavoro, il disordine sociale, le manifestazioni, gli scioperi, le carenze e l'inefficienza dei fondamentali servizi sociali, le incertezze generali del vivere moderno costituiscono fattori comuni di una condizione individuale e collettiva di profonda insoddisfazione, di nervosismo, di intolleranza, di insicurezza, che influisce pesantemente ed estesamente sulle reazioni dell'opinione pubblica al fenomeno della criminalità soprattutto giovanile. In altri termini, già quotidianamente afflitta da problemi seri e gravi di cui non si riesce a intravedere una soluzione adeguata, la gente reagisce alle notizie di cronaca sulla delinquenza giovanile chiedendo una politica decisa di repressione e di punizione esemplare, pretendendo che i criminali siano arrestati e tenuti in prigione, esclusi duramente dal consorzio civile. Più che porsi il problema fondamentale delle cause che provocano il fenomeno gravissimo della criminalità giovanile, dei meccanismi sociali ed economici che travolgono molti giovani e adolescenti spingendoli sulla strada della delinquenza, l'opinione pubblica esige che gli organi responsabili non abbiano esitazioni né siano indulgenti con coloro che sbagliano, non importa che siano minorenni, anzi, soprattutto se sono giovani o ragazzi. Dopo ogni evento criminoso di particolare risonanza e gravità si forma, in tal modo, più o meno spontaneamente, un movimento popolare che avanza la richiesta di una maggiore difesa dell'ordine pubblico, di una più sistematica ed incisiva lotta contro criminali e « mostri », di approvazione e applicazione di leggi penali più dure e severe, di un ripristino della pena di morte, di un governo, infine, più forte, più capace di imporre a chiunque il rispetto delle leggi. Queste reazioni, che si ripetono automaticamente tutte le volte che un crimine particolarmente efferato o clamoroso colpisce l'opinione pubblica, diventano sistematicamente più forti e decise, più estese e compatte se responsabili di imprese delittuose risultano dei giovani. Le ragioni di un tale sintomatico atteggiamento vanno ricercate in parte nei conflitti tra generazioni diverse che caratterizzano la storia e la vita sociale di tutti i popoli e di tutti i paesi, in parte, e forse più, nelle tensioni politiche e sociali determinate dalle masse giovanili nell'ambito della contestazione generalizzata e sistematica che le nuove generazioni portano avanti ormai da anni nei confronti della famiglia, della scuola, della società, vale a dire delle istituzioni fondamentali realizzate dalle generazioni precedenti, « vecchie ». I giovani, così, appaiono a larghissima parte della popolazione adulta come dei violenti, dei criminali potenziali, come individui incontrollabili, incontentabili, nemici dell'ordine e della tranquillità. È chiaro, allora, che la maggiore durezza delle reazioni dell'opinione pubblica alla criminalità giovanile è motivata e spiegata dalla diffusa, generalizzata convinzione che tutta la gioventù moderna sia composta in realtà da individui asociali, prepotenti, scarsamente laboriosi, sostanzialmente delinquenti. Nella richiesta popolare di punizioni severe per i criminali adolescenti si scarica e si manifesta, in tal modo, la paura che, in fondo, le vecchie generazioni hanno di quelle nuove. Un tale atteggiamento, inutile dirlo, risulta oggettivamente determinato anche dai mass-media, i quali, anziché sollecitare l'opinione pubblica ad una analisi più razionale e motivata del fenomeno della criminalità giovanile, preferiscono in linea generale farsi portavoce delle reazioni popolari, che appaiono quasi sempre emotive ed irrazionali, oltre che eccessive. La conseguenza di un simile stato di cose è che il problema dei giovani delinquenti raramente viene affrontato in termini di rigoroso esame delle origini, delle motivazioni e dei meccanismi della loro devianza. Si preferisce, infatti, insistere piuttosto sugli aspetti clamorosi e inquietanti degli episodi criminali, che non indagarne le cause profonde e lontane. Come è dimostrato dal rilievo eccezionale con cui vengono gettati in pasto all'opinione pubblica personaggi e fatti che in riferimento alla situazione generale della delinquenza minorile appaiono e sono, in realtà, del tutto eccezionali. In questo modo ciò che è eccezione finisce per diventare, nell'immaginazione e nel giudizio della gente, la regola normale: di conseguenza, i giovani che si rendono responsabili certamente di una serie nutrita di delitti, compaiono tutti, indistintamente, buoni o cattivi che siano, criminali particolarmente crudeli e pericolosi, dal momento che qualcuno di loro resta stampato nella memoria della gente come un feroce delinquente. C'è da notare, infine, che la stampa e la televisione tendono a presentare, quasi sempre, i delitti commessi da giovani e adolescenti come del tutto incomprensibili e inspiegabili, oltre che, ovviamente, come particolarmente efferati e, per finire, completamente assurdi. Alla base di queste valutazioni, spesso ipocrite e strumentali, largamente condivise e immediatamente fatte proprie dall'opinione pubblica, si manifesta e si chiarisce la distanza enorme che ormai separa le generazioni vecchie e quelle nuove. I giovani, infatti, appaiono « incomprensibili » agli adulti abituati ad altri modi di vita, a valori e comportamenti diversi ed opposti: perciò, anche i delitti dei minori d'età, a differenza di quelli dei delinquenti adulti e incalliti, sono, « devono » essere fuori della comprensione comune, fuori della « norma ». Non c'è chi non veda l'estrema pericolosità di un tale comportamento. Come ci si rifiuta di comprendere le ragioni e le speranze dei giovani, in generale, così si oppone un diniego sentimentale e razionale a intendere le cause della delinquenza giovanile, a capire la psicologia dei giovani delinquenti, a indagare senza pregiudizi e senza preconcetti la storia individuale, familiare e sociale dei minori che imboccano la via del crimine, e vi camminano senza che nessuno si ponga il problema di fermarli e di aiutarli. Un'esigenza, questa, che risulta fondamentale, se si vuole evitare che la criminalità giovanile dilaghi e renda ancora più drammatiche le condizioni di vita dell'intera comunità nazionale. Appare pertanto indispensabile che l'opinione pubblica non sia più spinta a farsi un'immagine distorta, una valutazione errata sia della dimensione sia della natura del fenomeno della delinquenza minorile: in tale prospettiva una funzione preminente l'hanno certamente i giornali e la radio, il cinema e la televisione, la cui forza di persuasione nella società moderna è indubbiamente enorme, quasi senza limiti. Invece di puntare al « colpo » sensazionale, invece di incrementare le vendite e l'ascolto con la ricerca del sensazionale e dell'insolito a qualunque costo, i mezzi di comunicazione dovrebbero tendere ad educare il pubblico degli ascoltatori e dei lettori ad un esame razionale, obiettivo, non emotivo, del problema che, in fondo, riguarda tutti i cittadini, non soltanto coloro che siano responsabili o vittime della violenza criminale. Ma anche l'opinione pubblica nel suo complesso, anche ogni singolo cittadino deve saper rinunciare a portare una serie di ragioni estranee nella valutazione delle azioni criminose compiute da giovani e adolescenti. È, questo, soltanto un primo passo, evidentemente, necessario senza dubbio, ma non risolutivo. In realtà, le reazioni dell'opinione pubblica ai delitti di varia natura di giovani delinquenti scaturiscono dalle stesse condizioni generali che provocano e alimentano il doloroso fenomeno della delinquenza minorile. È sulle cause strutturali che bisogna agire, dunque, per correggere le ingiustizie e le storture, le carenze e le inadeguatezze alle quali vanno addebitate in primo luogo le cause sociali della delinquenza giovanile non solo, ma anche della pericolosa, emotiva e irrazionale valutazione che di tale fenomeno dà l'opinione pubblica del paese. Il perdurare del clima di intolleranza e di incomprensione, fatte naturalmente salve le esigenze fondamentali e prioritarie della giustizia, non giova affatto a risolvere o almeno a limitare il problema, che diventa ogni giorno più difficile e angoscioso. La situazione di crisi generale nella quale si ritrova la nostra società richiede uno sforzo di ognuno e di tutti perché siano avviati a soluzione almeno i problemi il cui superamento dipende dalla volontà e dall'impegno comune. Diversamente, la spirale dei rancori e degli odi, delle contrapposizioni e delle chiusure reciproche finirà per travolgere senza scampo una società il cui equilibrio appare pericolosamente instabile e precario. In tale direzione, risulta assolutamente prioritario e del tutto indispensabile che le informazioni fatte cadere a valanga sull'opinione pubblica dai moderni mezzi di informazione siano sottoposte ad una attenta, razionale, spassionata analisi dai lettori di giornali e dagli spettatori televisivi, soprattutto. Si impone in altri termini la necessità, per non lasciarsi influenzare in un senso o in un altro, di un esame rigoroso e intelligente della notizia di cronaca, in modo da scorgere quanto in essa c'è di enfatizzazione giornalistica e quanto, al contrario, di cruda realtà. Solo abituandosi ad esercitare un controllo individuale e collettivo sulle informazioni sociali si può sperare, infatti, di aver chiari i termini di un problema che appare ed è, nella realtà concreta, molto più complesso e difficile di quanto i mezzi di comunicazione sappiano e vogliano far risultare.

# 13. La mafia di oggi.

Il generale sviluppo economico del nostro paese ha, tra tanti altri effetti, determinato anche una trasformazione rilevante dell'organizzazione e degli obiettivi, dei metodi e delle attività della mafia, antico e mai sradicato bubbone della vita nazionale. L'emigrazione di imponenti masse di proletari disoccupati dal Sud povero e disperato al Nord ricco e industrializzato, ha consentito alla mafia, innanzi tutto, di impiantare efficienti basi operative anche nei centri urbani settentrionali di più dinamica operosità: mescolandosi agli immigrati, o servendosi di essi con la minaccia o la corruzione, o la tradizionale « protezione », la potente organizzazione criminale siciliana è riuscita a crearsi anche al Nord una rete di attività e di relazioni, di complicità e di connivenze estremamente ramificata e redditizia, come dimostrano, tra l'altro, i frequenti sequestri di persona, il dilagare della droga, l'incremento del contrabbando di sigarette, il controllo della prostituzione, lo sfruttamento della mano d'opera nelle imprese edilizie soprattutto, l'aumento pauroso della criminalità nelle città del Piemonte, della Lombardia, della Liguria, in modo particolare. Il primo elemento di rilevante novità della mafia di oggi rispetto a quella di qualche decennio soltanto addietro è costituito, pertanto, dall'ampliarsi rapido ed esteso delle zone di influenza e dei settori di attività dell'« onorata società ». Pur senza abbandonare i tradizionali campi della « protezione » imposta alle attività agricole nell'Italia meridionale, la mafia ha speculato ampiamente sulle aree fabbricabili, sui lavori pubblici, sui piani di industrializzazione, sui programmi di sviluppo industriale e produttivo non solo del Sud, ma anche del Nord. È del tutto evidente che un complesso di attività così vasto, articolato e diversificato ha richiesto un collegamento della mafia, o almeno dei suoi gruppi dirigenti, con centri decisionali molto importanti e significativi del paese: è impensabile, infatti, che un'organizzazione criminale di così estesa dimensione e di così grande, smisurato potere, come è sempre stata, appunto, la mafia, possa essere riuscita ad espandersi ulteriormente senza consistenti e continue complicità, connivenze, protezioni a vari livelli e in vari campi. Pur senza voler affermare che essa costituisce uno stato nello stato, è chiaro infatti che la mafia ha ormai steso i suoi tentacoli dappertutto, e rappresenta senza alcun dubbio una delle organizzazioni più forti tra quelle che controllano in un modo o nell'altro la vita sociale ed economica del nostro paese, e che, data la sua natura e i suoi obiettivi criminali, costituisce uno dei più gravi pericoli non solo per la tranquillità e la sicurezza della normale convivenza sociale, ma per lo stesso sviluppo democratico delle istituzioni nazionali. Il vertiginoso aumento della sua potenza e la rapida espansione della sua presenza nella società italiana, la mafia è riuscita ad ottenerli anche in virtù di un accelerato adeguamento delle sue strutture organizzative e dei suoi metodi alla realtà nuova e diversa che si è andata determinando nel nostro paese. Tale adeguamento non si è verificato in maniera indolore, ovviamente, ma ha provocato una lotta aspra e spietata, all'ultimo sangue, tra la « vecchia » mafia, legata alla realtà siciliana e alle attività tradizionali dei campi, e la mafia di tipo nuovo, più spregiudicata e crudele, più dinamica, tesa a collegarsi con i mutamenti in atto nel paese, per assicurarsi posizioni diverse, attraverso la speculazione edilizia, la valorizzazione delle zone di interesse turistico, gli appalti di lavori pubblici, il contrabbando e il commercio di droga e sigarette, il controllo della prostituzione, iniziative industriali, finanziarie e commerciali condotte in proprio. La guerra tra le cosche e i capi vecchi e nuovi ha segnato uno dei periodi più oscuri e sanguinosi nella storia della mafia, per gli evidenti collegamenti che i nuovi boss hanno a mano a mano istituito con ambienti tanto importanti quanto corrotti. Una piovra gigantesca ha finito in tal modo per stringere nelle sue spire non pochi settori vitali della società, costituendo una minaccia oggettiva per tutto il paese. Anche perché, al fine di realizzare gli obiettivi giganteschi che si è proposti, la mafia ha stretto rapporti e patti con la 'ndràngheta calabrese e la camorra napoletana, oltre che con la grande delinquenza americana. Ne è derivata un'associazione criminale praticamente unitaria ed omogenea, anche se le zone di influenza e le attività restano rigidamente distinte e rispettate: ciò non toglie, tuttavia, che dal nord al sud del paese si sia rafforzata e ampliata una rete criminale dalle proporzioni gigantesche, che può disporre di uomini decisi e spietati, e può maneggiare risorse ingenti, per corrompere, mettere a tacere, comprare, commerciare, investire. In effetti, se delitti di mafia ancora oggi si registrano, lo si deve alla ripresa o agli ultimi sussulti della lotta tra vecchie e nuove « famiglie », o a vendette feroci su nemici e traditori dell'« onorata società »: la mafia attuale, infatti, si è ormai data una organizzazione a livello non soltanto nazionale, ma internazionale, ed è direttamente impegnata nella conduzione e nell'amministrazione di iniziative e imprese moderne, nel campo industriale e finanziario, commerciale e agricolo, sul tipo delle grandi società imprenditoriali dei paesi capitalisti. Nasce da questo carattere nuovo e diverso della mafia attuale, dalla sua dimensione e dalla sua capacità di manovrare ampiamente all'interno del moderno sistema politico ed economico, un pericolo di eccezionale gravità per la correttezza, la moralità, la legalità della vita sociale del nostro paese. Non si può in alcun modo escludere, infatti, che le strutture fondamentali siano ormai profondamente inquinate dalla presenza mafiosa: molti e delicati settori dell'organizzazione sociale sono largamente compromessi con la mafia, complici, fiancheggiatori, conniventi o protettori che siano. La vita politica e amministrativa, la struttura economica e produttiva, le istituzioni democratiche, rischiano ormai di essere condizionate fortemente dalla presenza mafiosa, senza che si riesca ad approntare e utilizzare gli strumenti idonei per combatterla, limitarla e vincerla. I cittadini comuni e la collettività nel suo insieme sono, di conseguenza, esposti senza difesa, e in misura a mano a mano più grave, agli arbitri, ai soprusi, alla prepotenza, alla violenza, al dominio di una organizzazione criminale che ha piantato radici salde e profonde nel tessuto sociale del paese: tanto salde e profonde che per reciderle occorrerà che tutta la società che ha generato e alimentato la mafia si impegni decisamente nella realizzazione di un programma vasto e articolato di lotta contro la criminalità organizzata. Un programma alla cui definizione e attuazione devono essere chiamati tutti i cittadini: è impensabile, infatti, che senza la collaborazione responsabile e attiva della popolazione si possa sconfiggere un nemico potente e occulto quale è indubbiamente la mafia, contro la quale si sono rivelati finora largamente inadeguati i normali mezzi di repressione e l'azione delle forze di polizia. Il fenomeno mafioso, infatti, non può essere considerato soltanto un problema di criminalità comune alla cui soluzione si debba provvedere esclusivamente con i tradizionali strumenti a disposizione dello stato. Senza un vasto movimento di consapevole impegno popolare difficilmente il bubbone della mafia potrà essere estirpato dal seno della nostra società.

# 14. Rapporto mafia e politica.

L'inarrestabile espansione e la crescente gravità del fenomeno mafioso convinsero il Parlamento, già nel lontano 1962, ad istituire una commissione parlamentare di inchiesta sulla mafia in Sicilia. Per cinque anni, i commissari raccolsero dichiarazioni, documenti, verbali, relazioni, testimonianze di forze politiche, esponenti della magistratura, delle forze dell'ordine, dei sindacati, mettendo insieme, in tal modo, un dossier di rilevanti dimensioni, nel quale erano evidentemente contenute le prove dell'attività criminosa esercitata per lunghi anni, nei più diversi settori, dalla mafia. A conclusione dei lavori, tuttavia, centinaia di fascicoli comprometenti furono rigorosamente chiusi negli archivi statali, e da allora non ne sono più usciti: la commissione parlamentare di inchiesta, infatti, terminò i suoi lavori con una breve, generica relazioncina del suo presidente, che non offrì elementi idonei ad avviare un processo significativo di repressione del fenomeno mafioso. Né la seconda commissione di inchiesta riuscì ad ottenere risultati diversi e migliori. Il fallimento sostanziale dell'iniziativa parlamentare appare una chiara dimostrazione dell'impotenza dello stesso parlamento di fronte alla organizzazione mafiosa: un'impotenza che appare presumibilmente determinata dalla rete di connivenze, di complicità e di protezioni che la mafia era riuscita già agli inizi degli anni sessanta ad assicurarsi nei centri che contano veramente nella vita del paese. Inchieste sociologiche, condanne dei tribunali, documenti di varia natura hanno infatti denunziato con forza i collegamenti sempre più stretti stabiliti saldamente tra mafia da una parte e potere politico e amministrativo dall'altra: non pochi né secondari ambienti politici ed economici, organi pubblici locali e nazionali potrebbero essere direttamente o indirettamente implicati in collusioni oggettive con le attività criminose della mafia. In tali condizioni è del tutto evidente che colpire l'organizzazione mafiosa avrebbe come conseguenza inevitabile l'accertamento dei rapporti e delle collusioni di uomini politici corrotti, di amministratori disonesti, di protettori insospettabili, con l'« onorata società »: verrebbe fatalmente alla luce, cioè, la rete estesa e profonda con cui la mafia ha instancabilmente avviluppato amministrazioni locali e centrali, settori politici, gruppi di partito, ambienti economici. Il risultato finale della lotta decisa alla mafia sarebbe l'esplosione di uno scandalo dalle proporzioni gigantesche, dagli effetti imprevedibili su tutta la vita del paese: un cataclisma politico e civile, una incontrollabile reazione a catena, un disastro nazionale. È per queste ragioni che la mafia ha potuto continuare a crescere e ad espandersi praticamente indisturbata, alzando costantemente il prezzo del suo silenzio, procedendo senza ostacoli di rilievo nella sua opera di corruzione morale e civile della nazione: gli effetti di una guerra aperta e decisiva dello stato contro l'« organizzazione » metterebbero in discussione e minaccerebbero tutti i faticosi equilibri politici che si sono andati realizzando negli ultimi anni, sia tra correnti interne e gruppi di pressione delle varie formazioni politiche, sia tra i partiti nazionali. Una tale situazione generale impedisce dunque oggettivamente che le forze politiche si impegnino proficuamente in una lotta senza quartiere alla mafia: invece di colpire alle radici il fenomeno mafioso, si continua a preferire, di conseguenza, un'azione di repressione di cui restano vittime i pesci piccoli, che riesce a stroncare, indubbiamente, le manifestazioni più virulente dell'attività criminale della mafia, ma che, tuttavia, proprio per i limiti oggettivi che ostacolano un'azione radicale, non mette in discussione o non riesce comunque a tagliare i legami profondi che consentono alla mafia di prosperare e di crescere, di allargare la sua influenza e il suo controllo su settori operativi sempre nuovi e diversi. È impensabile, infatti, che uno stato moderno, che dispone di mezzi e di risorse, di uomini e di possibilità rilevanti, non sia in grado di debellare un'associazione criminale, per quanto estesa e forte essa possa essere ed in effetti sia, come nel caso della mafia, appunto. Ciò che manca, dunque, è una decisa e costante volontà politica di spezzare le trame, di rompere i legami, di recidere i collegamenti, di impedire le collusioni, le protezioni, le complicità, a qualunque livello, ed in ogni settore. Il pericolo più grave appare perciò costituito, oltre che dalla violenta e feroce attività criminale della mafia, dall'inquinamento che essa genera ininterrottamente nella vita morale della nazione, a causa della sfiducia, del senso di impotenza e quindi della rassegnazione che paralizza l'opinione pubblica e tutta la collettività, anche e soprattutto, dall'impossibilità o dall'assenza di volontà degli uomini e dei centri di maggiore responsabilità politica e amministrativa di resistere consapevolmente alle pressioni e alle minacce, ai ricatti e alle seduzioni dell'opera corruttrice della mafia. La quale ha permeato evidentemente larghi settori della vita pubblica se può, oggi come oggi, controllare indisturbata una serie sconfinata di attività illecite e criminose, che non possono essere praticate senza la complicità diretta o indiretta, l'indifferenza o la paura, il tornaconto o il calcolo di alcuni tra i responsabili della vita pubblica del paese. In effetti, qualunque discorso sulla mafia non può in alcun modo prescindere da una analisi dei caratteri della nostra società, di una società, cioè, che esprime e consente, alimenta e favorisce il fenomeno mafioso. Il quale, in realtà, non è soltanto un fenomeno, per quanto grave ed esteso, di delinquenza organizzata, non si riduce soltanto all'espressione di una forma particolare di criminalità comune, « normale », ma trova spazi e occasioni, terreno fertile e condizioni idonee alla sua crescita e al suo sviluppo nelle strutture instabili, inquinate, malate, di una società ingiusta e corrotta, dominata dalla legge del profitto, dalla violenza e dall'aggressività, dallo sfruttamento e dalla prepotenza individuale e di classe, economica e politica. La nostra è una società che alla base della convivenza umana e della organizzazione amministrativa e produttiva ha posto i valori disumani del potere, della forza, dell'arricchimento, del successo, e quindi, inevitabilmente, della sopraffazione, della immoralità, della corruzione, della violenza comunque realizzata e mascherata. In altri termini, la società attuale appare essa stessa di stampo e di struttura mafiosa, per i metodi che ha fatto propri, per gli obiettivi che si pone, per le strutture su cui si regge. Ed è fatale che in tale contesto generale, la mafia risulti intimamente connaturata e fusa, espressione e testimonianza drammatica di un male oscuro e profondo che la società attuale si porta insanabilmente dentro, nelle sue stesse viscere. Un male, tuttavia, che risulta oggettivamente tanto più forte e radicato, quanto più libero e incontrastato può espandersi in una situazione generale di indifferenza e di cinismo, di paura e di egoismo. La mafia è potente, non c'è dubbio, ma lo appare ancora di più perché non viene ostacolata e combattuta con la necessaria fermezza e decisione. Se tutte le categorie sociali prendessero adeguata coscienza del pericolo gravissimo per la convivenza civile rappresentato dal fenomeno mafioso, e se invece di limitarsi ad analisi e studi teorici, ad inchieste e a denunzie astratte, si procedesse concretamente, giorno dopo giorno, ad affrontare con mezzi adeguati e a tagliare risolutamente i tentacoli della piovra mafiosa, probabilmente l'« onorata società » finirebbe di costituire una delle più serie minacce all'ordinato e pacifico sviluppo di tutto il paese.

## 15. Le attività della mafia.

La mafia costituisce senza alcun dubbio l'organizzazione criminale più estesa, potente e ramificata che imperversa nel nostro paese. I mutamenti profondi che hanno investito e trasformato radicalmente la società italiana, non hanno affatto intaccato, ma anzi accresciuto ed ampliato la sfera di influenza, il potere e le dimensioni del fenomeno mafioso. In realtà, prima dell'avvento della moderna società industriale, le attività tipiche della mafia erano rappresentate dalla « tutela » delle attività agricole e, conseguentemente, dall'imposizione di taglie, tangenti, percentuali sui raccolti dei campi, in cambio della « protezione » accordata a coloni e proprietari dalla « onorata società ». Successivamente la mafia estende il suo controllo ai mercati ortofrutticoli siciliani, realizzando enormi profitti, che si aggiungono a quelli assicurati dalla « normale » attività delinquenziale di stampo tradizionale. Il salto di qualità e la crescita paurosa della mafia nel tessuto sociale ed economico della nazione si verificano in concomitanza con lo sviluppo edilizio, che è un fenomeno tipico di tutto il paese, negli ultimi decenni, e soprattutto con l'incremento delle attività industriali e la relativa diffusione di un benessere economico generalizzato. Contro la vecchia mafia dei campi, delle attività e dei settori agricoli, nasce infatti la nuova mafia degli appalti, della speculazione edilizia, delle aree fabbricabili: una lotta lunga e sanguinosa segna la fine dei boss e dei metodi tradizionali, e il conseguente avvento di capi ancora più decisi e spietati, che controllano settori economici più redditizi e più vasti. Il « boom » edilizio, la costruzione delle strade e delle autostrade, la valorizzazione turistica di estese aree costiere e montane, soprattutto nel Meridione, offrono occasioni di interventi massicci e violenti della mafia che domina incontrastata, direttamente o indirettamente, in tali campi di attività. Gli utili enormi realizzati sia con la « protezione » e il controllo del settore agricolo e dei mercati ortofrutticoli siciliani e calabresi, sia con le tangenti imposte alle attività edilizie, hanno consentito all'organizzazione mafiosa di allargare ulteriormente il proprio campo di intervento, diversificando la sua presenza in varie direzioni. Il programma di industrializzazione del Mezzogiorno ha infatti offerto ai capi mafiosi nuove possibilità ed occasioni di far sentire il peso del loro immenso potere: nel Sud numerose imprese pubbliche e private sono ormai da tempo costrette a pagare una percentuale alla mafia per poter svolgere la loro attività senza subire pesanti atti di sabotaggio. E la presenza della mafia non risulta più limitata, ormai, alla Sicilia o alla Calabria, ma si estende largamente anche alle altre regioni italiane, soprattutto a quelle economicamente più ricche ed avanzate, come la Lombardia e il Piemonte. Nuovi settori sono di conseguenza accaparrati e controllati fermamente dalle varie famiglie mafiose, che si fanno tra loro una guerra selvaggia per il dominio dei diversi campi d'azione: una guerra, tra l'altro, resa più dura e sanguinosa dalla lotta, spesso parallela, condotta contro la delinquenza organizzata di altri paesi, che tenta di espandersi nella nostra società e conquistarvi posizioni di comando. Il contrabbando di sigarette, il commercio della droga, i sequestri di persona costituiscono i nuovi, lucrosi filoni d'oro della mafia, la quale ha evidentemente raggiunto una organizzazione così complessa, articolata ed efficiente da poter agire su scala nazionale ed internazionale, con appoggi ed agganci i più vari e potenti, come è richiesto da un'attività delinquenziale che consente il maneggio e la disponibilità di migliaia di miliardi, che devono evidentemente essere investiti e distribuiti in mille modi e in mille canali. Una rete agghiacciante di complicità, un intreccio pauroso di interessi e di attività criminali domina ormai ampi settori della vita di intere città. Mercati ortofrutticoli, prodotti agricoli, imprese edilizie, attività industriali, droga, sigarette, prostituzione, sequestri di persona, frodi alimentari, criminalità comune, estorsioni, taglieggiamenti, protezioni, sono i campi fondamentali di intervento della mafia, che vi esercita un dominio totale e incontrastato, per il quale, evidentemente, essa è in grado di manovrare, controllare e ricompensare un esercito sconfinato di criminali, di fiancheggiatori, di protettori. Un esercito che non può non far paura.

## 16. Origini e funzione politica della mafia.

Le origini della mafia affondano le proprie radici in tempi certamente lontani, anche se non possono essere fatte risalire alle popolazioni italiche che abitarono la Sicilia. La mafia, infatti, è essenzialmente un'organizzazione criminale la cui attività e i cui aspetti distintivi non possono essere in alcun modo riportati né alle consuetudini né ai costumi tipici di un popolo o di una regione. Di conseguenza è da scartare come falsa e ipocrita la spiegazione delle origini e delle caratteristiche della mafia come di un fenomeno legato strettamente ai modi di vita introdotti dagli antichi abitatori della Sicilia, come, ad esempio, gli Arabi e i Normanni. Più verosimile, ma comunque incompleta, appare l'ipotesi secondo cui la mafia sorse agli inizi del secolo scorso, nell'ambito generale delle lotte tra la classe dei signori feudali e gli altri ceti sociali, alcuni gruppi dei quali si sarebbero organizzati in società segrete per difendersi dalle violenze e dai soprusi dei baroni. È nei primi anni dell'Unità d'Italia, tuttavia, che il fenomeno mafioso mette radici solide in Sicilia ed assume i caratteri fondamentali che lo caratterizzeranno sino ad oggi. In effetti, la mafia si sviluppò per volontà dei ceti feudali siciliani, i quali, con l'appoggio della burocrazia e dell'esercito, oltre che della stessa magistratura di stretta osservanza piemontese e sabauda, riuscirono non solo a conservare i loro antichi privilegi, ma a respingere e vanificare le richieste popolari di una maggiore e migliore giustizia sociale. Già alle sue origini, dunque, la mafia si presenta come un'organizzazione illegale e criminale che persegue fini reazionari, di conservazione dei rapporti sociali, con una forte carica antipopolare e antidemocratica. La violenza, il delitto, la sopraffazione, la prepotenza, sono elementi costitutivi del fenomeno mafioso, allargatosi a macchia d'olio in un ambiente sociale lacerato da profondi contrasti di classe, da divergenti interessi economici, e condannato ad una immobile condizione civile dall'ignoranza, dall'analfabetismo, dalla miseria. La mafia, dunque, oltre che associazione criminale che svolge attività delinquenziale ad ogni livello, si configura anche e soprattutto come uno strumento di potere spregiudicatamente utilizzato dai gruppi dominanti per mantenere inalterati i rapporti di classe all'interno della società siciliana, tradizionalmente soggetta al potere di pochi, spietati e decisi padroni. È tanto vero, questo, che nonostante tutti i tentativi di porre un limite all'invadenza mafiosa, non si è pratica- mente riusciti mai non si dice a sconfiggere l'« onorata società », ma nemmeno a ridimensionarne l'influenza e la presenza nei diversi settori in cui opera ormai da decenni. Esistono evidentemente connivenze ramificate e profonde, legami insospettabili, collegamenti segreti tra ambienti mafiosi e sfere dirigenti e responsabili della vita nazionale. Come è dimostrato, tra l'altro, sia dalla sostanziale collusione tra mafia e regime fascista, sia dalla ripetutamente confermata incapacità delle istituzioni repubblicane e democratiche di opporsi validamente al dilagare della violenza mafiosa. L'« onorata società » ha potuto in tal modo estendere i suoi tentacoli su attività delinquenziali particolarmente redditizie, dalla prostituzione alla droga, dal contrabbando di sigarette alla speculazione edilizia, dal controllo dei mercati ortofrutticoli agli appalti per i lavori pubblici, dalla « protezione » sulle attività agricole ai sequestri di persona, senza incontrare praticamente mai una resistenza adeguata nelle sconnesse strutture dello stato e senza che i suoi misteriosi ma potenti legami con il potere siano mai stati messi in piena luce. In realtà, anche oggi, o soprattutto oggi, pur se con metodi diversi e con un'organizzazione più complessa e sofisticata di un tempo, la mafia esercita una rilevante funzione politica: attraverso la sua articolata e multiforme attività criminale, essa opera infatti, direttamente e indirettamente, in difesa dei privilegi antichi e nuovi dei gruppi dominanti, contribuendo a mantenere inalterati, o tentando di non mutare, gli equilibri sociali e politici, a tutto vantaggio di chi ha interesse ad impedire la trasformazione in senso democratico del nostro paese. Non a caso, soprattutto negli ultimi tempi, la mafia ha cominciato a svolgere un preciso ruolo antisindacale, antioperaio, antidemocratico, dimostrando di agire per conto e in difesa dei gruppi egemoni vecchi e nuovi, dei potenti di ieri e di oggi.

# 17. Sequestri di persona: problemi e aspetti umani e civili.

I sequestri di persona sono atti criminali ai quali la delinquenza organizzata si è dedicata e continua a dedicarsi in vari parti del mondo: è vero, tuttavia, che in tale campo il nostro paese vanta un primato difficilmente eguagliabile, purtroppo. In realtà, da parecchi anni ormai i sequestri di persona costituiscono uno dei settori di maggiore attività della mafia e, di conseguenza, uno dei problemi più gravi della nostra società. Le dimensioni e la frequenza periodica di tale fenomeno criminale vanno necessariamente riportate all'espansione rapida e articolata che la delinquenza organizzata ha potuto realizzare non soltanto in quasi tutte le regioni del paese, ma anche a molti livelli delle strutture amministrative dello stato. Anche se non mancano, infatti, gruppi isolati di criminali abituali che tentano spesso il salto di qualità operando uno o più sequestri di persona, è innegabile che tale attività delinquenziale è gestita e controllata prevalentemente da associazioni criminali dotate di una organizzazione ramificata e collaudata, di molti mezzi e di non poche né marginali capacità. Tanto è vero, questo, che mentre le bande di sequestratori occasionali sono quasi sempre individuate e sgominate, le grosse organizzazioni di tipo mafioso che si sono specializzate nei sequestri di persona restano sconosciute e impunite e continuano ad operare praticamente indisturbate. Come è dimostrato inoppugnabilmente dal fatto che non solo i sequestri continuano e si estendono ad un ritmo crescente anno dopo anno, ma che soltanto in qualche caso sporadico si è riusciti a catturare e a imprigionare un numero limitato di gregari, di esecutori materiali del rapimento. Di conseguenza non appare affatto arbitraria o cervellotica l'ipotesi che dietro tutti i sequestri di persona verificatisi nel nostro paese ci sia una sola, potente quanto misteriosa organizzazione criminale, così ramificata ed estesa da poter preparare, dirigere e controllare in ogni fase i rapimenti. Ed appare del tutto evidente che una tale organizzazione non può essere che la mafia, con tutte le sue articolazioni regionali e i suoi collegamenti con le altre potenti associazioni criminali che operano in diversi campi e nelle varie zone del paese. Di fronte a un fenomeno criminale così esteso e preoccupante, lo stato e i suoi organi specificamente preposti alla prevenzione e alla repressione della delinquenza individuale e organizzata hanno mostrato di essere praticamente impotenti. Le cause dì una tale situazione vanno necessariamente ricercate e individuate in una serie di fattori diversi ma tuttavia concomitanti e dipendenti tra loro. Non si può non rilevare, innanzi tutto, che le forze dell'ordine del nostro paese risultano largamente impreparate ad affrontare con mezzi adeguati una criminalità di tipo nuovo, una delinquenza organizzata con criteri moderni: mentre infatti appaiono efficienti nella lotta contro la delinquenza tradizionale e comune, polizia e carabinieri non sembrano in grado di conseguire risultati definitivi contro organizzazioni criminali agguerrite ed estese, come la mafia, appunto, a causa del mancato adeguamento dei mezzi tecnici e scientifici che oggi risultano indispensabili, insieme con una organizzazione diversa di compiti e di responsabilità, per combattere e sconfiggere o almeno ridimensionare le nuove forme, le nuove attività, le nuove capacità dei criminali di oggi, diversi da quelli di un tempo, e cioè più decisi, più astuti, più intelligenti, meglio organizzati. Ma i vari limiti delle strutture di polizia non sono gli unici ostacoli che impediscono o rallentano un'azione efficace e risolutiva contro la criminalità organizzata: ad essa, infatti, bisogna purtroppo aggiungere anche la sconcertante varietà delle norme giudiziarie che finiscono spesso per intralciare il lavoro della magistratura e per creare conflitti oggettivi di competenza che costituiscono delle vere e proprie pastoie per il corso rapido e decisivo della giustizia. Non bisogna dimenticare, in effetti, che le norme di procedura penale appaiono in linea generale ancorate ad una visione e ad una realtà di crimini che risultano, al contrario, largamente superati dalle condizioni della vita e della società moderna: uno snellimento e un adeguamento delle norme procedurali sia in tema di indagini di polizia sia nel campo dell'attività giudiziaria offrirebbe possibilità e strumenti nuovi e diversi per un intervento più efficace degli organi di polizia e della magistratura contro la criminalità dilagante, in linea generale, e contro la mafia dei sequestri, in particolare. Nonostante l'urgenza delle soluzioni che il problema richiede, finora tuttavia non sembra essere stato fatto nulla di concreto in tale direzione. Probabilmente l'inadeguata attenzione prestata a un fenomeno pur così grave, come senza alcun dubbio si presenta quello dei sequestri di persona, è indirettamente provocata anche dalle reazioni dell'opinione pubblica alle ricorrenti notizie di rapimenti di industriali, possidenti, benestanti, commercianti, gente, cioè, normalmente ricca o con possibilità economiche comunque superiori alla media. L'opinione pubblica, infatti, reagisce con preoccupazione e con sdegno sincero ad ogni nuova impresa criminale, commovendosi in particolare per le vittime dei sequestri: è pur vero, tuttavia, che non pochi, mentre restano turbati per le sofferenze dei rapiti e dei loro familiari, sono portati a non dare eccessivo peso al prezzo economico che alle famiglie dei rapiti costa il riscatto del loro congiunto sequestrato. In altri termini, si va sempre più diffondendo la convinzione e l'accettazione passiva del fatto che i sequestrati, essendo gente ricca, « possono » pagare le somme anche rilevanti che devono sborsare per la loro liberazione: molti cittadini ritengono perciò che tale problema non li riguardi direttamente, ma che interessi soltanto una minoranza la cui ricchezza spesso si è portati ad attribuire ad illecite o misteriose operazioni economiche. Il sequestro di persona, cioè, a meno che la vittima non venga seviziata o addirittura uccisa, non suscita, spesso, una reazione diversa dall'emozione e dal turbamento per la sorte personale del rapito, senza definirsi quasi mai come una opposizione generale, di massa, di natura politica e civile, ad un'impresa criminale che non si esaurisce certamente nel semplice pagamento del riscatto. Ciò di cui molto spesso la gente comune non sa o non vuole rendersi conto è che la massa enorme di denaro che la criminalità organizzata si procura con i sequestri di persona serve non soltanto a mantenere in piedi le strutture della delinquenza associata, ma viene utilizzata per il finanziamento di una serie complessa di altre attività criminali che arrecano ulteriori danni alla collettività, allargando nello stesso tempo la sfera d'azione della delinquenza e accrescendone il potere e l'influenza già notevoli e intollerabili nell'ambito della società. Senza contare che l'indifferenza strisciante per un tipo di attività criminale diretta prevalentemente contro alcune categorie sociali, mette in moto un pericoloso processo di egoismo individuale e collettivo che finisce, inevitabilmente, per ampliare oggettivamente gli spazi di manovra e le possibilità di una maggiore impunità per la delinquenza occasionale e abituale. Al di là del dramma umano dei rapiti e dei loro familiari, al di là dell'ingiusta sottrazione di ricchezza operata a danno di coloro che godono di condizioni economiche elevate, i sequestri di persona pongono dunque un problema generale di difesa sociale dell'ordine, della tranquillità, della legalità, della sicurezza individuale e collettiva che le organizzazioni criminali sconvolgono sistematicamente e minacciano impunemente. La frequenza dei rapimenti a scopo d'estorsione deve d'altra parte far riflettere attentamente sulla gracilità delle strutture sociali, sull'inadeguatezza degli organi istituzionali a cui è demandato il compito fonda- mentale della difesa della legalità democratica e repubblicana del nostro paese. I sequestri di persona, in altri termini, anche in considerazione dei preoccupanti e pericolosi collegamenti che sembrano essersi stabiliti tra delinquenza comune e criminalità politica, devono essere stroncati non soltanto perché la collettività nel suo insieme ne paga inevitabilmente le conseguenze, ma anche e soprattutto perché ad un problema di ordine pubblico e di tranquillità sociale se ne aggiunge e sovrappone un altro ben più determinante: quello, cioè, dello sviluppo democratico e civile del nostro paese seriamente minacciato ed ostacolato sia dalla dilagante, inarrestabile criminalità, sia dai tentativi oscuri di sconvolgere con ogni mezzo le istituzioni repubblicane che nonostante tutti i loro limiti e le loro carenze costituiscono una conquista civile e politica irrinunciabile, e assicurano, perciò, le condizioni indispensabili di libertà e di giustizia per un ulteriore passo in avanti sulla strada del benessere economico e dello sviluppo civile di ognuno e di tutti. L'esigenza che l'opinione pubblica acquisti una più chiara e matura coscienza dei pericoli rappresentati dall'attività criminale dei sequestri di persona appare dunque prioritaria: in tale direzione risulta opportuna e indispensabile un'opera di informazione e di sensibilizzazione che i mezzi di comunicazione devono e possono condurre giorno dopo giorno, insistendo meno sugli elementi spettacolari delle azioni criminose e mettendo meglio in evidenza, al contrario, la sostanza drammatica del problema. Il che, evidentemente, è necessario ma certamente non risolutivo. Ciò che conta, in realtà, è un impegno più deciso, una linea più dura e sistematica degli organi di polizia e della magistratura per stroncare un'attività criminale che si estende a macchia d'olio interessando ormai anche la piccola delinquenza. Leggi più dure, dunque, azioni di polizia più decise e meglio articolate, « terra bruciata » intorno ai rapitori: sono questi gli strumenti e gli interventi necessari per porre fine ai sequestri di persona che costituiscono una minaccia angosciosa per ogni cittadino e per tutta la collettività.

## 18. L'organizzazione dei sequestri di persona e il potere delle organizzazioni criminali.

La frequenza periodica dei sequestri di persona nel nostro paese ha posto agli organi inquirenti ed all'opinione pubblica nazionale il problema della organizzazione criminale specializzatasi in tale tipo di delitti. Non c'è dubbio, infatti, che i rapimenti devono essere opera di una associazione criminale particolarmente agguerrita ed efficiente non solo, ma anche e soprattutto perfettamente organizzata. Il sequestro di persona, in realtà, per conseguire l'obiettivo fondamentale del pagamento di un adeguato riscatto, non può essere affidato al caso o all'iniziativa estemporanea di delinquenti occasionali e sprovveduti, ma richiede una rete organizzativa e una struttura ramificata di uomini e di mezzi adeguati, che non sono evidentemente alla portata di criminali comuni. Al di là di ogni considerazione morale e umanitaria, dunque, il primo elemento che si impone all'attenzione è costituito dall'esistenza di una criminalità estremamente potente e capace, in grado di sequestrare chiunque, di tenere in ostaggio il rapito, per tutto il tempo necessario, di riscuotere le somme richieste per la sua liberazione, e di restare, nonostante tutto questo complesso, intricato insieme di attività illegali, quasi sempre impunita e sconosciuta. Come dimostra l'alto numero di sequestri di cui ancora oggi non si è riusciti ad individuare e ad arrestare gli autori, che continuano a circolare liberi, indisturbati e illecitamente ricchi. In effetti, sgominare la cosiddetta anonima-sequestri risulta impresa piuttosto difficile, anche se non impossibile, evidentemente, proprio in virtù della efficiente struttura organizzativa che tale associazione criminale si è data. I rapimenti, infatti, vengono eseguiti da « personale » specificamente addestrato a tale compito, portato a termine il quale, esso non ha più collegamenti con gli altri delinquenti a cui è affidato l'incarico di custodire la vittima: gli esecutori materiali del sequestro, in altri termini, risultano in linea generale criminali diversi da quelli che, pur facendo parte della stessa organizzazione, hanno tuttavia mansioni differenti. La divisione dei compiti, come in una aberrante catena di montaggio del crimine, e la distinzione in compartimenti-stagno dei vari gruppi di delinquenti impediscono evidentemente che gli inquisitori, forze di polizia e magistrati, possano risalire in breve tempo e con relativa facilità dagli esecutori dei rapimenti ai loro mandanti. Molto spesso, infatti, accanto ai « gregari » ai quali sono affidate le mansioni più basse e che occupano i primi gradini della piramide organizzativa criminale, operano altri gruppi via via incaricati di tenere i contatti con la famiglia del rapito, di riscuotere le somme richieste per il riscatto, di liberare il prigioniero. Nella quasi generalità dei casi, inoltre, al di sopra della manovalanza dei sequestri agiscono nell'ombra capi potenti, insospettabili, con legami stretti e ramificati negli ambienti decisionali che più contano nella vita del paese. Il sequestro materiale di una persona e la successiva « riscossione » del riscatto costituiscono, infatti, soltanto alcuni momenti della complessa attività criminale legata ai rapimenti. La tappa più importante di tale processo è indubbiamente costituita dal « riciclaggio » del denaro « sporco », per ripulire il quale occorre evidentemente avere agganci solidi e sicuri negli ambienti che per la loro attività e le loro specifiche funzioni siano in grado di immettere senza rischi sul mercato finanziario e monetario le somme ricavate dai riscatti. Senza contare che l'anonima sequestri non ha mai sbagliato un colpo, nel senso che le sue vittime sono risultate sempre facoltose, in grado comunque di « pagare » per riacquistare la libertà: il che significa che le informazioni di cui dispongono i capi occulti di tale organizzazione criminale sono precise e sicure, senza ombra di pericolosi errori. L'anonima sequestri, dunque, ha messo radici profonde e ben protette in parti delicate e fondamentali del nostro organismo sociale: è appunto per questo preoccupante stato di cose che appare difficile colpire esecutori e mandanti, manovalanza e capi di tale associazione criminale. La cui pericolosità cresce anno dopo anno, in forza delle rilevanti risorse finanziarie che essa può manovrare ed investire in ogni settore della struttura economica del nostro paese. Anche, o soprattutto, a causa dei sequestri di persona e degli enormi proventi che ne derivano, nella nostra società si va diffondendo lo stesso fenomeno che già affligge ed inquina la convivenza civile in altri paesi occidentali, economicamente e tecnologicamente avanzati: vale a dire la presenza massiccia di un potere finanziario esteso e ramificato alimentato occultamente da attività criminali, come lo spaccio della droga, il contrabbando, il controllo della prostituzione, la « protezione » su molte attività commerciali e industriali piccole e medie, la gestione di case da gioco, e così via. In altri termini, i proventi assicurati dall'esercizio di una serie di attività criminose vengono raccolti e incanalati in imprese economiche, finanziarie, industriali, perfettamente legali, ma controllate rigidamente da delinquenti di alto livello, o gestite per loro conto da rappresentanti e manager normali o legati ad essi a filo doppio. La gravità di una tale situazione emerge in tutta la sua dimensione se si considera che, in tal modo, interi settori delle strutture economiche di un paese finiscono direttamente o indirettamente sotto il controllo delle organizzazioni criminali. Molti inquietanti aspetti della società moderna sono determinati in buona parte proprio da questa situazione: la corruzione di uomini e ambienti responsabili di delicati settori della organizzazione sociale, l'impotenza oggettiva delle forze dell'ordine contro la delinquenza moderna, la speculazione economica, il deterioramento della vita morale, l'inquinamento delle amministrazioni pubbliche, la diffusione della droga, la prepotenza crescente della delinquenza occasionale e abituale, la violenza dilagante, trovano molto spesso origine e alimento nella presenza diffusa, nella forza terribile e spietata della criminalità organizzata. E nel nostro paese, i sequestri di persona risultano oggettivamente uno dei veicoli e degli strumenti criminali utilizzati per l'espansione costante e inarrestabile dì una delinquenza spietata e potente che, a parte ogni altra considerazione, offre il proprio sostegno e trova la propria convenienza nei tentativi diversi di arrestare lo sviluppo civile e democratico della società nazionale nel suo complesso. È appunto in forza di tale oggettiva situazione che l'attività criminale dei sequestri di persona e l'organizzazione delinquenziale che li organizza e li gestisce non possono e non devono essere considerate come elementi comuni e « normali » di una criminalità che sia pure in diversa misura affligge la società moderna. In realtà i sequestri di persona appaiono ogni giorno di più come mezzi utilizzati da occulte e ramificate associazioni criminali per procurarsi rapidamente, e con rischi tutto sommato molto scarsi, risorse finanziarie destinate ad accrescere il potere già esteso e la presenza già preoccupante della nuova delinquenza nell'ambito delle strutture economiche del nostro paese. Ed è proprio per questo che la collettività deve reagire decisamente per stroncare una volta per tutte la serie ininterrotta di sequestri di persona che si configurano ormai come uno dei pericoli più gravi per un'ordinata e serena convivenza civile.

## 19. Sequestri di persona e « riciclaggio » dei riscatti.

I sequestri di persona sono certamente tra le attività delinquenzali che rendono di più e comportano, tutto sommato, meno rischi: è ovvio, tuttavia, che essi richiedono una organizzazione criminale non solo ampia ed efficiente, ma rigidamente controllata e programmata in ogni sua fase, a qualunque livello, per qualsiasi obiettivo. Il sequestro di persona, infatti, non costituisce un atto criminale fine a se stesso, ma rappresenta un mezzo per conseguire un fine diverso, che consiste, di norma, nel pagamento di un rilevante riscatto a favore dei sequestratori da parte della famiglia del sequestrato. Le somme pagate per ottenere la restituzione del rapito sono generalmente molto alte, in quanto i sequestratori scelgono con attenta cura le loro vittime, che risultano, infatti, nella generalità dei casi, particolarmente facoltose, tanto ricche, comunque, da potersi permettere di pagare un riscatto sostanzioso: ed anche questo dimostra la perfetta organizzazione della macchina criminale dei sequestri, che raramente commette errori. I proventi assicurati dai rapimenti costituiscono, dunque, una massa rilevante di denaro liquido, che tuttavia non può essere utilizzato direttamente e immediatamente, ma ha bisogno di essere « riciclato » e « ripulito » prima di essere reimmesso in circolazione. Per conseguire tale obiettivo fondamentale, La fantasia e la capacità dell'organizzazione criminale specializzata in sequestri si sono rivelate praticamente inesauribili. Secondo alcuni, infatti, il danaro ricavato dai riscatti verrebbe depositato in banca da persone insospettabili o non sospette, senza che gli organi responsabili esercitino o riescano ad esercitare un controllo attivo ed efficace sui depositi. Qualcuno è arrivato a sospettare o a ipotizzare che le bande dei sequestratori abbiano complici ben addentrati nel sistema bancario, di cui si servirebbero per effettuare depositi senza passare attraverso i normali controlli che in casi del genere vengono o dovrebbero essere effettuati. In realtà, anche a prescindere dalla reale o ipotetica complicità di ambienti e responsabili bancari con le associazioni criminali, resta il fatto incontrovertibile della rilevante difficoltà pratica di procedere sistematicamente a controlli costanti ed efficaci delle banconote depositate, per accertarne l'eventuale corrispondenza con i numeri di serie che dovrebbero essere registrati in caso di pagamento di un riscatto. La procedura della registrazione e della successiva comunicazione alle agenzie bancarie dei numeri di serie delle banconote di grosso taglio utilizzate per i riscatti appare piuttosto macchinosa: senza contare che le piccole agenzie non hanno, in linea generale, elenchi di banconote « sospette » e che, ancora, se effettivamente si volesse controllare tutto il denaro circolante nelle operazioni bancarie, l'attività degli istituti di credito ne sarebbe fortemente condizionata e rallentata, se non addirittura paralizzata. Né va dimenticato, d'altra parte, che non possono essere affatto escluse complicità e connivenze tra impiegati e funzionari da un lato e sequestratori dall'altro. Il sistema relativamente più semplice, diretto e immediato per riciclare il denaro « sporco », frutto cioè di un sequestro, consiste nel depositarlo in banca in diversi tempi e servendosi di più persone. Un altro metodo più elaborato è rappresentato dall'esportazione in un paese straniero della somma ottenuta con il riscatto e dalla successiva rimessa in circolazione, nel nostro paese, di denaro pulito attraverso le rimesse di emigranti veri, presunti o inesistenti, i quali, presentando agli sportelli stranieri denaro sporco ma non controllato né controllabile, fanno giungere alle loro famiglie o ad « amici » assegni, vaglia e così via. In tal modo le banconote pericolose vengono ripulite di ogni ombra di sospetto e possono essere godute liberamente dai destinatari delle rimesse. Oppure c'è un altro espediente che i sequestratori possono mettere in opera, se non sono attrezzati direttamente per il riciclaggio: vendono il denaro sporco per la metà o anche meno del suo valore effettivo e i compratori si incaricano, poi, a loro volta, di ripulirlo. Depositandolo, per esempio, in banche straniere, dopo averlo ovviamente esportato clandestinamente, e cambiandolo in moneta estera, o ritirandolo quando le acque si siano calmate. A voler restare nei confini della patria, i sequestratori possono tuttavia utilizzare anche altri sistemi: come quello di versare denaro per assegni circolari che dopo lunghi giri ritornano puntualmente agli interessati, i quali possono cambiarli ricevendo denaro fresco e pulito. I metodi, insomma, non mancano: da qualche tempo si comincia, infatti, ad investire il denaro del riscatto nell'acquisto di immobili, immettendo somme rilevanti nella circolazione normale attraverso persone compiacenti ma non sospettabili, o cittadini del tutto ignari e in buona fede. Un punto resta comunque fermo, nel giro vorticoso delle somme provenienti dal pagamento dei riscatti: le banche appaiono al centro di un'attività di passaggio e di cambio sulla quale la magistratura sta indagando per accertare se in relazione ad essa vi siano complicità e colpe ben definite, o se è lo stesso sistema bancario a consentire oggettivamente operazioni spregiudicate, sul filo del codice e della corretta morale. Altrettanto certo appare, infine, che l'organizzazione criminale dei sequestri di persona è informata perfettamente sulle possibilità economiche dei candidati al rapimento, è strutturata in maniera tale da poter non solo prendere, in ostaggio le vittime che vuole, ma tenerle al sicuro per tutto il tempo necessario, liberarle a riscatto pagato, sfuggire alla giustizia, molto spesso, riciclare il denaro « guadagnato », e ricominciare da capo. Tradotto in termini concreti, ciò significa che i cervelli che guidano l'« anonima sequestri » sono dotati di capacità e di conoscenze eccezionali, tanto da non fallire un colpo e da restare sistematicamente nell'ombra. Viene quasi il sospetto che nel nostro paese a funzionare bene sia soltanto la delinquenza organizzata, soprattutto quella specializzata in sequestri di persona. In effetti una considerazione del tutto ovvia si impone immediatamente: come è possibile, cioè, che bande di sequestratori riescano ad escogitare sistemi raffinati di riciclaggio del denaro sporco, mentre gli organi istituzionalmente competenti non risultano in grado di contrastare efficacemente con sistemi e mezzi adeguati, nonostante la conoscenza e il controllo dei meccanismi bancari, un'attività illegale di « cambio » che appare praticata con tanta facilità e sicurezza dai delinquenti? Evidentemente il problema è stato sotto- valutato: disattenzione politica, inadeguatezza della risposta repressiva, valutazione errata del fenomeno dei sequestri, o addirittura indifferenza cinica, tendenza a non intervenire con decisioni drastiche, appaiono tra le cause più rilevanti della generalizzata incapacità o della grave impossibilità degli organismi responsabili a stroncare un « commercio » diffuso di denaro proveniente dai riscatti, il cui blocco segnerebbe con tutta probabilità la fine dei sequestri di persona che si fanno anno dopo anno più numerosi e frequenti, proprio per la facilità preoccupante di « riciclare » in breve tempo le somme enormi pagate dalle vittime.

# 20. Sequestri di persona: come reprimerli.

I sequestri di persona costituiscono un'attività criminale altamente specializzata, che richiede un'organizzazione perfetta e ramificata, in grado di dirigere e controllare squadre di esecutori molto addestrati, oltre che di disporre di una estesa rete di basi sicure. Non c'è da meravigliarsi, di conseguenza, che contro una tale organizzazione a delinquere si siano fino ad oggi rivelati del tutto inutili o comunque scarsamente efficaci i vecchi metodi tradizionalmente adottati dagli organi inquirenti per combattere la malavita comune. La sorpresa, tuttavia, diventa legittima quando ci si rende conto che, nonostante i continui insuccessi che le forze dell'ordine e la magistratura hanno dovuto loro malgrado subire contro la cosiddetta mafia dei sequestri, i responsabili della direzione del paese poco o nulla hanno fatto sia per dotare polizia, carabinieri e finanza di mezzi più moderni di prevenzione, ricerca e repressione, sia per fornire ai giudici possibilità legali più ampie per intervenire tempestivamente al fine di bloccare i meccanismi del sequestro di persona. Il primo provvedimento da prendere per tentare di contrastare efficacemente le imprese criminali dell'anonima sequestri, dovrebbe consistere nella preparazione specifica di personale opportunamente selezionato e addestrato per la prevenzione e la repressione dei rapimenti: un numero adeguato di squadre composte da appartenenti alle forze dell'ordine preparati a tali compiti specifici, segnerebbe una capacità di intervento e una possibilità operativa di cui tanto la polizia che i carabinieri e la guardia di finanza sembrano essere privi. La formazione di squadre speciali anti-sequestro dovrebbe costituire, comunque, soltanto il primo, indispensabile elemento di un'azione a vasto raggio contro i rapimenti. In realtà, nonostante gli smacchi subiti e la sfiducia che a tale proposito serpeggia nell'opinione pubblica, contro i sequestratori è possibile agire tempestivamente ed efficacemente. Clamorose prese di posizione da parte di magistrati ed inquirenti hanno messo in chiara evidenza, infatti, la necessità di snellire le norme procedurali e di eliminare gli intralci di natura giuridica che si frappongono all'intervento risolutore del giudice nella lotta ai criminali in tema di rapimenti. Nel nostro codice, in realtà, sussistono norme rigide in forza delle quali la competenza di un giudice viene a cessare se il rapito, ad esempio, viene liberato in un luogo diverso da quello in cui fu sequestrato: di conseguenza il magistrato al quale, in virtù di tale disposizione, tocca di assumere l'inchiesta, inizia da capo un lavoro che era stato già incominciato da un altro giudice, che è costretto ad abbandonare il caso non essendone più giuridicamente competente, a causa della sua appartenenza ad un'altra circoscrizione. Al limite, una tale procedura potrebbe consentire ai rapitori di scegliere il giudice che condurrà l'inchiesta, liberando il sequestrato in una zona invece che in un'altra: fatto, questo, che si verifica puntualmente, proprio per rendere più lento e difficile il corso della giustizia. Questo esempio dimostra a sufficienza la necessità, oltre che l'opportunità, di un adeguamento di molte norme del nostro ordinamento giuridico, che non possono risultare rispondenti alla realtà criminale del nostro tempo, essendo state elaborate e varate in un ambito sociale e storico molto spesso profondamente diverso dall'attuale dimensione della convivenza civile. Così come del tutto indispensabile appare un più stretto collegamento tra le varie forze dell'ordine, talvolta portate a svolgere autonomamente, una indipendentemente dall'altra, un'azione repressiva, con evidenti e deleterie dispersioni di energie, di mezzi e di informazioni preziose. Una esigenza, quest'ultima, che si è imposta e che sembra avviata ad essere adeguatamente soddisfatta sotto la spinta di recenti, drammatici fatti di terrorismo politico: il coordinamento delle forze dell'ordine sotto la responsabilità e la competenza del ministro dell'interno appare un primo passo, necessario ed utile, in tale direzione. Una lotta specifica contro i rapimenti di persona deve comunque avvalersi anche di altri mezzi e di metodi diversi, la cui utilizzazione è stata già prospettata e in qualche caso tentata, suscitando preoccupazioni e polemiche spesso violente. In realtà, il sequestro dì persona è un atto criminale che mira, come obiettivo finale ed esclusivo, non al rapimento in se e per sé di un cittadino qualunque, ma al pagamento di un rilevante riscatto come contropartita della liberazione e della restituzione del sequestrato: la cui incolumità e la cui vita, dunque, sono minacciate proprio per conseguire, da parte dei rapitori, il pagamento di una forte somma, come riscatto, appunto. Ne consegue che se si potesse e si riuscisse legalmente, in virtù, cioè, di una apposita norma di legge, a bloccare il reperimento, da parte dei familiari del rapito, della somma necessaria per il riscatto, il meccanismo del sequestro verrebbe bloccato, e l'obiettivo dei rapitori risulterebbe destinato inevitabilmente a non essere raggiunto, o, perlomeno, sarebbe drasticamente ridimensionato. In altri termini, se il giudice potesse impedire legalmente ai familiari dei rapiti sia di ritirare soldi dalle banche, sia di accendere ipoteche su beni da loro posseduti, sia di chiedere prestiti a istituti finanziari, evidentemente i rapitori non potrebbero ricevere nessun riscatto per la liberazione del loro ostaggio. Una procedura del genere comporta evidentemente il rischio concreto e drammatico di una reazione violenta dei rapitori, che potrebbero arrivare persino ad uccidere la loro vittima: ma tenendo presente che molti sequestrati non hanno fatto mai più ritorno alle loro case, nonostante il pagamento del riscatto richiesto, probabilmente impedire legalmente di pagare qualsiasi somma per la liberazione di un rapito resta una delle poche soluzioni di un problema drammatico, che non può lasciare indifferente nessuno e tanto meno i responsabili della direzione del paese. I quali, d'altra parte, avrebbero ancora un'arma efficace contro i sequestri, e cioè lo accertamento fiscale e bancario a carico di quanti risultino essere diventati improvvisamente ricchi e facoltosi: spezzare la catena delle omertà e delle complicità non sarebbe difficile se si indagasse più a fondo sui movimenti di denaro « riciclato » in vari modi dopo uno o più sequestri. I metodi e i mezzi, dunque, non mancano: quello che forse occorre è una volontà più decisa di colpire dove c'è da colpire, senza guardare in faccia a nessuno. Come, d'altra parte, è giusto, oltre che necessario. La lotta alla mafia dei sequestri, in realtà, non può essere condotta con i mezzi tradizionali e nel rispetto paralizzante di una serie di vincoli che finiscono oggettivamente per ostacolare o vanificare del tutto l'azione repressiva degli organi responsabili. In altri termini, poiché i sequestri di persona rappresentano un pericolo gravissimo per la collettività e segnano una svolta nell'attività normale della delinquenza, ad essi bisogna necessariamente far fronte con provvedimenti più incisivi e decisi, nuovi e diversi rispetto al passato.

# 21. Le forze di polizia e l'ordine pubblico.

L'ordinato svolgimento della vita pubblica dovrebbe costituire, in ogni paese, non soltanto l'obiettivo fondamentale degli organi responsabili, ma la condizione normale per l'esercizio delle attività e il progressivo sviluppo umano e civile degli individui e della collettività. Raramente, tuttavia, una tale idilliaca situazione si è verificata: il processo di sviluppo storico delle società civili è stato costantemente caratterizzato da conflitti e guerre, contrasti e disordini, lotte e dolori. Nella società contemporanea l'ordine pubblico è diventato un problema più grave e preoccupante che nel passato. In realtà, le rapide trasformazioni economiche, morali, ideologiche, politiche, hanno determinato una situazione di continua, aspra conflittualità tra gli individui e tra i ceti sociali. L'emergere e raffermarsi graduale di nuove classi; la rivendicazione di legittimi diritti da parte delle masse dei lavoratori inseriti in un sistema produttivo oggettivamente rigido e oppressivo; il movimento di crescita civile e politica delle donne e dei giovani, rappresentano già di per sé elementi storici di contrapposizioni generalmente positive per lo sviluppo democratico di un paese, ma oggettivamente destinati, tuttavia, a creare e ad alimentare spinte allo scontro sociale, situazioni di frontale opposizione politica ed economica, occasioni di profondo perturbamento dell'ordine pubblico. Scioperi, manifestazioni, proteste, movimenti di rivendicazione, contestazioni, costituiscono oggettivamente, al di là e indipendentemente da qualsiasi valutazione politica che se ne possa e se ne voglia dare, momenti di rottura talora traumatica delle normali, collaudate condizioni di vita e di attività del paese. L'ordine pubblico, tuttavia, non appare affatto minacciato da forme consentite e costituzionali di una democratica lotta politica e civile, che costituisce, anzi, lo strumento mediante il quale la società si rinnova e progredisce naturalmente: le cause politiche di disordine sociale, i meccanismi di grave e pericoloso perturbamento dell'ordine pubblico vanno individuati nella scelta e nell'adozione di una contestazione violenta che travalica i limiti dell'opposizione civile, praticando forme di lotta che tendono a sovvertire l'attuale organizzazione sociale mediante lo scontro di piazza e l'uso programmatico della violenza. Da questo punto di vista, il nostro paese è ormai da tempo teatro, nelle maggiori città, in misura particolare, di attacchi rapidi e decisi, di scontri violenti con le forze dell'ordine, di azioni e di imprese di vera e propria guerriglia urbana ad opera di minoranze estremiste che non accettano le regole democratiche del gioco politico fatte proprie dai grandi partiti nazionali di massa, compresi quelli della cosiddetta sinistra storica. L'estendersi dell'area politica che non si riconosce nei programmi e nei metodi delle grandi forze parlamentari e costituzionali ha determinato l'acuirsi progressivo di una tensione gravida di incognite, da cui sono periodicamente, e sempre più frequentemente, ormai, provocate drammatiche esplosioni di violenza politica nei grandi centri urbani. L'ordine pubblico risulta, di conseguenza, sottoposto a violente pressioni che diventano molto spesso insostenibili, con effetti a catena su tutta la vita e le attività della comunità nazionale. Se le violenze e gli scontri di matrice politica costituiscono indubbiamente elementi di estrema pericolosità per l'ordinato, tranquillo svolgimento della vita pubblica, più costantemente gravi e preoccupanti risultano, per gli individui singoli e per la collettività nel suo insieme, i problemi determinati dalla presenza massiccia e dalla prepotenza arrogante di una delinquenza occasionale e abituale che appare in continua, inarrestabile espansione. A livello e in tema di ordine pubblico appare innegabile, infatti, che la serie impressionante e ininterrotta di delitti quotidiani contro la vita, l'incolumità, i beni dei cittadini rappresenti un complesso intricato di elementi che turbano e lacerano dolorosamente, giorno dopo giorno, la serenità dei modi di vita, dei rapporti sociali, degli affetti e dei sentimenti personali, del lavoro, dell'impegno civile di tutta la popolazione. Direttamente o indirettamente, in effetti, ogni cittadino è colpito drammaticamente dagli omicidi, dalle rapine, dai furti, dai sequestri di persona, dai ferimenti, dagli scippi, dalle prepotenze e dalle violenze di una criminalità che dilaga praticamente indisturbata o scarsamente, inadeguatamente contrastata. L'esistenza quotidiana degli individui e della comunità è sottoposta ad uno stillicidio esasperante e tormentoso di azioni criminali che non risparmiano nessuna categoria sociale, nessuna regione, nessuna città o piccolo paese. La delinquenza individuale e la criminalità organizzata risultano responsabili, anno dopo anno, di centinaia di migliaia di delitti, di cui restano vittime cittadini di ogni condizione economica, di ogni ambiente sociale, di ogni livello culturale, per le strade, in casa, nei luoghi di spettacolo e di lavoro, dovunque. L'ordine pubblico, di conseguenza, rischia dì venire travolto da questa marea montante di delitti che molto spesso restano impuniti, dal momento che, in buona parte, non se ne riesce né ad individuare né a colpire gli autori. Ma oltre le imprese criminali dei delinquenti, professionisti o dilettanti che siano, non si può non tener conto, in tema di ordine pubblico, della spirale di violenze, di offese, di aggressioni, che scaturiscono dai modi stessi del vivere moderno. Anche le persone normalmente oneste e tranquille esplodono spesso in atti di isterismo e di intolleranza, scaricando in azioni ed in gesti del tutto insoliti ed eccezionali, ma non per questo meno gravi e pericolosi, la tensione accumulata ora dopo ora vivendo una vita oggettivamente dilaniata dall'ansia, dalle preoccupazioni, dalle ambizioni, dalla competizione sociale, dai bisogni, nell'ambito di una società spietata, cinica, egoista, impietosa, brutalmente materialista. L'equilibrio psicologico degli individui, la serenità di un'esistenza tranquilla e sicura, l'esigenza di una confortante, ristoratrice distensione fisica e morale sono infatti gravemente e insistentemente minacciati, e quasi sempre del tutto vanificati, dal ritmo e dalla frenesia degli impegni, del lavoro, dalla superficialità frettolosa dei rapporti umani, dalla pressione dei bisogni materiali sempre nuovi, diversi, insoddisfatti. È inevitabile, in tali condizioni, che l'esistenza degli individui e della collettività si svolga in forme se non disumane certamente non pienamente umane: a livello di ordine pubblico è fatale che i contrasti, le paure, le ansie, la tensione di ognuno e di tutti provochino violenze, spingano ad atti illegali o comunque contrari alle leggi, oltre che alle regole non scritte e allo spirito di una umana convivenza civile, contribuendo, in tal modo, ad accrescere il disordine, a rendere sempre più precarie le condizioni di vita della collettività. Non bisogna dimenticare, d'altra parte, che l'ordine pubblico appare non di rado compromesso anche dalla sequela ininterrotta di scandali di varia natura che lasciano interdetta e sconvolta l'opinione pubblica nazionale. Non si può negare, infatti, che la degenerazione morale, l'allentamento della tensione civile e spirituale di una società nel suo complesso provochi effetti negativi anche a livello di rapporti generali tra gli individui e le classi sociali, tra gruppi dirigenti e popolo. Anche in tali casi, in realtà, l'esempio negativo offerto da chi approfitta della sua posizione di potere e di responsabilità per suoi fini personali spinge oggettivamente la collettività ad abbandonare o a tentare, comunque, di infrangere le norme generali che regolano la convivenza civile. Il problema dell'ordine pubblico non si riduce, quindi, né si esaurisce nei limiti ristretti di eventi particolari, ma affonda le sue radici nelle strutture generali della società contemporanea, dei modi di vita, dei valori e dei principi che ne ispirano e ne caratterizzano l'organizzazione e il funzionamento. È per questo che il problema dell'ordine pubblico non si risolve con semplici provvedimenti di polizia né con una svolta autoritaria nella direzione dello stato. Nell'opinione pubblica e infatti diffusa l'errata convinzione che leggi più severe e maggiori poteri agli organi di polizia siano strumenti adeguati a risolvere una questione che, non c'è dubbio, diventa ogni giorno più drammatica e pressante. Eppure, come dimostra l'esperienza di altri paesi, una stretta autoritaria non giova, in quanto i problemi dell'ordine pubblico tornano immancabilmente a ripresentarsi in forme diverse e con una sostanza di fondo praticamente immutata. Certo, non si può continuare ad assistere inerti al dilagare della violenza criminale o all'espansione dell'azione sovversiva di gruppi politici estremisti, ma è altrettanto innegabile che l'unica soluzione adeguata per una condizione vicina al punto di rottura definitiva appare e non può non essere che una scelta politica di fondo che miri ad eliminare le cause strutturali della violenza sia comune che ideologica. Il disordine, la violenza, l'eversione, la criminalità sono provocate, direttamente e indirettamente, dal malessere generale della nostra società: perché, dunque, l'ordine pubblico torni a livelli accettabili, senza peraltro limitare o minacciare in un modo o nell'altro la libertà dei cittadini, occorre intervenire decisamente e presto su tutte le situazioni incancrenite di miseria, di emarginazione, di disoccupazione, di immoralità, di speculazione, di saccheggio delle risorse nazionali, di affarismo, di arrivismo, di scandalosa corruzione. Solo così c'è da sperare che la vita di ognuno e di tutti, degli individui come della collettività, possa ritornare serena, pacifica, umana.

## 22. La formazione di oggi: aspetti e meccanismi.

Ogni società storica crea e coltiva i suoi miti, nei quali essa proietta idealizzandoli, rendendoli esemplari ed assoluti, i valori, le norme, le credenze, i fondamenti ideologici e morali su cui si reggono e di cui si sostanziano le sue strutture. Il mito è dunque una creazione fantastica, una narrazione favolosa, nella quale tuttavia si rispecchiano le aspirazioni e i concreti modi di esistenza di una civiltà storicamente determinata nel tempo e nello spazio. Anche la società contemporanea, pertanto, produce i suoi miti, corrispondenti alle attese e ai bisogni, alle caratteristiche esistenziali, ai sogni e alle inquietudini degli uomini del nostro tempo. La considerazione degli elementi costitutivi e distintivi dei miti attuali consente perciò di dedurne alcuni aspetti non secondari sia della psicologia individuale e collettiva che delle strutture ideologiche, economiche, culturali e politiche della nostra società. Un elemento particolarmente significativo dei miti contemporanei è dato dalla personalizzazione in una figura di eroe eccezionale, di un superman, di un uomo non comune, delle tendenze generalmente diffuse a conseguire, a livello individuale e sociale, di classe e di nazione, un complesso di poteri e di capacità che il progresso della civiltà attuale sembra consentire a chiunque di ottenere. I miti della velocità, della forza fisica, dell'abilità tecnica, dell'intelligenza superiore ai livelli medi — che sono le caratteristiche distintive dei moderni eroi dei « fumetti », delle imprese sportive, dell'attività politica, della produzione artistica, della ricerca scientifica — riflettono, in tal modo, e contribuiscono a tener vivi e a potenziare, i desideri e le aspirazioni individuali e nazionali a superare i limiti segnati dalla condizione sociale dei singoli e delle classi, o dalla collocazione e dalla presenza internazionale del proprio paese. Oltre che una aspirazione soggettiva a una promozione sociale degli individui e dei ceti, e politica delle nazioni, i miti contemporanei sublimano e rispecchiano anche condizioni oggettive di disagio e di frustrazione, di inquietudine e di umiliazione, che promuovono un'ansia di superamento delle situazioni storiche, la quale è proiettata e risolta soltanto a livello fantastico. Nella società attuale, fortemente centralizzata in virtù del graduale processo di automatizzazione del sistema produttivo, gli individui sono ridotti a semplici ingranaggi di un meccanismo mostruosamente complesso e potente, che li sovrasta e li umilia. Ecco, dunque, scattare la molla della difesa, della proiezione delle esigenze individuali e collettive in un mondo fantastico, della personalizzazione dei desideri repressi in una figura d'uomo eccezionale, in un eroe che, dotato di tutti i poteri che gli individui sognano d'avere ma che concretamente non hanno, rompe il cerchio dei limiti naturali, dei condizionamenti sociali, delle situazioni storiche determinate. La forza sovrumana, la ricchezza, la salute, la capacità di valicare con assoluta naturalezza i limiti dello spazio e del tempo, il potere di aver ragione di nemici e avversari, di vincere il male, di guarire le malattie, di dominare o non avvertire affatto il dolore, segnano i tratti essenziali della personalità dei personaggi mitici, degli eroi del nostro tempo: i quali, d'altronde, anche quando sono eroi negativi, campioni del male e della violenza, rispettano o non minacciano, in genere, gli uomini comuni. In tal modo essi appaiono dotati di qualità positive, risultano animati dalla volontà o di non nuocere agli umili, di fare il bene, o di lottare contro i malvagi, i potenti e i prepotenti. Il desiderio di tranquillità e le paure che oggettivamente sono ispirati dalle difficili condizioni della vita contemporanea, trovano risposta e soluzione fantastica nelle azioni è nelle connotazioni morali dei personaggi dei miti moderni. Senza contare che spesso i mitici eroi d'oggi nascondono la loro vera eccezionale identità sotto spoglie dimesse, quotidiane: ogni uomo normale può, così, identificarsi in un superuomo, e sognare di poter, anche lui, diventare un eroe, o di avere in sé qualità che gli altri non conoscono, ma che tuttavia possono rivelarsi improvvisamente in situazioni favorevoli. Il processo di identificazione dell'uomo comune con il personaggio eroico in cui gli individui proiettano le proprie esigenze e le proprie aspirazioni, contiene tuttavia aspetti inquietanti e pericolosi. Da una parte, infatti, esso offre un mezzo di evasione e costituisce una valvola di sfogo del tutto innocua e improduttiva, sul piano sociale e politico, ai disagi, alle attese, ai bisogni, ai desideri reali e legittimi degli uomini contemporanei, impedendone, in tal modo, una matura consapevolezza civile, e attenuandone la spinta e la tendenza ad un concreto rinnovamento della società, dall'altra canalizza verso obiettivi minori, secondari e non strutturali, la pressione emotiva e ideologica delle masse.

# 23. Il ritorno irrazionale: magia, satanismo, astrologia.

Amuleti, talismani, fatture, scienze occulte, messe nere, magia: sembra d'essere tornati indietro nel tempo, di vivere in pieno medioevo. Un'ondata di irrazionalità si è abbattuta sulla civiltà moderna, scientifica, tecnica, razionale, industriale. Il cinema ha immediatamente intuito e registrato la nuova tendenza, lanciandosi a capofitto nella produzione di film che hanno dilatato smisuratamente la morbosa propensione delle masse a prestar fede a tutto ciò che non si riesce a spiegare con la ragione: il filone del satanismo, della magia nera, della paura inconscia e immotivata ha incontrato un successo vertiginoso. I giornali e le riviste hanno fatto da cassa di risonanza di un fenomeno che poi si è ingigantito a mano a mano che veniva descritto e analizzato, discusso e proposto all'attenzione dell'opinione pubblica. Non c'è quotidiano o periodico che non abbia dedicato ampio spazio alla trasmissione del pensiero, alla parapsicologia, all'extra-sensorialità, alle scienze occulte, alle religioni orientali, all'apparizione degli Ufo. E soprattutto agli oroscopi e all'astrologia. Perfino la radio e la televisione hanno ormai, come le riviste e i giornali, una rubrica fissa di astrologia, con tanto di esperti. E il fenomeno ha avuto un'influenza non marginale anche nella letteratura e nelle arti in genere: molti romanzi, opere di teatro, quadri, sculture, hanno espressamente assunto come temi di rappresentazione le paure, le visioni, le fantasie, le spinte irrazionali emergenti nuovamente, con un'estensione e una forza insolite, nel nostro tempo, in questi ultimi anni. I moderni mezzi di comunicazione funzionano certamente da amplificatori di ogni più piccolo fenomeno che essi si incaricano di trattare e proporre all'attenzione generale: è certamente vero, dunque, che le dimensioni e l'intensità della tendenza all'irrazionale, nelle sue varie forme, sono molto più limitate di quanto possa apparire a prima vista dall'insistenza con cui i mass-media trattano l'argomento. È altrettanto certo, comunque, che il fenomeno, sia pure entro certi limiti, esiste, è una realtà innegabile, un dato di fatto incontrovertibile. In realtà, ci sono ragioni molto serie e profonde che determinano e giustificano gli atteggiamenti e le convinzioni irrazionali di tanta parte dell'umanità contemporanea. Negli ultimi tempi, intatti, una serie complessa di eventi storici ha contribuito notevolmente a ridimensionare la fiducia nella scienza e nella ragione, nella democrazia e nel progresso, che aveva illuso ed entusiasmato le generazioni precedenti. Le guerre combattute con inaudita violenza e spietata ferocia in diverse zone della terra; il perdurare di intollerabili discriminazioni razziali, ingiustizie sociali, differenze economiche; il ridimensionamento delle ambizioni e delle illusioni scientifiche di rapidi e decisivi mutamenti delle condizioni generali di esistenza; l'esaurirsi e il degradarsi delle varie utopie giovanili, che avevano alimentato la speranza di una diversa qualità della vita; l'immobilità delle strutture politiche soltanto in apparenza democratiche, ma autoritarie ed oppressive nella sostanza, risultano alcuni dei fattori fondamentali che hanno spinto masse consistenti di uomini a ripiegarsi su se stessi, a non prestar più fede alle promesse e alle speranze di un mondo diverso e migliore, a non concedere più credito alla scienza, alla tecnica, alla politica, alla democrazia, alla ideologia, alla ragione. Il rifiuto della razionalità non scaturisce, dunque, da una persistente immaturità culturale e civile, ma da una amara consapevolezza della inutilità, o dell'inadeguatezza, o della fallacia colpevole della ragione. Viste cadere ad una ad una le seducenti illusioni della civiltà fondata sulla razionalità, sulla scienza, sulla democrazia, l'umanità si volge alla sfera dell'irrazionale, alle suggestioni della magia, al fascino del mistero che non si riesce a spiegare e forse non si vuole penetrare. È un'esigenza di certezze diverse, di conforto, di speranza in un'altra realtà, in un'altra dimensione quella che promuove il ritorno all'irrazionale, che conquista gli spazi lasciati liberi, o vuoti dal fallimento del razionale. E la passione con cui gente di ogni condizione e di ogni parte presta fede alla magia, al diavolo, a presunte forze occulte, alle capacità extrasensoriali, all'esistenza di esseri extraterrestri in volo di esplorazione nei nostri cieli, appare la più immediata dimostrazione di un malessere generale, di un bisogno di qualcosa di diverso, di un rifiuto esteso delle false illusioni della presente civiltà tecnologica e democratica. Non solo a livello di complesse credenze nella magia e affini si rivela tuttavia l'inquietudine, l'insicurezza e la fragilità psicologica e culturale del mondo contemporaneo, ma anche nelle più comuni, quotidiane propensioni, negli atteggiamenti più diffusi e normali, nelle abitudini più diffuse e generalizzate. Come nel caso degli oroscopi, ad esempio. È vero, infatti, che la credenza in una estesa influenza degli astri sulla vita di ogni individuo è piuttosto antica, e sembra accompagnare il cammino storico della stessa civiltà umana, ma risulta altrettanto vero, oggi, che un tale immotivato convincimento è diventato una vera e propria mania collettiva, una fede cieca e radicata, un orientamento generale. Consultare l'oroscopo ogni giorno è ormai un'abitudine, che può essere indubbiamente interpretata come un fatto di costume senza particolare rilievo e significato, ma che comunque rimanda, in un modo o in un altro, alla sfera dell'irrazionale che emerge progressivamente in ognuno di noi, che pure siamo figli di un'epoca e di una civiltà che della razionalità e della scienza ha fatto quasi una religione. Le rubriche di astrologia curate con particolare attenzione da giornali, riviste, radio e televisione, anche, stanno a dimostrare l'interesse che per un tale genere di cose ha un pubblico vastissimo di lettori. Il problema, ovviamente, non consiste nella presunta verità o nella discutibile serie di tali previsioni, profezie, visioni, consigli, suggerimenti propinati sulla base di una improbabile scienza degli astri, delle loro influenze e delle loro relazioni con la vita degli uomini sulla terra, quanto piuttosto nella fiducia più o meno profonda che all'astrologia concede un numero crescente di persone. E se a tutto questo si aggiunge la considerazione della fiorente attività di maghi, indovini, guaritori, e simili, ci si convincerà ancora di più che il fenomeno del ritorno all'irrazionale è veramente esteso e preoccupante. Perché non si può certamente negare che, nonostante tutti i limiti e gli insuccessi, gli inganni e gli aspetti negativi che essa presenta, la civiltà moderna, fondata essenzialmente sulla razionalità e sulla scienza, costituisce un rilevante progresso rispetto alle epoche passate: il rifiuto della razionalità, dunque, comporta il grave rischio di un ritorno a forme di vita e di pensiero, a comportamenti e a rapporti umani ormai superati da tempo, proprio in quanto relitti di una storia che non può e non deve tornare indietro, nonostante tutto.

# 24. La moda di oggi in un mondo globalizzato.

L'origine della moda va con molta probabilità individuata nel desiderio degli individui facenti parte di una determinata comunità, di rendere evidente e inequivocabile la propria appartenenza ad una ben distinta collettività, ad un gruppo sociale, ad una popolazione. La moda risulta dunque una delle più importanti e significative espressioni individuali e collettive dell'identità etnica, culturale, sociale di coloro che l'hanno tradizionalmente adottata. I diversi costumi in uso presso tutti i popoli della terra e nelle varie comunità locali sono appunto serviti, in ogni tempo, a dichiarare e a sottolineare immediatamente, visivamente, la collocazione dell'individuo che se ne abbigliava in un particolare ambiente geografico e culturale. Questa esigenza di distinzione, questo naturale desiderio di comunicare attraverso i costumi la propria fisionomia etnica e la propria origine, si è lentamente trasformato in una volontà di differenziazione economica e sociale. A mano a mano, cioè, che la comunità primitiva si è fatta più grande e articolata, che la società di origine si è evoluta e perfezionata, la primitiva necessità ed opportunità di manifestare mediante segni chiari e distinguibili la identità etnica e culturale si è mutata in un bisogno assillante di sottolineare, attraverso l'abbigliamento e l'acconciatura, non più la propria appartenenza ad un popolo, ad una comunità, ma il proprio rango sociale, la propria condizione economica, la propria superiorità rispetto agli altri individui della stessa collettività. Nella società contemporanea, dunque, la moda ha una funzione diversa rispetto a quella che essa esercitava un tempo lontano, anche se, ovviamente, la sua motivazione resta identica, pur nel mutamento rilevante degli obiettivi che si propone. Vestiti, scarpe, accessori vari dell'abbigliamento, acconciature, hanno il compito preciso, oggi come oggi, di dichiarare e testimoniare agli altri, a tutta la collettività, che l'individuo che li possiede e li porta può permettersi ciò che gli altri non possono, proprio perché è in grado di procurarsi dei beni non alla portata di tutti. Risulta evidente, da questo punto di vista, che la moda contribuisce in misura notevole a sottolineare le differenze sociali, costituendo quasi una patente di potere economico e di rango sociale superiore: essa, perciò, appare essenzialmente aristocratica ed élitaria, e dunque sostanzialmente antidemocratica. Questa osservazione, tuttavia, potrebbe apparire in contraddizione rispetto all'evidente successo che la moda attuale incontra presso masse larghissime di individui di ogni ceto sociale e di ogni condizione economica. La contraddizione, comunque, è più apparente che reale. In effetti l'industria dell'abbigliamento e degli accessori relativi ha puntato tutte le sue carte sul desiderio naturale e in fondo legittimo di tutte le classi sociali, anche e soprattutto quelle più umili, di conseguire e mostrare apertamente di aver raggiunto uno stato sociale ed economico più alto: il maggiore benessere diffuso con una certa ampiezza nelle società moderne e industrializzate come la nostra, ha messo quasi tutta la popolazione in grado di godere un tenore di vita certamente superiore a quello che un tempo potevano permettersi le classi dei lavoratori e degli impiegati, per non parlare di quelle più alte e ricche. Di conseguenza, masse sempre più consistenti di cittadini, e di giovani in particolar modo, possono oggi vestire, acconciarsi, ornarsi più o meno elegantemente, ostentando in questo modo non solo un certo benessere economico, ma anche l'importanza sociale raggiunta, un grado di cultura e di raffinatezza, un senso estetico, una volontà di primeggiare o per lo meno di non essere inferiori a nessuno. Da una parte, quindi, la moda ha sollecitato queste tendenze generali del nostro tempo, dall'altra le ha espresse e come concretizzate. Ovviamente si è innescata una spirale senza fine: se infatti i ceti popolari sono in grado di seguire entro certi limiti la moda, o almeno di vestire incomparabilmente meglio di un tempo, i gruppi più forti economicamente e più « in alto » nella scala sociale tendono a distinguersi dalla « massa » vestendo in maniera diversa, la qual cosa, ovviamente, comporta un costo maggiore. Nonostante l'apparente uniformità, dunque, e il superficiale egualitarismo, la moda resta ancora e soprattutto oggi nettamente distinta tra le varie classi sociali. Tale differenziazione viene astutamente realizzata non soltanto presentando prodotti confezionati con maggiore o minore eleganza, con materie diverse per consistenza e raffinatezza, con prezzi più alti o più bassi, ma imponendo senza respiro un giro vorticoso di novità, che solo una parte della popolazione può evidentemente seguire e « portare ». Spesso, anzi, è soltanto un piccolo, insignificante accessorio, un colore, una tinta, che fanno salire vertiginosamente i prezzi di un capo apparentemente uguale ad un altro: in tal modo si opera una selezione rigida tra i clienti, destinando certi prodotti ai ceti sociali più forti, ed altri alle classi sociali che non possono certamente permettersi, se non di tanto in tanto, e a costo di sacrifici enormi e dolorosi, lo « sfizio » di qualcosa di diverso. Come è dimostrato anche dal fatto che la moda è concretamente realizzata in forme diverse: le novità di ogni stagione sono apparentemente uguali per tutta la produzione, ma i vestiti, le scarpe, gli accessori destinati al grosso pubblico di acquirenti popolari sono più modesti e meno costosi, meno eleganti, anche se nuovi e più o meno simili a quelli che al contrario sono riservati ad una clientela « scelta ». E per convincersene, basta dare uno sguardo alla produzione presentata nei grandi magazzini e a quella che invece è in vendita nelle boutiques. In altri termini, è certamente vero che la moda attuale viene incontro alle esigenze di eleganza, di benessere, di dignità e di bellezza delle grandi masse, offrendo prodotti indubbiamente migliori di quelli di un tempo, e a prezzi spesso accessibili, ma è altrettanto vero che essa continua ad essere un mezzo e una espressione di differenze sociali ed economiche, variando qualità e prezzi, e dunque selezionando implicitamente e distinguendo nettamente i ricchi dai poveri, i benestanti da quelli che devono fare molti conti per arrivare alla fine del mese. Come simbolo di prestigio e dimostrazione di ricchezza la moda non si limita, d'altra parte, all'abbigliamento, ma investe ormai mille altri settori della vita contemporanea: auto, elettrodomestici, mobili, sono alcuni soltanto degli altri beni che testimoniano il grado sociale e le disponibilità economiche degli individui e delle famiglie, tanto che appare ormai indispensabile acquistare, possedere e mostrare a tutti i nuovi modelli che vengono sfornati e gettati sul mercato a ritmo costante, per mantenersi al passo con i tempi e dimostrare di potere spendere più degli altri. In tal modo, il desiderio e l'esigenza del tutto naturale di denotare esteriormente la propria identità e appartenenza etnica e culturale, si sono trasformati in un'ulteriore espressione di differenze sociali ed economiche. Tale processo storico è stato accelerato ed esasperato negli ultimi tempi dal sistema economico e produttivo, che ha evidentemente tutto l'interesse a favorire e a sostenere la tendenza generale, in modo da garantirsi un mercato sicuro ed in continua espansione per una massa praticamente sconfinata di prodotti sempre nuovi e diversi. L'imponente complesso dei moderni mezzi di comunicazione, dalla televisione ai giornali, dal cinema alla radio, è stato utilizzato come un canale particolarmente efficace per propagandare e imporre la moda, contribuendo notevolmente a farne un simbolo di prestigio, un elemento di distinzione. Seguire la moda, mutevole e capricciosa, è diventato perciò una vera e propria corsa ad accaparrarsi e a mostrare gli ultimi modelli, i dischi più recenti, l'auto nuova. E chi non può permettersi tale lusso, ne soffre come di una menomazione, di una ingiustizia, di una dimostrazione inequivocabile della sua inferiorità sociale e della sua inadeguata condizione economica. Oltre che innescare la spirale del consumismo, oltre che favorire la corsa all'acquisto dispendioso di beni superflui e spesso inutili, la moda attuale mette in moto, dunque, anche un meccanismo pericoloso di emulazione, di risentimenti, di rancori, di insoddisfazioni, che contribuiscono inevitabilmente ad acuire le inquietudini individuali e le tensioni sociali. Non sono soltanto i ceti sociali economicamente più forti, infatti, che hanno contribuito a fare della moda una mania ormai generalizzata, ma anche le grandi masse popolari, che nel tentativo di apparire e di essere al passo con i tempi portano tutte le frustrazioni e i desideri di rivalsa maturati in decenni, in secoli di sottomissione e di umiliazione sociale, di sfruttamento economico, di avvilente miseria. Ma la moda contemporanea sa giocare su piani diversi: essa infatti riesce a persuadere tanto i ceti ricchi quanto le masse popolari a seguire docilmente i suoi dettami, convincendo i primi della necessità di riaffermare la propria presunta superiorità, e persuadendo le altre dell'opportunità di possedere ed esibire i simboli moderni del prestigio sociale, da cui sono state storicamente escluse. Il che, nell'uno e nell'altro caso, si ottiene, naturalmente, acquistando e consumando i prodotti che la moda rinnova ad ogni stagione, incessantemente. Una domanda, allora, sorge spontanea e si impone necessariamente: e se un bel giorno la gente prendesse finalmente coscienza di essere subdolamente manipolata e sfruttata a favore degli interessi di pochi, e smettesse perciò una volta per tutte di rincorrere la moda e i suoi presunti « capricci », che cosa succederebbe? Niente, probabilmente. O quasi: quel giorno, infatti, tutti sarebbero un poco più coscienti e liberi, meno disposti a farsi manovrare docilmente, a lasciarsi spennare come polli per il gusto di essere « alla moda ».

# 25. La moda dei blue-jeans.

I blue-jeans sono stati e continuano ad essere uno dei simboli più concreti e significativi della profonda ed estesa rivoluzione che ha investito e trasformato il costume di quasi tutte le moderne società industrializzate. Sono state le nuove generazioni ad imporre questi pantalonacci di tela grezza, ma molto resistente: indossati come una bandiera, un segno di riconoscimento, un distintivo di gioventù, i blue-jeans si sono rivelati, a dire il vero, non solo molto convenienti, ma anche comodissimi. Il successo si è in tal modo trasformato ben presto in un vero e proprio trionfo: non c'è ragazzo che non possegga un « jeans », ormai, ma anche gli adulti, sull'onda della prepotente affermazione degli slogans e della moda giovanile, hanno creduto di essere al passo con i tempi e di togliersi di dosso qualche annetto, indossando come tanti ragazzini jeans di ogni colore e foggia. La corsa a questo indumento così a buon mercato è stata, inutile dirlo, favorita e stimolata dalle case produttrici, che non hanno esitato a presentare e propagandare i jeans con una pubblicità tra le più massicce e spregiudicate che mai siano state usate. Oltre che simbolo di gioventù e di indipendenza, di anticonformismo e di libertà, i blue-jeans sono diventati, o sono stati fatti apparire, sarebbe meglio dire, come emblemi di sessualità e di disponibilità, come strumenti di fascino e di attrazione, come richiami e testimonianza di bellezza fisica. I manifesti che li pubblicizzano, infatti, tendono a sottolineare costantemente la seduzione che ben determinate e suggestive parti del corpo umano acquistano se opportunamente fasciate, più che rivestite, da un bel paio di jeans. Le cui vendite, perciò, hanno raggiunto, ne! breve giro di qualche anno, cifre da capogiro: milioni e milioni di capi sono stati buttati su un mercato pronto a riceverli e a « consumarli », in una gara di ostentazione che ha spesso assunto i caratteri di una vera e propria frenesia. La pubblicità martellante e suggestiva, il prezzo relativamente basso, l'utilità pratica, per quanto costituiscano elementi importanti della diffusione di massa dei blue-jeans, non bastano tuttavia a spiegare da soli le ragioni molto varie che ne hanno decretato il successo generale e incontrastato. In realtà, alla base del favore popolare incontrato dai jeans vanno necessariamente individuate motivazioni soggettive e oggettive che trovano la loro origine nei caratteri fondamentali della moderna società industrializzata. Il desiderio di testimoniare anche esteriormente la rottura sentimentale e ideologica con il passato appare, infatti, come uno dei motivi più significativi e generali della sistematica adozione del blue-jeans da parte non soltanto delle nuove generazioni, ma anche degli adulti e talvolta persino degli anziani. L'aria nuova di libertà, il rifiuto delle paludate convenzioni e delle severe costumanze di un tempo, l'ansia di piacere agli altri, di darsi un aspetto diverso, giovanile, rinnovato, il gusto di sentirsi parte di un movimento generale assumendone i simboli, le parole d'ordine, l'abbigliamento, risultano altri elementi caratterizzanti non tanto una moda provvisoria, passeggera, quanto un'esigenza diffusa, profondamente avvertita, di vivere con ogni mezzo il modello di esistenza che i tempi nuovi suggeriscono ed impongono. Sono dunque motivazioni d'ordine sociale e culturale, ideologico e sentimentale che hanno promosso e favorito il successo dei blue-jeans, un tempo semplici e dimessi indumenti da lavoro e per il tempo libero, assurti invece, da qualche anno a questa parte, a simboli moderni dell'ondata rivoluzionaria di libertà e di apertura, in ogni campo. Tanto è vero che l'esaurirsi lento ma implacabile delle illusioni e delle speranze che hanno accompagnato e sorretto il tentativo generoso di rinnovamento democratico della società va gradualmente ridimensionando, oggi come oggi, il fascino e la carica simbolica anche dei blue-jeans, I quali, infatti, registrano un notevole calo di vendite, a causa tanto della saturazione del mercato quanto di un rifiuto certamente lento, ma inarrestabile da parte dei giovani. I tempi si sono fatti ancor più difficili, e molte delle illusioni di appena qualche anno fa sono cadute sotto i colpi di una crisi generale che non risparmia nessuno, e tanto meno i giovani. Indossare un jeans significava molte cose che oggi non trovano più né credito né spazio.

## 26. Rifiuto del dolore e ricerca del piacere nella società contemporanea.

Rispetto a quelli del passato, gli uomini moderni sono profondamente diversi per abitudini, mentalità, modi di vita, ma soprattutto per la tendenza, sempre più diffusa ed estesa, da una parte a rifiutare il dolore e la sofferenza, in qualunque forma e in qualunque intensità, dall'altra a ricercare costantemente qualsiasi piacere, in ogni occasione e con ogni mezzo. Lo sviluppo della scienza e della tecnica ha messo alla portata di quasi tutti gli individui, almeno nei paesi evoluti, una quantità incredibile di strumenti e di oggetti che rendono l'esistenza attuale incomparabilmente più confortevole e sicura di quella che i nostri stessi nonni erano costretti a vivere, tra mille difficoltà e limiti. D'altra parte, il dominio sulla natura e l'utilizzazione di macchine resi possibili dalla tecnologia moderna ha drasticamente ridimensionato la necessità del lavoro manuale e dello sforzo fisico nel lavoro, riducendo conseguentemente la resistenza umana alla fatica e alla sofferenza, e attenuando la capacità e la volontà dell'impegno individuale e collettivo. I progressi della medicina, d'altro canto, hanno reso disponibili farmaci di varia natura che alleviano o addirittura prevengono il dolore, favorendo la generale tendenza al rifiuto della sofferenza, in qualunque forma si presenti. Niente di male, in tutto questo, ovviamente: rendere meno brutale e più umana la fatica, ridurre e combattere il dolore rappresentano certamente conquiste civili e sociali di eccezionale importanza e significato, oltre che costituire un contributo notevole alla realizzazione dell'antica, generale aspirazione degli uomini a vivere una vita serena e felice. Il problema, tuttavia, nasce dal fatto incontrovertibile che il rifiuto del dolore e la ricerca del piacere, da esigenze legittime si sono trasformati in atteggiamenti, in pretese e tendenze assolute, e cioè in una volontà pregiudiziale di evitare anche le sofferenze alle quali non è oggettivamente possibile sottrarsi, e di godere a qualunque prezzo una felicità che spesso è irraggiungibile, umanamente impossibile ottenere. È innegabile, infatti, che il conseguimento di ogni obiettivo individuale o sociale richiede impegno, sforzo, lavoro, sacrifici, che devono essere necessariamente sopportati per realizzare il fine proposto: che sia opportuno e giusto non rendere brutale e disumana la fatica e attenuare o evitare quanto più è possibile la sofferenza, è un conto, ma pretendere di avere tutto quello che si vuole senza fare quanto è necessario o addirittura nulla per ottenerlo, è un altro. In effetti, tra i fenomeni più significativi e preoccupanti, insieme, del nostro tempo, c'è la sempre più diffusa e crescente intolleranza al dolore, il rifiuto categorico e programmatico della sofferenza, della fatica, dell'impegno: in altri termini, oggi si vuole di più, sempre di più, lavorando ed impegnandosi meno, sempre meno; non si è disposti a rinunciare a nessuna delle comodità che il progresso ci ha portato; si smania e ci si irrita anche per la più piccola difficoltà e il più insignificante ostacolo; si è incapaci di disciplina, di pazienza, di attesa. Tutto, o quasi tutto, e subito, o almeno quanto prima possibile. L'uomo moderno, insomma, è diventato acutamente sensibile a qualunque stimolo di sofferenza, che egli si rivela incapace ormai di tollerare: donde il disimpegno, l'indifferenza, l'egoismo, il rifiuto del dovere, e la paura, d'altra parte, l'angoscia di dover soffrire o di perdere le posizioni raggiunte. È proprio questa incapacità di sofferenza e di resistenza al dolore e alla fatica l'aspetto più grave e pericoloso: per quanto lo sviluppo tecnico-scientifico consenta il superamento di antichi limiti, e sembri promettere un avvenire radioso, pur tuttavia nessuna conquista, nessun progresso sarà mai possibile senza lotta, senza fatica, senza sacrifici, senza impegno, senza dolore. Diventare dunque incapaci di soffrire o meno resistenti al dolore e al lavoro, comporta per gli uomini il rischio di rallentare il loro sviluppo civile ed umano, di limitare le loro stesse possibilità di creature intelligenti, razionali. Non solo. È del tutto evidente, infatti, che il rifiuto della sofferenza cammini di pari passo con la ricerca, diventata ormai spasmodica, ossessiva, del piacere: anche in questa esigenza non c'è nulla di male, in teoria. In pratica, però, l'ansia di piacere determina il fastidio di tutto ciò che di piacevole si è già provato, e scatena la corsa smaniosa a sensazioni sempre nuove e insolite, provocando fatalmente la noia e il rifiuto di quanto già si ha, e l'insoddisfazione tormentosa di quello che non si riesce ad ottenere o che comunque non si possiede ancora. In tal modo si innesta, dunque, una spirale inarrestabile tra fuga dalle proprie responsabilità e dai propri doveri e desiderio del nuovo: una spirale che è inevitabilmente destinata a travolgere prima o poi la vita degli individui e la stessa organizzazione sociale. L'esistenza umana è infatti regolata da leggi oggettive, naturali, che non possono essere infrante impunemente: il piacere è il risultato, il premio di uno sforzo, di un impegno diretto a conseguire un fine, a realizzare un obiettivo che, nelle condizioni generali che caratterizzano e limitano l'esistenza e lo sviluppo dell'umanità sulla terra, richiede, in ogni occasione, in ogni momento, fatica e dolore, sacrifici e lotte. Come il dolore non può essere la condizione costante e inalterabile della vita umana, così neppure il piacere può risultare la dimensione unica dell'esistenza individuale e collettiva. Ciò che conta, in altri termini, e che risulta oggettivamente necessario e indispensabile, è un sano, armonico, produttivo equilibrio tra piacere e dolore, tra lavoro e ricompensa, tra impegno e premio. Diversamente, come il dolore e la fatica immutabili ridurrebbero in intollerabili condizioni di disumanità tutti gli individui, così il piacere ottenuto senza sforzo e diventato una condizione generale, non solo non sarebbe più piacere, in quanto genererebbe inevitabilmente assuefazione e noia, ma renderebbe l'umanità del tutto incapace di far fronte alle difficoltà e agli ostacoli che al di là dei desideri, delle aspirazioni e della volontà di ognuno e di tutti, si presentano comunque, oggettivamente, nella vita della nostra specie sulla terra. Il rifiuto del dolore e la ricerca del piacere provocano dunque effetti distruttivi sulle reali possibilità umane di progresso civile. Le emozioni e i sentimenti più tipicamente e nobilmente umani vanno infatti affievolendosi sempre di più. tanto da apparire ormai in via di definitiva estinzione. Le antiche gioie nascenti dai rapporti sentimentali tra uomo e donna, tra marito e moglie, tra figli e genitori, tra parenti e amici risultano largamente svuotate di contenuto, e sostituite da frenetiche, inconcludenti girandole di affetti superficiali, tanto inconsistenti quanto rapidi, suggeriti e quasi imposti dai ritmi e dalle occasioni della esistenza moderna. L'amore e l'amicizia, che pure sono necessità profondamente connaturate nell'uomo, si riducono a relazioni brevi, passeggere, senza una compatta sostanza di partecipazione e di dedizione reciproca. Gli stessi rapporti sessuali, specialmente tra i giovani, si sviliscono in brutali contatti fisici, senza spessore sentimentale, spesso senza rispetto della dignità umana. Ma anche a livello quotidiano, anche per quanto riguarda le cose più semplici della vita di tutti i giorni, la frenesia del nuovo, l'ansia del piacere provoca effetti per un verso ridicoli, per un altro preoccupanti. La moda impone e fa accettare ogni anno, ad ogni stagione, vestiti nuovi e diversi, acconciature, profumi, atteggiamenti, comportamenti radicalmente differenti rispetto a quelli in voga soltanto qualche tempo prima: tutto cambia, dalla casa ai mobili, dalle auto alle scarpe, dal taglio dei capelli al colore delle unghie, in una girandola vorticosa che non procura gioia, ma soltanto ansia di tenersi al passo coi tempi, di non restare diversi e apparire arretrati, di non lasciarsi sfuggire le occasioni, di qualunque tipo, di qualsiasi contenuto, che si presentino. Bisogna cambiare, mutare, rinnovarsi, godere, fuggire il dolore, la sofferenza, i problemi, dimenticare, aggirare gli ostacoli, rifiutare le difficoltà: la vita deve essere gioia, felicità, godimento. Ma felicità non è certamente seguire la moda, annoiarsi, avvertire il vuoto che si apre dentro, nel cuore, sentire la paura di non saper soffrire, intuire che non si è capaci di affrontare la vita, con le sue leggi dure, spietate. La sfrenata sete di piacere, il rifiuto della lotta, del dolore, stanno in tal modo estenuando le nuove generazioni, svuotate di energia, rese esangui, senza forza né volontà adeguate. E intanto la condizione generale dell'umanità va peggiorando, va diventando difficile giorno dopo giorno, anno dopo anno, inesorabilmente: e nessuno sembra accorgersene o darsene pensiero, mentre tutti sembrano confidare irresponsabilmente in un miracolo che tarda a verificarsi, e che risulta comunque impossibile. Non è un caso, d'altra parte, che nella società moderna aumenta il numero di coloro che sono affetti da malattie mentali o del sistema nervoso, dei criminali, dei suicidi, degli amorali e degli immorali: il venir meno delle norme che devono regolare la convivenza sociale, l'incapacità di resistere alle difficoltà, l'ansia di ottenere tutto e subito, la brama del piacere spezzano tutti i vincoli, fanno apparire lecito ciò che invece è disumano e illegittimo. Occorre dunque riacquistare coscienza dei limiti che la natura e la vita impongono all'azione e ai desideri umani; occorre che nei rapporti individuali e sociali si ristabilisca concretamente la consapevolezza che la serenità e la dignità di ognuno e di tutti dipendono dal rispetto reciproco, dall'impegno faticoso e responsabile dei singoli e della collettività: è necessario, in altri termini, che gli uomini imparino ad essere nuovamente forti di fronte al dolore, abbandonando l'illusione ingannatrice che la felicità non sia una conquista dura, difficile e soprattutto sofferta.

# 27. Il problema dell'informazione e dell'educazione sessuale dei giovani.

I progetti di legge presentati in Parlamento da diversi schieramenti politici stanno a dimostrare che il problema dell'informazione e dell'educazione sessuale è diventato ormai maturo nella coscienza della grande maggioranza della popolazione, tanto da essersi imposto anche alle forze politiche, notoriamente lente ed estremamente prudenti nell'affrontare questioni così delicate e complesse. Anche nel nostro paese, dunque, si comincia a discutere seriamente di educazione sessuale, che in altri stati non costituisce più un problema già da diverso tempo, essendo stata, da vari anni introdotta come materia di studio nei programmi scolastici, o inserita comunque nella scuola. In Italia, tuttavia nonostante le pressioni di larghi strati sociali e la dichiarata disponibilità dei partiti maggiori ad affrontare e regolamentare la materia, l'educazione sessuale incontra non pochi ostacoli e difficoltà per diventare un argomento normale e comune da affrontare e discutere, soprattutto nella scuola. In realtà, ad essere gravemente disinformati o morbosamente e superficialmente informati su un aspetto così notevole e significativo della vita individuale e collettiva, non sono soltanto bambini e ragazzi, ma anche adulti, genitori, insegnanti, giovani, anziani, sacerdoti, e persino medici. Nel nostro paese, infatti, per un insieme molto complesso di ragioni varie, di natura religiosa, culturale, politica, economica, sociale, il sesso e i problemi relativi sono stati sempre, in ogni tempo, e ad ogni livello, veri e propri tabù, argomenti scottanti, accuratamente evitati e rifiutati sia nell'ambito familiare che in quello scolastico. Ancora oggi, d'altra parte, nonostante il rilevante sviluppo civile e culturale, il radicale rinnovamento delle norme e dei comportamenti morali, la maggiore spregiudicatezza e libertà dei rapporti interpersonali, persistono tenacemente falsi pudori, ipocrisie, opposizioni, oltre che, ovviamente, reali difficoltà psicologiche, remore soggettive, impreparazione personale ad affrontare in termini seri e corretti il problema, che pure risulta fondamentale, dell'informazione e della educazione sessuale. Di conseguenza, ancora oggi, i bambini e i ragazzi continuano ad apprendere nei modi tradizionali quanto è direttamente e indirettamente legato alla sfera della sessualità umana: la strada, le amicizie, gli spettacoli, le confidenze, il turpiloquio restano tuttora i canali attraverso i quali la quasi totalità degli adolescenti si fanno un'idea, ovviamente approssimativa e quasi sempre distorta o addirittura morbosa e malsana, del problema sessuale, che finisce per apparire, in tal modo, angoscioso, misterioso, peccaminoso, immorale. Senza contare, naturalmente, che gli adulti continuano a restare anch'essi, per le stesse ragioni, sostanzialmente disinformati, e dunque gravemente ignoranti su un elemento essenziale della loro esistenza, con tutte e conseguenze relative, non di rado assai gravi e preoccupanti, come dimostrano i drammi piccoli e grandi di cui l'opinione pubblica quasi non passa giorno che non sia informata dalla stampa o dalla televisione. L'esigenza, giusta e ormai generalizzata, di introdurre l'educazione sessuale nella scuola, si scontra pertanto con difficoltà oggettive, con ostacoli difficili, con problemi reali, consistono essenzialmente da una parte nel tipo di educazione da impartire e di metodo da seguire, dall'altra nella ignoranza deprimente o nella estesa disinformazione che del problema hanno proprio quegli adulti ai quali dovrebbe essere necessariamente affidato il compito di informare e educare, in materia sessuale, le nuove generazioni. Affermata la imprescindibile necessità e la fondamentale opportunità di affrontare nella scuola il problema dell'educazione sessuale, nonostante tutte le difficoltà che un argomento del genere presenta nell'attuale situazione generale del nostro paese, resta da definire, allora, il modo migliore perché tale questione sia risolta non solo come meglio è possibile, ma anche e soprattutto come è ormai del tutto indispensabile. Perché l'educazione sessuale sia introdotta nella scuola e consegua i fini altamente sociali che si propone, risulta necessario, in via preliminare, promuovere una vasta opera di sollecitazione e di sensibilizzazione degli adulti in generale e dei genitori in particolare. Sono proprio loro, infatti, che manifestano e maggiori perplessità e oppongono le più tenaci resistenze ad un programma educativo di tal genere, destinato ai ragazzi e ai bambini che frequentano le scuole pubbliche. Sono, le loro, perplessità e resistenze che hanno motivazioni serie, di cui bisogna necessariamente tenere conto, non solo per non creare fratture laceranti e incomprensioni dolorose, ma anche per superare le difficoltà oggettive che esse testimoniano. Occorre, in altri termini, che i genitori siano direttamente coinvolti nell'opera educativa, dopo essere stati responsabilmente convinti della opportunità di una tale iniziativa. La scuola, infatti, non può essere l'unico luogo e l'unico strumento pedagogico per un problema di così vasta portata e importanza: anche e soprattutto la famiglia deve intervenire, non solo per collaborare, ma per integrare e perfezionare intervento dell'istituzione scolastica, superando antichi e radicati tabù, dando vita ad un colloquio sereno e aperto, vincendo le motivate resistenze di ordine psicologico e sentimentale che si frappongono ancora oggi ad una franca discussione su temi certamente scabrosi, tra genitori e ragazzi, tra adulti e giovani o bambini. Un'altra condizione indispensabile per il buon esito di un'impresa indubbiamente difficile e problematica, quale si presenta l'educazione sessuale nelle scuole, è costituita dalla preparazione adeguata degli educatori ai quali dovrà essere necessariamente affidato un compito di tanta delicatezza e importanza. Presumere infatti che gli insegnanti di scienze, o di religione, o di altre discipline, siano in grado di svolgere una efficace ed opportuna opera educativa in una materia difficile e complessa, significa incorrere in un errore gravissimo, in quanto nessuno, o quasi, è oggi preparato specificamente in tale settore. Educazione sessuale non può e non deve significare, in effetti, trasmettere e aiutare ad apprendere nozioni tecniche, informazioni scientifiche, o norme morali generiche e generali: informare non è educare, e potrebbe, nell'ambito dell'educazione sessuale, ottenere risultati opposti a quelli prefissati. La freddezza e la neutralità della scienza, ossia della conoscenza fine a se stessa non appaiono indicate ad impostare nei giusti termini il problema dell'educazione sessuale. La quale, infatti, deve coinvolgere necessariamente tutta la sfera affettiva, sentimentale, morale, umana, in una parola, della personalità che si pretende di educare. La semplice informazione pedante, tecnica, non convince, dunque, e non risolve il problema. Anche perché l'educazione sessuale che abbia come destinatari bambini e ragazzi, adolescenti e giovani, non può essere affatto separata da tutto il resto dell'opera educativa, come se fosse soltanto una nuova « materia di studio » da aggiungere alle altre. Un'educazione di tal genere deve tener presente e rispettare l'intera personalità dell'allievo, che deve essere avviato e aiutato a comprendere la natura umana in tutti i suoi aspetti, quelli fisici, corporei, sessuali, e quelli morali, spirituali, sentimentali e razionali. Conoscere il proprio corpo, le proprie possibilità sessuali non basta, dunque, così come non è sufficiente, ma riduttivo, parziale e perciò diseducativo, anzi, avere conoscenza soltanto di ciò che nell'essere umano è ragione e sentimento. L'educazione sessuale, in altri termini, non può essere soltanto informazione e conoscenza intellettuale e « scientifica » di una dimensione comunque ampia e fondamentale dell'essere uomini, ma deve tradursi anche nella formazione di una matura coscienza di tutti gli aspetti non fisici, non istintuali, della sessualità. La pura e semplice informazione sull'igiene sessuale, sui meccanismi della riproduzione, sugli apparati genitali, e così via, deve certamente far parte dell'educazione sessuale, ma non può sostituirla, in quanto questa deve consistere anche e soprattutto nella formazione civile e sociale, nella consapevolezza dei fatti e dei problemi culturali e morali che la sessualità presuppone e comporta. Educazione sessuale, quindi, non è informazione sugli aspetti anatomici e fisiologici della sessualità, ma considerazione matura e responsabile, cosciente e serena della natura profondamente umana della sfera sessuale. Solo in questo modo l'educazione sessuale servirà a liberare la mente e il cuore di bambini e ragazzi dai miti e dalle volgarità, dalla morbosità e dalla mania, dall'ossessione e dalla paura, dalla disinformazione o dai tabù che ancora oggi avviluppano in una ragnatela tenace e mistificante la naturalezza, la bellezza, l'umanità della componente sessuale della personalità umana. Un compito difficile, senza dubbio, ma non impossibile: soprattutto necessario e indilazionabile, considerati tutti i pericoli e i problemi che l'attuale situazione comporta, e lo spregiudicato, immorale affarismo di quanti, con la pornografia, speculano sulla malsana disinformazione e sulla mancata educazione sessuale di adulti e ragazzi. Perché un altro aspetto del problema è appunto questo: un'educazione sessuale corretta e graduale gioverebbe enormemente a respingere e a vanificare l'ondata di immoralità che continua ad abbattersi sulla società contemporanea. La pornografia, la volgarità, la riduzione della donna a semplice oggetto sessuale, il turpiloquio, gli stessi traumi psicologici che la scoperta sbagliata della sessualità provoca molto spesso, trovano origine proprio nella mancanza e nell'assenza di una serena, non drammatica e scioccante conoscenza dei termini giusti di una questione così importante per gli individui e per la collettività. Invece di fingere ipocritamente che il problema non esiste, rifiutandosi di affrontarlo in termini e con mezzi civili e morali, occorre pertanto non solo acquistarne coscienza, ma elaborare ed attuare un vasto programma sociale di informazione e di educazione, in modo che la sessualità non costituisca più né un tabù, né un dramma, né un male oscuro, un peccato angoscioso e lacerante.

## 28. Il delitto d'« onore »: antefatti e misfatti.

Soltanto dopo trent'anni di repubblica e di democrazia si è finalmente giunti ad abolire dal codice italiano il delitto d'onore che, introdotto nell'ordinamento penale in pieno regime fascista, era stato accolto e mantenuto anche nella legislazione penale del nuovo stato repubblicano. Ci sono voluti decenni, dunque, per eliminare delle norme anacronistiche e immorali, che costituivano non soltanto una vergogna nazionale di fronte al mondo intero, ma un vero e proprio incentivo ad ammazzare mogli, figlie, sorelle e madri, una licenza legale d'uccidere quasi impunemente. Il delitto d'onore, infatti, veniva punito con la reclusione da un minimo di tre ad un massimo di sette anni, invece che con l'ergastolo o con il carcere da venti a trenta anni, come per gli altri omicidi. Nella cultura meridionale e in particolare tra le classi popolari e subalterne, l'antico mito della verginità fisica della donna prima del matrimonio e della sua fedeltà coniugale dopo le nozze ha resistito per secoli, a testimonianza di una chiusura esasperata della società locale nei suoi tradizionali tabù, e a dimostrazione di una sudditanza totale della donna nei confronti dell'uomo. La concezione della purezza e dell'onestà femminile come illibatezza fisica e fedeltà sessuale riflette l'angustia morale e ideologica di una società arretrata, maschilista, autoritaria, patriarcale, contadina. In realtà l'esaltazione della verginità femminile prematrimoniale e della totale fedeltà della moglie al marito appare lo strumento ideologico con cui il maschio si garantisce il pieno possesso e l'indiscutibile sottomissione della donna: in una società che innalza al livello di valore fondamentale della convivenza civile il dato meramente fisico della verginità e della fedeltà coniugale, risulta perfettamente conseguente il principio dell'onore maschile come dominio esclusivo della donna. La quale, dunque, è costretta in una condizione di semplice oggetto, di corpo destinato alla procreazione della prole, di proprietà del maschio: il suo « tradimento », perciò, non appare tanto un rifiuto sentimentale e sessuale dell'uomo al quale è legata, quanto piuttosto un'offesa al maschio che la possiede. In altri termini, il rapporto sessuale prematrimoniale ed extraconiugale della donna risulta come una sottrazione di proprietà, come l'attacco e la minaccia ad un dominio, ad un possesso esclusivo: ciò che conta, insomma, non è l'azione della donna in quanto tale, ma la limitazione di un diritto di cui il maschio si sente defraudato. E poiché nella società ad economia agricola, arretrata sul piano culturale e civile, immobile nel culto esasperato dei valori tradizionali, all'offesa, al furto bisogna rispondere con la vendetta, il delitto d'onore viene giustificato come la reazione giusta e necessaria da parte dell'uomo che si è visto ledere un suo diritto codificato da tempo immemorabile: all'offesa subita nel corpo della donna si risponde con la vendetta sullo stesso corpo, uccidendo per ristabilire la dignità manomessa del maschio che dopo il delitto, infatti, riacquista il suo « onore », vale a dire la considerazione e il rispetto dell'ambiente familiare e sociale nel cui ambito egli vive ed opera. Il mito dell'onore femminile e la conseguente autorizzazione, anzi sollecitazione sociale al delitto d'onore, trovano storicamente origine e giustificazione nella struttura economica e ideologica della società contadina. In realtà, nell'ambito di una civiltà a prevalente se non esclusiva economia agricola, le strutture sociali potevano essere difese e conservate intatte soltanto con il rigoroso rispetto delle norme comuni, soprattutto ad opera della famiglia e nella famiglia. La quale, dunque, doveva non solo rispecchiare, ma concretamente attuare una gerarchia estremamente rigida di valori e di poteri, al vertice della quale c'era il maschio, per la sua capacità maggiore di assicurare a tutti gli altri membri del nucleo familiare il necessario per vivere. In tale prospettiva, la donna prima di ogni altro era tenuta in una condizione di totale sottomissione al maschio, padrone, padre, marito, fratello o figlio che fosse: l'inosservanza delle norme da parte della donna avrebbe significato, infatti, la frantumazione dell'unità familiare, la contestazione e la perdita del potere maschile, la disgregazione di tutta una società che impegnata quotidianamente a risolvere gli angosciosi problemi della sopravvivenza fisica, dell'alimentazione indispensabile, non poteva certamente permettersi il lusso di mettere in discussione le regole morali che ne consentivano le possibilità di salvezza prima ancora che di sviluppo. In una società di tale genere, alle prese ogni giorno con la fame e la miseria, la donna appariva ed era in effetti una ricchezza, un bene economico: era la donna, evidentemente, che procreava, e cioè produceva nuove braccia da lavoro e quindi nuova ricchezza, era la donna che assicurava tutti i servizi necessari alla casa e alla famiglia. Perdere una tale fonte di ricchezza, vedere minacciato un tale bene costituiva dunque per l'uomo della vecchia società agricola una perdita incalcolabile e fatale non solo di ricchezza, di possibilità economiche, ma anche, conseguentemente, di considerazione e di rispetto sociale fondato appunto sul possesso di beni materiali. Tradito dalla donna, privato cioè di un bene necessario, l'uomo finisce per perdere o per vedere comunque ridotta l'unica altra ricchezza che egli ha, vale a dire l'onore sociale: scatta a questo punto, inevitabilmente, la molla tragica del delitto, come strumento non soltanto di vendetta contro coloro che hanno sottratto al « legittimo » proprietario un suo bene, ma anche di riacquisto dell'altro, indispensabile e unico patrimonio della dignità sociale. Le origini e il meccanismo del delitto d'onore vanno dunque ricondotti necessariamente ed esclusivamente alle condizioni generali di vita di una civiltà arretrata, povera, chiusa, come quella contadina tradizionale, appunto, rimasta immobile per lunghi decenni, per secoli, nelle regioni meridionali del nostro paese. L'analisi delle origini e del meccanismo del delitto d'onore risulta opportuna e necessaria non per giustificare, certamente, una norma e una pratica che la coscienza moderna rifiuta inorridita, ma per intendere le radici storiche di una realtà che, qualunque giudizio se ne voglia dare, ha resistito per secoli nella società meridionale. Rendersi conto delle cause che hanno storicamente determinato e alimentato il delitto d'onore risulta comunque indispensabile, anche e soprattutto per accertare e ribadire il ripugnante anacronismo di un fenomeno nei confronti del quale lo stato e la società hanno dimostrato troppo a lungo una discutibile indulgenza. In realtà, a prescindere da una valutazione morale, o politica, o ideologica che se ne voglia dare, il delitto d'onore è risultato oggettivamente un relitto immorale di un passato ormai finito: se esso è in un modo o in un altro legato o radicato nelle strutture di una società arcaica, allora non ha più ragione d'essere e non può essere né capito, né tanto meno giustificato in una realtà storica profondamente mutata e diversa. La lunga permanenza nel codice penale di una norma particolare e specifica per il delitto d'onore deve essere analizzata, pertanto, con molta attenzione, al fine di individuare le ragioni recondite che ne hanno consigliato il mantenimento per un tempo così lungo, e in situazioni sociali e culturali radicalmente differenti dal passato. In altri termini, è necessario capire perché mai il delitto d'onore è stato almeno tollerato e certamente fatto oggetto di speciali riguardi, anche quando esso è stato respinto e condannato dalla stragrande maggioranza della popolazione. In realtà il riconoscimento del carattere particolare del delitto d'onore ha contribuito per anni ed anni a riaffermare la subordinazione della donna all'uomo, a confermare il dominio del maschio, a mantenere la struttura autoritaria della famiglia e della società di cui la famiglia è, appunto, la cellula fondamentale. Non a caso le norme riguardanti tale delitto sono state abolite, e con molte, tenaci, lunghe resistenze, soltanto dopo trent'anni di vita democratica, sotto la spinta del movimento di rivendicazione dei diritti delle donne, da una parte, e in connessione con un impetuoso processo di crescita civile e politica del paese, dall'altra. Il discorso, insomma, riguarda i vecchi e non ancora risolti problemi della parità umana e civile della donna e dell'uomo, della realizzazione di una società concretamente più libera e più giusta, della fine di ogni forma di dominio e di sfruttamento individuale e collettivo. Con l'abolizione del delitto d'onore dal nostro codice nessun maschio offeso potrà più, dunque, « lavare con il sangue l'onta subita »: la licenza di uccidere è stata ritirata, l'implicita autorizzazione a mettere sullo stesso piano l'infedeltà coniugale, soltanto della donna, per giunta, e la vita di un essere umano, non viene più concessa. D'ora in poi, i mariti, i padri, i fratelli, i figli che si riterranno « feriti nell'onore » dalla rivolta di una povera donna senza autonomia, senza libertà, senza dignità, sanno che il delitto, non più d'onore, si paga con l'ergastolo, o con almeno venti anni di carcere. E probabilmente molti « offesi » ci penseranno due volte prima di tirar fuori il coltello « vendicatore ». Era ora, del resto: perché la vita umana non ha prezzo e non può, non deve essere sacrificata sul barbaro altare delle « corna ». Perché un aspetto non secondario del predominio maschile è rappresentato anche dalla diffusa, incivile persuasione che soltanto l'infedeltà della donna costituisca offesa alla dignità dell'uomo e atto immorale penalmente perseguibile; mentre, al contrario, il maschio può, o almeno poteva permettersi impunemente « scappatelle » e avventure che nella convinzione generale non erano, non potevano essere in alcun modo offensive, visto che vittime ne erano le donne, e cioè esseri umani di rango inferiore. Ma per fortuna, l'abolizione del delitto d'onore nel codice penale ha fatto indirettamente giustizia anche di quest'altro indecoroso residuo del passato.

# 29. La testimonianza: doveri e rischi che si corrono a volte.

Alcuni processi di risonanza nazionale, particolarmente quelli celebrati contro gruppi di terroristi, hanno portato in primo piano il delicato problema dei testimoni, vale a dire di quei cittadini che, essendosi trovati ad assistere allo svolgersi di un'azione criminosa o essendo venuti a conoscenza in un modo o in un altro di un fatto comunque illegale, sentono il dovere o hanno l'obbligo giuridico e morale di testimoniare, di dire quanto hanno visto o sanno, per l'accertamento della verità. Il problema si è imposto all'attenzione dell'opinione pubblica anche per gli appelli rivolti a tutti i cittadini dai massimi responsabili dell'amministrazione della giustizia, affinché collaborino con gli inquirenti, invece di tenersi per sé quanto è a loro conoscenza, per evitare fastidi, o anche per paura. In realtà, la testimonianza è un dovere morale e civile, prima ancora che giuridico, per ogni cittadino: se ognuno, infatti, si rifiutasse per una ragione qualunque di fornire alla giustizia gli elementi a sua disposizione per stabilire la verità di un fatto e contribuire a far condannare il colpevole e assolvere l'innocente, la giustizia sarebbe gravemente intralciata, con gravi conseguenze per tutta la collettività e le stesse istituzioni sociali. Non basta, tuttavia, affermare questi principi e questi valori soltanto in astratto, ma occorre che anche nella realtà pratica, quotidiana, certe esigenze siano realizzate e difese. In altri termini, risulta indispensabile assicurare ai cittadini il diritto-dovere di offrire la propria testimonianza, rendendosi concretamente conto delle loro esigenze e delle loro difficoltà, e garantendo ad essi protezione e difesa della incolumità personale e degli interessi pratici compromessi in un modo o in un altro dall'obbligo della testimonianza. Nel nostro paese, al contrario, mentre si proclama con solenni dichiarazioni di principio la necessità e l'opportunità che i cittadini non si sottraggano al loro dovere di testimoniare quando ne abbiano l'obbligo o l'opportunità, non si fa niente, poi, sia per aiutarli o almeno per non danneggiarli, nell'ottemperanza al loro dovere, sia per difenderli e proteggerli adeguatamente dalle conseguenze che possano derivare dalla loro testimonianza. Un diritto-dovere di così rilevante importanza e significato, celebrato e proclamato in teoria, diventa in tal modo gravemente ostacolato nella sua concreta realizzazione. Ed infatti, una testimonianza comporta per chi ne abbia l'obbligo una perdita eccessiva di tempo, considerata la lentezza snervante con la quale la giustizia notoriamente opera nel nostro paese. Intere giornate di lavoro spesso inutilmente perdute, affari e interessi trascurati, conseguenti danni economici non di rado assai rilevanti, disagi enormi per i frequenti spostamenti da una sede all'altra, da una città all'altra, compensi irrisori e comunque inadeguati: sono questi alcuni soltanto degli inconvenienti che un testimone deve affrontare e subire se vuole o sia tenuto a collaborare con la giustizia. E a tutto ciò vanno necessariamente aggiunti i problemi di ordine psicologico, che hanno pur essi la loro importanza: diffidenze e interrogatori degli inquirenti, impegno stressante nel ricostruire i fatti, nel precisare quanto si sia venuti a conoscere, nel definire senza errori tutto quello cui è capitato di assistere, comportano evidentemente una tensione notevole, una responsabilità rilevante, una preoccupazione costante, che finisce per incidere inevitabilmente sul ritmo normale e consolidato dell'esistenza. E per finire, in non pochi casi, le minacce, le intimidazioni, gli avvertimenti, e qualche volta anche peggio: il testimone è praticamente solo e indifeso, esposto alle ritorsioni di coloro che hanno tutto l'interesse a impaurirlo o addirittura a farlo tacere. E se la paura prende il sopravvento, se la minaccia è tanto forte da consigliare la prudenza o il silenzio, umanamente comprensibili, anche se, ovviamente, non giustificabili sul piano giuridico e morale, ecco allora che il testimone viene accusato o perfino incriminato di favoreggiamento o di reticenza. E spesso condannato. Nasce da questa situazione oggettivamente difficile il fenomeno sempre più esteso e preoccupante del rifiuto implicito dei cittadini di testimoniare, anche quando sono consapevoli, e forse soprattutto allora, dell'eccezionale valore della loro testimonianza. La gente ha paura, non ha più fiducia neppure nella giustizia, si sente sola, indifesa: per questo si rifugia e si chiude nell'indifferenza, in un atteggiamento di diffidenza sospettosa, nell'egoismo. È difficile, in una situazione del genere, dividere con un taglio netto il torto e la ragione. La giustizia corre seri rischi di perdere gran parte della sua efficacia e della sua funzione se i cittadini si rifiutano di collaborare con essa: ma è altrettanto vero che in tempi come i nostri nessun cittadino può essere abbandonato a se stesso, lasciato esposto a tutte le ritorsioni, danneggiato nei suoi interessi, per aver fatto il proprio dovere. È necessario, dunque, trovare delle soluzioni adeguate per un problema così grave e spesso drammatico. E forse una via d'uscita potrebbe essere individuata nell'adottare le misure che già altri paesi hanno sperimentato e riconosciuto valide ed efficaci. La giustizia, innanzi tutto, dovrebbe essere più rapida, svincolandosi dalle pastoie della disorganizzazione burocratica e degli esasperati cavilli procedurali, in modo da garantire tempi brevi non soltanto ai testimoni, ovviamente, ma anche a coloro che da essa si attendono un giudizio che non si trascini per lunghi anni. Ai testimoni, poi, andrebbero assicurati con mezzi idonei rispetto, assistenza, sicurezza, protezione, e soprattutto l'anonimato o, almeno, la rigorosa difesa della loro identità, per metterli al riparo da tutti i pericoli inevitabilmente connessi con la loro testimonianza. Occorre, in altri termini, mutare radicalmente l'atteggiamento e il comportamento pratico degli organi responsabili nei confronti del testimone: il quale non è affatto un individuo da utilizzare spregiudicatamente, fino a quando fa comodo o è indispensabile, e poi lasciare solo, ma un cittadino da onorare e proteggere, al quale va riconosciuto concretamente il merito civile di contribuire in misura determinante all'affermazione della verità e della giustizia. La maturità civile di una società si misura anche e soprattutto dal modo in cui i problemi piccoli e grandi della vita quotidiana, del funzionamento e dell'efficienza degli organismi fondamentali dello stato, del rinnovamento graduale e del miglioramento progressivo delle strutture portanti della convivenza umana sono affrontati e risolti. In tale prospettiva, anche la soluzione adeguata del rilevante problema della testimonianza dei cittadini si pone come un elemento significativo di valutazione della reale capacità e della effettiva volontà dei singoli e della collettività di procedere sulla strada della solidarietà umana, dell'ordine, della giustizia.

# 30. La grave crisi economica e il movimento giovanile.

Non è affatto un caso che la ripresa del movimento giovanile e studentesco di contestazione sia coincisa con l'aggravarsi della crisi economica che da qualche tempo investe il nostro paese. Il malessere del mondo giovanile e studentesco è, infatti, un riflesso della fase di recessione che sta attraversando l'economia nazionale, ed una conseguenza più diretta e immediata della riorganizzazione e della ristrutturazione del nuovo corso capitalistico, che, tra l'altro, ha ridotto considerevolmente le dimensioni generali dell'attività produttiva ed ha provocato la concentrazione dell'occupazione prevalentemente nelle fasce di età comprese tra i trenta e i quarantacinque-cinquanta anni. Per lungo tempo, infatti, il neocapitalismo ha alimentato una corsa vertiginosa ai consumi, necessari allo sviluppo dell'apparato produttivo e all'incremento dei profitti dei gruppi industriali: le maggiori occasioni di lavoro create da una produzione più vasta e articolata hanno in tal modo consentito, per un certo periodo, l'assorbimento di una massa consistente di manodopera e di personale qualificato, contribuendo a migliorare certamente il tenore medio di vita e a diffondere una mentalità più aperta, più libera, un costume più permissivo, oltre che speranze e illusioni sulla continuità di un processo economico i cui effetti benefici si sarebbero riversati su tutti. La scuola di massa, in fondo, ha risposto alla logica dello sviluppo capitalistico, che aveva bisogno di operai, impiegati, tecnici, dirigenti, con una cultura e una preparazione professionale meno ristretta, più moderna rispetto al vecchio tipo di lavoratore, ai diversi livelli. I giovani che oggi contestano duramente, rivendicando il loro diritto al lavoro, alla partecipazione, alla dignità umana e sociale, sono cresciuti in una società che metteva radicalmente in discussione i vecchi valori e procedeva rapidamente ad una loro trasformazione, ad un loro adeguamento alle esigenze del nuovo modello di sviluppo del consumismo e del permissivismo. Lo sviluppo, però, si è bruscamente arrestato, in conseguenza sia di una crisi internazionale di vaste proporzioni, sia di un ridimensionamento necessario dei programmi e degli obiettivi dell'apparato produttivo nazionale. La crisi energetica, l'aumento dei prezzi del petrolio, la riduzione delle scorte alimentari in tutto il mondo hanno imposto una contrazione produttiva e un freno all'economia del nostro paese. La conseguenza più immediata di tale situazione è stata la drastica e improvvisa riduzione dei livelli e delle possibilità occupazionali, la limitazione dei consumi a causa dell'aumento dei prezzi e della svalutazione della lira, la rinuncia ai programmi di espansione economica. Le spese di questa inversione di tendenza le hanno fatto, ovviamente, le fasce più deboli ed esposte della popolazione: i giovani, in generale, gli studenti, i laureati, i diplomati, le donne, i meridionali. Gli ultimi anni, infatti, sono caratterizzati dall'arrivo sul mercato del lavoro delle masse di diplomati e laureati che la scuola ha sfornato a getto continuo, che un tempo apparivano indispensabili allo sviluppo neocapitalistico, ma che oggi, con la crisi, sono rifiutati dal mercato del lavoro e dalla società, come del tutto superflui, sproporzionati alle esigenze effettive e alle possibilità concrete di impiego che le condizioni economiche offrono e consentono. Alle masse di giovani diplomati e laureati senza posto e senza prospettive, si sono aggiunte le schiere dei giovani operai e contadini colpiti anche essi in misura notevole dalla crisi, e gli studenti delle scuole superiori che vedono il loro avvenire immediato totalmente privo di sbocchi positivi e soddisfacenti. In altri termini, ondate successive e sempre più massicce di intellettuali disoccupati si sono accavallate l'una all'altra, premendo sul mercato del lavoro già saturo, proprio mentre la crisi non solo chiudeva gli sbocchi per il futuro, ma riduceva l'attività produttiva, i consumi, e quindi i posti di lavoro. In tale situazione era inevitabile l'esplosione della rabbia giovanile, della protesta violenta e generalizzata di quanti sono tagliati fuori da qualunque possibilità di una collocazione adeguata nelle strutture delle società.

Questo spiega la durezza della protesta e la svolta violenta che ad essa è stata in molte occasioni impressa da frange estreme che non si riconoscono in nessun partito e in nessuna formazione politica e ideologica. E certo, pur rifiutando la violenza come metodo di rivendicazione e di protesta, non si può disconoscere che la condizione attuale dei giovani, soprattutto degli intellettuali, è grave, molto grave. In linea generale, la scuola ha rappresentato soprattutto negli ultimi anni, e in misura particolare per le classi popolari, la speranza e lo strumento per uscire da una condizione antica di soggezione e di sfruttamento, la strada da seguire per garantirsi finalmente un'esistenza non solo più sicura, ma anche più dignitosa. Lo sviluppo economico aveva d'altra parte alimentato le illusioni di migliaia di giovani che il titolo di studio costituisse, dopo anni di sacrifici e di impegno, il mezzo indispensabile e utile per un lavoro meno precario non soltanto, ma qualificato, e corrispondente alla preparazione professionale e al livello di istruzione. Speranze, illusioni, aspirazioni che, dopo essere state sollecitate e favorite, vengono ora brutalmente vanificate dalla crisi. Una generazione intera si è in tal modo sentita tradita, oltre che delusa, ed è stata costretta ad affrontare il problema quotidiano dell'esistenza non soltanto senza alcuna prospettiva, ma con un sentimento frustrante e amaro del proprio fallimento umano e professionale. Il mancato collegamento tra scuola e produzione, tra scuola e società è indubbiamente una delle cause dell'attuale disoccupazione intellettuali, ma non può essere certamente fatto ricadere sulle spalle dei giovani. Ed in effetti è tutto il sistema produttivo ed economico che va profondamente rinnovato: anche se la scuola avesse funzionato bene, e avesse preparato sufficientemente i giovani, le occasioni e i posti di lavoro non sarebbero certamente aumentati solo per questo. La crisi, in altri termini, ha messo drammaticamente a nudo i problemi generali della società e delle masse giovanili, che uno sviluppo costante avrebbe mascherato ma non risolto. Le strutture economiche del nostro paese sono infatti organizzate per il profitto privato e capitalistico, non certo in funzione sociale: e dunque, prima o poi sarebbe comunque arrivato il momento della resa dei conti, della crisi, della lacerazione sociale. Come dimostra, in effetti, la vastità della dimensione sociale dei disoccupati, non soltanto giovani, ma donne, adulti, intellettuali, operai, contadini, artigiani. Nel nostro paese, ormai, c'è una fascia sociale di occupati, bene o male inseriti nel sistema, e un'altra fascia, molto consistente, di disoccupati, di sottoccupati, di gente senza lavoro e senza prospettive la cui presenza giova certamente ai padroni del sistema per frenare la spinta democratica delle masse, ma può anche rivelarsi un pericolo concreto per le istituzioni e per la pace sociale. Come dimostra, appunto, la contestazione giovanile e studentesca divampata nuovamente, nel pieno della più grave crisi economica e politica che abbia mai investito la società nazionale.

# 31. I giovani, oggi: quali prospettive per l'avvenire, quali dubbi.

Uno dei problemi fondamentali dei giovani d'oggi è la mancanza quasi assoluta di prospettive per l'avvenire: non esistono sbocchi sufficienti e soddisfacenti per un'occupazione adeguata e soprattutto stabile, sicura, mentre la scuola, ancorata com'è a vecchi schemi culturali e ad antiche strutture organizzative, non contribuisce in alcun modo all'inserimento dei diplomati e degli stessi laureati nel mondo del lavoro, come dimostra la crescente disoccupazione intellettuale. Le legittime preoccupazioni per il proprio futuro sono, d'altra parte, esasperate dalla sensazione o dalla convinzione che i giovani hanno ormai maturata, non importa se a torto o a ragione, che i grandi partiti, anche quelli di sinistra, non si interessino abbastanza di loro o non intendano sufficientemente la gravità della loro attuale situazione: questa valutazione è, in linea generale, motivata e rafforzata anche dalla constatazione che all'interno di ogni partito si siano costituiti gruppi di potere verso i quali i giovani nutrono una profonda diffidenza, ritenendoli chiusi e sordi alle loro esigenze e ai loro diritti. Il distacco dei giovani dalla politica intesa in senso tradizionale, o, perlomeno, la loro diffidenza nei confronti dei vertici che dominano le formazioni politiche nazionali, è un altro aspetto di rilevante importanza che caratterizza le attuali tendenze giovanili: un atteggiamento che nasce dall'accertata impossibilità o dalla sperimentata difficoltà di riuscire a contare qualcosa, di influire sulle decisioni fondamentali, di partecipare concretamente e non solo teoricamente alla vita e all'organizzazione dei grandi partiti. Nasce appunto da profonde, continue delusioni, dall'emarginazione e dalla strumentalizzazione di cui sono o si sentono vittime, il rifiuto, da parte dei giovani, delle forme e dei mezzi tradizionali di una democrazia che si rivela sempre più astratta, teorica, non effettiva, concreta, reale. I giovani, in altri termini, si sentono esclusi, tenuti lontani, rifiutati, non compresi, e questa sensazione, o questa realtà, rende più inquieta e drammatica l'assenza di soluzioni immediate e di prospettive future per il difficile, tormentoso problema di una loro adeguata collocazione nel mondo del lavoro e nella società. Questa consapevolezza risulta ampiamente diffusa, tanto da determinare in misura sempre maggiore il tipico e significativo fenomeno della formazione di gruppi di giovani che, respinti dagli adulti, emarginati dai partiti, ingannati dalla scuola, tentano di ritrovarsi una loro identità, una loro dimensione autonoma nei reciproci rapporti di amicizia, di solidarietà, di comprensione. Ciò che accomuna i giovani di oggi e li spinge a stare insieme, a costituirsi in gruppi omogenei, non è soltanto l'identica condizione, ma le stesse delusioni, la stessa sfiducia nella società, nella scuola, nei partiti, nelle istituzioni. Il mondo giovanile va diventando, dunque, sempre più un mondo a sé, staccato dal contesto sociale e ostile ad esso, anzi, un mondo chiuso, una dimensione alternativa tormentata e caratterizzata da rancori, diffidenze, esasperazioni. Non per tutti, certo, né per ogni situazione. Ci sono anche giovani che tentano di capire, di agire, che dibattono insieme i loro problemi, che cercano di non perdere i contatti né con i partiti e cioè con una dimensione politica essenziale della nostra società, né con le masse occupate, con gli adulti, con i genitori, con la scuola, vale a dire con elementi e strutture fondamentali di un unico e inscindibile contesto comunitario. Molti altri, è vero, si ripiegano in se stessi, si isolano, amareggiati, sfiduciati, lasciandosi trasportare dalle cose, dalle circostanze, in attesa passiva di tempi diversi. L'atteggiamento prevalente tra i giovani, soprattutto in questi ultimi tempi, si va caratterizzando, tuttavia, come volontà decisa, per certi aspetti disperata, di contrapporsi con decisione, con forza, spesso con violenza, alla società, nel suo insieme, da cui si sentono esclusi e strumentalizzati. Atteggiamenti e comportamenti diversi, spesso radicalmente contrastanti, segnano la risposta e la reazione sentimentale e pratica dei giovani alla condizione oggettivamente difficile e drammatica in cui sono stati cacciati dallo sviluppo della società nazionale. Non c'è dubbio che, al pari delle altre minoranze e dei gruppi sociali più deboli ed esposti — le donne, gli anziani, gli adulti disoccupati, i meridionali, soprattutto

—, i giovani pagano oggi sulla loro pelle le conseguenze negative di una politica imprevidente, di una organizzazione economica e sociale che privilegia e premia sistematicamente i gruppi egemoni, i settori più forti e più ricchi della popolazione, mentre scarica sulle spalle degli strati più bassi ed esposti, sulle fasce e sui ceti sociali più poveri e bisognosi, più deboli e disorganizzati, i costi delle crisi, della corruzione. Nell'ambito di tale oggettiva, innegabile realtà, le tentazioni estremiste e le suggestioni rivoluzionarie che da qualche tempo a questa parte vanno affiorando e definendosi in maniera sempre più chiara e in misura sempre più estesa tra le masse giovanili, sembrano costituire non soltanto una reazione legittima ma addirittura una alternativa valida all'attuale società. Il rifiuto sprezzante e la contestazione dura dei tradizionali metodi politici, dei rapporti tra le grandi masse organizzate, delle forme e dei contenuti delle rivendicazioni sindacali, vanno sostituendo ormai largamente le vecchie manifestazioni di protesta, i vecchi sistemi adottati dalle precedenti generazioni per scuotere dalla loro inerzia e sensibilizzare ai loro problemi i responsabili della direzione politica del paese e, insieme, i rappresentanti dei partiti di opposizione: spesso, una violenza crudele, feroce, programmata, attuata da minoranze e da avanguardie estremiste, imprime una svolta tragica al movimento di contestazione giovanile. Il metodo violento e l'ipotesi rivoluzionaria, tuttavia, non convincono affatto la gran parte dei giovani, che pur giudicando severamente l'attuale classe politica, nel suo complesso, non si mostrano disposti a seguire quanti intendono scardinare le istituzioni democratiche del paese: la partecipazione massiccia dei giovani al movimento per la riforma universitaria, per la rivendicazione del loro diritto all'occupazione, per una politica di profondo, significativo rinnovamento democratico della società italiana, costituisce comunque una chiara dimostrazione sia della volontà e della consapevolezza politica che anima le nuove generazioni, sia della gravità drammatica che ha ormai assunto il problema di una loro collocazione dignitosa e adeguata nelle strutture produttive e sociali della nazione. La questione giovanile appare dunque il problema centrale non solo della società ma della democrazia del nostro paese. La dequalificazione del titolo di studio e la conseguente delusione per centinaia di migliaia di giovani che attraverso la scuola avevano sperato di conseguire un avvenire diverso e migliore; la drastica riduzione delle concrete possibilità di trovare un lavoro, comunque e dovunque; l'emarginazione sociale e politica, culturale ed economica; il senso di avvilente frustrazione; la disperazione, possono spingere le masse dei giovani a tentare un rivolgimento radicale e violento delle attuali istituzioni. È un rischio concreto, reso più grave dalla tenace difesa dei privilegi di classe e dalla conseguente subordinazione delle istituzioni agli interessi dei ceti e dei gruppi dominanti; dalla crisi economica e soprattutto morale che investe il nostro paese e che allontana ogni giorno di più i cittadini dalla classe dirigente, dalle istituzioni, dai partiti; dal prevalere degli egoismi di settori e di strati sociali preoccupati soltanto della loro posizione di potere. I giovani, in tale contesto, possono pertanto svolgere un ruolo determinante, sia in un senso che nell'altro, vale a dire sia nel consolidamento delle istituzioni democratiche e nel rinnovamento delle strutture sociali, sia nell'eversione violenta di un sistema che nonostante le distorsioni e le ingiustizie, i mali e i drammi di cui è certamente responsabile, risulta tuttavia suscettibile di un graduale miglioramento, che va necessariamente attuato sia con la partecipazione più larga e diretta delle masse popolari e dei partiti democratici alla direzione del paese, sia attraverso la soluzione radicale del problema di fondo delle nuove generazioni, della questione giovanile che consiste non soltanto nel dramma della disoccupazione di massa, ma anche nell'intollerabile condizione di emarginazione politica e culturale di cui centinaia di migliaia di giovani sono ingiustamente e intollerabilmente vittime. Un problema, questo, la cui soluzione non spetta certamente ai giovani o ad essi soltanto, in quanto richiede l'impegno prioritario, coerente e deciso delle forze politiche costituzionali e del governo. In realtà per troppo tempo le nuove generazioni sono state illuse e ingannate: ma se per lunghi anni si sono mostrati fiduciosi e propensi a dar credito alle promesse costantemente ripetute e puntualmente dimenticate, i giovani oggi hanno deciso di essere protagonisti attivi e non soggetti passivi delle decisioni che li riguardano direttamente. La questione giovanile è diventata perciò un problema centrale e fondamentale di tutta la vita nazionale e il destino stesso del nostro paese sembra dipendere in misura determinante dalle soluzioni che si sapranno e si vorranno non soltanto proporre in astratto, ma realizzare in concreto. La scuola, le istituzioni, la società tutta risente della pressione a mano a mano più forte che i giovani esercitano per trovare un loro spazio, un loro futuro. C'è da augurarsi, pertanto, che le loro attese non siano più deluse: diversamente, potrebbe aprirsi nel nostro paese un periodo di gravi incertezze sociali e politiche.

## 32. Disoccupazione giovanile e disoccupazione intellettuale: cause e ipotesi di soluzione.

La condizione di fondo da cui sono scaturite le nuove lotte degli studenti è costituita dalla crescente disoccupazione intellettuale, che si configura come un aspetto e un problema di particolare gravità della estesa disoccupazione giovanile nel nostro paese. Le cifre di tale fenomeno attestano in modo inconfutabile la drammatica gravità della situazione: su una massa di circa un milione e mezzo di giovani disoccupati, i diplomati e i laureati sono quasi la metà, una percentuale altissima soprattutto se rapportata al numero complessivo di diplomati e laureati nel nostro paese. La disoccupazione giovanile ha dunque assunto una dimensione di massa e costituisce una realtà i cui elementi costitutivi non possono essere separati e isolati: la disoccupazione intellettuale e quella manuale, femminile e meridionale, sono nodi strutturali di un unico problema, vale a dire l'emarginazione sociale e produttiva di estesi gruppi e settori della popolazione, determinata dai meccanismi di sviluppo della società e dell'economia nazionale. Il carattere globale della disoccupazione giovanile impone necessariamente, da una parte, il rifiuto di provvedimenti parziali e provvisori, e dall'altra, l'adozione di una politica di intervento sulle cause fondamentali della inadeguata utilizzazione della forza-lavoro giovanile. Affrontare la questione della disoccupazione intellettuale al di fuori del problema della piena e migliore occupazione si tradurrebbe inevitabilmente nella formazione di nuove posizioni di privilegio a favore degli intellettuali e a danno dei settori più deboli della popolazione giovanile senza occupazione: in altri termini, approntare dei provvedimenti parziali e settoriali che consentano di ridurre o anche eliminare del tutto la disoccupazione dei diplomati e degli intellettuali attualmente senza lavoro, comporterebbe necessariamente l'aumento del numero dei disoccupati manuali, non intellettuali, senza contare che i giovani che ora sono studenti si troverebbero nelle stesse condizioni, una volta conseguito il diploma o la laurea. La situazione italiana, infatti, è diversa dagli altri paesi europei, nei quali la disoccupazione giovanile è limitata alle nuove leve che a mano a mano si affacciano sul mercato del lavoro, venendone assorbite lentamente o più rapidamente, a seconda delle condizioni dell'economia nei vari tempi. Nel nostro paese, invece, la disoccupazione è non soltanto molto ampia, ma addirittura endemica: di conseguenza, alleviarla in un settore significa per forza aggravarla in un altro, favorire cioè alcuni gruppi sociali a danno di altri. Il groviglio di problemi costituito dalla disoccupazione richiede dunque una strategia politica ed economica generale capace di modificare in profondità, radicalmente, le cause strutturali dell'inadeguata e insufficiente utilizzazione della forza-lavoro giovanile e adulta. In tale prospettiva e nell'ambito di tale inderogabile necessità, le accuse rivolte alla scuola di aver favorito e dilatato il meccanismo della disoccupazione giovanile, segnatamente di tipo intellettuale, non hanno evidentemente senso: è vero infatti che l'istruzione generalizzata e non limitata soltanto alla fascia della scuola media, ma estesa, con una dimensione di massa, anche ai gradi superiori dell'istruzione e alla stessa università, ha dissuaso e allontanato settori consistenti della popolazione giovanile dal lavoro manuale e quindi da possibilità di lavoro non intellettuale, ma è altrettanto vero che invece di una estesa disoccupazione intellettuale si sarebbe avuta una molto più ampia disoccupazione manuale, in assenza del fenomeno della scolarizzazione di massa. In altri termini, i giovani che attualmente sono disoccupati, pur avendo conseguito un diploma o una laurea, lo sarebbero stati ugualmente, senza diploma o senza laurea: tanto è vero che il cinquanta per cento della massa di giovani attualmente disoccupati è costituito da operai, manovali, contadini, artigiani, e così via. La scuola, dunque, non ha colpa dell'aumento della disoccupazione intellettuale: è evidente, infatti, che rimanendo drammaticamente insufficienti i posti disponibili in relazione alla domanda di lavoro, sbarrare l'accesso ai livelli più alti dell'istruzione significherebbe soltanto avere, al posto di masse di intellettuali disoccupati, masse più ampie di disoccupati con titolo di studio inferiore, di scuola elementare o di scuola media di primo grado. In realtà, risulta priva di fondamento o del tutto ipocrita l'affermazione che il sistema scolastico italiano ha sfornato e continua a sfornare un numero di diplomati e di laureati nettamente superiore al fabbisogno delle strutture amministrative ed economiche del nostro paese. Al contrario sono le strutture produttive del nostro paese ad essere ancora tecnologicamente arretrate, ed è l'apparato industriale nazionale a dipendere ancora largamente da sistemi economici stranieri: ne consegue che la ricerca scientifica e l'attività tecnologica risultano praticamente inesistenti o del tutto inadeguate, e quindi non richiedono l'impiego e il rinnovamento periodico di personale qualificato. D'altra parte, occorre mettere nel conto anche la polverizzazione esasperata delle imprese minori, la astrattezza degli studi universitari, la scarsa, inconsistente propensione dell'apparato produttivo nazionale a rinnovarsi tecnicamente. Se il sistema economico, infatti, si fosse rinnovato tecnologicamente e organizzativamente, da una parte, e se l'università e la stessa scuola superiore si fossero adeguate alle esigenze diverse di strutture produttive moderne e avanzate, dall'altra, oggi il problema della disoccupazione intellettuale o non esisterebbe o sarebbe del tutto marginale: la stessa occupazione giovanile non intellettuale avrebbe tratto enormi benefici da una produzione e da un'amministrazione più efficiente e dinamica, consentendo l'assorbimento di fasce consistenti di giovani, e dunque alleviando la tensione sociale e aprendo nuove strade anche a coloro che già premono sul mercato del lavoro. E invece, l'università ha continuato sulla vecchia, ridicola strada di ima formazione culturale e professionale del tutto sganciata dai caratteri, dai bisogni e dalle richieste dell'apparato economico e dell'organizzazione amministrativa, le strutture produttive hanno preferito fare sempre più largamente ricorso al lavoro nero e alla riduzione del personale, per far fronte alla concorrenza estera e alla crisi che attanaglia tutto il sistema, ormai, di fronte a cui esse si sono rivelate incapaci di reagire. È evidente, allora, che per eliminare le cause della disoccupazione giovanile e intellettuale bisogna intervenire decisamente sulle strutture generali, produttive, scolastiche, amministrative, del nostro paese. Una condizione essenziale è infatti costituita, in via preliminare, dall'eliminazione di tutte le forme e le sacche di clientelismo e di parassitismo che inquinano gravemente la vita pubblica italiana, tagliando in tal modo alla radice gli sprechi e gli ostacoli che impediscono un rinnovamento e un ammodernamento della attività sia produttiva che amministrativa. Se da una parte, infatti, il settore amministrativo non può continuare ad essere un settore dequalificato, saturato fino all'eccesso di personale incapace e inefficiente, dall'altra l'apparato produttivo, sia industriale che agricolo, deve diventare autonomo e propulsivo, dinamico e autosufficiente. In tal modo, lo slancio produttivo e la migliore organizzazione amministrativa potranno determinare le condizioni idonee a far fronte alla crisi attuale, prima, e a creare nuove fonti di ricchezza, e quindi nuovi posti di lavoro, poi. Solo così possono essere avviati a soluzione i problemi drammatici che stringono ormai in una morsa soffocante la società italiana: vale a dire l'inflazione, la recessione, lo squilibrio della bilancia economica, la disoccupazione cronica, il sottosviluppo del Mezzogiorno. La migliore organizzazione del lavoro, l'incremento produttivo, il dinamismo economico devono tuttavia essere accompagnati anche da una maggiore qualificazione della istruzione sia media che universitaria, che va adeguata alle esigenze e agli obiettivi dell'indispensabile sviluppo economico. La riforma dell'istruzione, dunque, è un elemento essenziale per l'eliminazione o, almeno, la riduzione della disoccupazione intellettuale, ma non va intesa come limitazione del diritto allo studio, del diritto di accesso a tutti i gradi dell'istruzione, che va riconosciuto e reso concreto per tutti i cittadini, di qualunque classe e condizione economica e sociale. Risulta chiaro, tuttavia, che l'attuazione di profonde e radicali riforme, che investono alla base le cause strutturali dei nodi e dei problemi drammatici della società nazionale, richiede una svolta politica che realizzi l'unità delle forze popolari e democratiche necessaria per un nuovo e diverso sviluppo di una più giusta convivenza sociale e di una più concreta e diffusa democrazia. Una svolta politica che negli ultimi tempi è diventata se non una realtà operativa, almeno una possibilità concreta, in virtù della crescita politica delle forze popolari e democratiche. D'altra parte, i problemi che il paese si trova di fronte e che il governo è chiamato a risolvere sono così gravi da costituire oggettivamente una situazione di emergenza, che può essere superata soltanto con rincontro e la fattiva, leale collaborazione tra i grandi partiti costituzionali e popolari. Ed è forse questa l'unica risposta politica possibile alle attese e alle speranze di migliaia, di milioni di giovani intellettuali ed operai.

# 33. Università, disoccupazione e manifestazione giovanile.

L'esplosione di rabbia incontrollata e disperata che ha investito negli ultimi tempi il mondo della scuola, le università in misura particolare, ha cause profonde, origini lontane. L'università appare ormai come una struttura in pieno disfacimento, arretrata, incapace sia di offrire un contributo moderno alla formazione culturale e professionale degli studenti, sia di porsi come punto di riferimento per l'aggiornamento e l'adeguamento della ricerca scientifica, dell'istruzione di massa, della preparazione indispensabile per svolgere un ruolo significativo nell'organizzazione produttiva e amministrativa del nostro paese: essa è ormai ridotta a pura e semplice area di parcheggio e a dispensatrice di pezzi di carta forniti di valore legale, ma del tutto sprovvisti di un reale contenuto pratico. La mancata riforma universitaria, le interminabili, oziose discussioni a livello di partiti, di governo, di parlamento, l'incapacità di effettuare previsioni e di elaborare programmi corrispondenti per il rinnovamento di una istituzione di vitale importanza per una società moderna e avanzata, sono certamente motivi oggettivi che hanno esasperato gli studenti, non solo universitari, e li hanno spinti ad assumere posizioni di dura, spesso violenta reazione contro l'immobilismo non solo dei responsabili diretti ai vari livelli, ma anche contro le forze di opposizione. La contestazione giovanile non può tuttavia essere spiegata con sufficiente chiarezza se viene limitata soltanto alla lotta per la riforma universitaria in generale, e per una riforma moderna, incisiva e democratica in particolare. In realtà la contestazione studentesca e giovanile scaturisce ed è provocata anche da una condizione generale di emarginazione dei giovani, e dei laureati, dei diplomati e degli studenti in modo particolare. In realtà la società italiana sta attraversando un periodo di grave recessione economica, di paralizzante incertezza politica, di avvilente crisi morale: il disagio profondo dei giovani e degli studenti è un aspetto e una conseguenza emblematica del malessere generale del paese. Un malessere, comunque, che mentre consente margini di tollerabilità a tutti coloro, operai, impiegati, professionisti, e così via, che in un modo o in un altro risultano inseriti, e meglio sarebbe dire annidati nel sistema, risulta del tutto insopportabile per chi, come gli studenti, gli intellettuali, gli operai giovani, non riescono non solo a trovare una collocazione adeguata alle loro capacità e corrispondente al loro titolo di studio o alle loro abilità tecniche, ma nemmeno un posto qualunque, una sistemazione per quanto di ripiego, nelle strutture produttive e amministrative del paese. La scuola di massa, che aveva suscitato tanti consensi, e tante speranze nella strombazzata possibilità di risolvere il problema dell'inserimento dei giovani nella società, a livelli adeguati, si è rivelata una trappola, e si è risolta concretamente in uno spazio fisico e temporale nel quale tenere buoni e trattenere lontano dal mondo del lavoro milioni di giovani. Una politica che poteva avere successo fin quando i nodi della questione non fossero venuti al pettine duro della realtà, dei bisogni concreti, quotidiani. Ed infatti se schiere estese e compatte di giovani laureati e diplomati sono rimasti senza lavoro, una volta ultimato il corso di studi medio o universitario, gli altri, gli studenti di oggi si sono posti con drammatica coscienza il problema del loro destino, che si annuncia perfettamente identico a quello di coloro che li hanno preceduti sulla strada di studi inutili, dequalificati e soprattutto della disoccupazione e della totale mancanza di prospettive valide per il futuro. L'esasperazione per la mancata riforma della scuola superiore e dell'università si è in tal modo innestata su una condizione oggettiva di preoccupazioni, di timori, di speranze, di paure, di malcontento rabbioso per il distorto sviluppo della società nazionale, ed è pertanto esplosa nella contestazione più violenta e decisa, più sanguinosa e pericolosa degli ultimi anni. È opportuno e necessario notare, infatti, che la ribellione giovanile ha assunto forme e contenuti diversi, anche se ha trovato il suo punto di riferimento e di raccordo nel movimento per l'università. Il fenomeno dell'autoriduzione del prezzo dei biglietti per gli spettacoli cinematografici e teatrali; la cosiddetta spesa proletaria, ossia l'acquisto a basso costo, inferiore nettamente a quello di mercato, di generi di prima necessità; l'espropriazione di notevoli quantitativi di merci nei supermercati sono indubbiamente aspetti diversi, ma tutti riconducibili alla stessa matrice di contestazione dell'attuale organizzazione sociale, che diventa poi più esplicita ed organica sia nel rifiuto e nella dura contrapposizione ai partiti storici della sinistra e alle stesse formazioni extraparlamentari, e ai loro leader carismatici e per lunghi anni intoccabili, sia, soprattutto, nell'adozione della violenza programmata come componente sistematica e strumento fondamentale di azione politica, sfociata spesso addirittura nella guerriglia urbana da parte di minoranze organizzate di studenti ultraestremisti. La durezza della contestazione e le forme esasperate e violente che essa ha presentato — dalle manifestazioni di massa all'attacco a mano armata contro le forze dell'ordine, dall'occupazione e dalla devastazione delle sedi universitarie alla cacciata fisica dei docenti anche di sinistra — sta a dimostrare il carattere di rottura decisa e radicale delle masse giovanili soprattutto studentesche nei confronti di una struttura sociale dominata dal privilegio, dalla furbizia, dall'immobilismo egoistico dei gruppi dominanti, dall'oppressione e dalla emarginazione di larghe fasce della popolazione: i giovani, le donne, i meridionali in misura particolare. È in tale contesto che vanno spiegati il rifiuto del lavoro subordinato, non corrispondente all'impegno culturale profuso per anni, alle speranze coltivate tenacemente di uscire attraverso la scuola dal ghetto sociale dell'emarginazione e dello sfruttamento; la richiesta di una nuova e diversa dimensione di valori sociali e morali, di una nuova esistenza non più invelenita dal bisogno e dalla competitività, dalla disoccupazione e dalla corruzione, dall'ipocrisia e dall'inganno come metodo di governo. La nuova contestazione giovanile, dunque, appare più attenta a temi e ad esigenze immediate, concrete, che affondano le loro radici nell'esistenza quotidiana: rispetto al movimento studentesco del '68 essa nasce ed è alimentata dai bisogni quotidiani dell'esistenza individuale e collettiva piuttosto che da motivazioni di principio, talora astratte e teoriche, e comunque più culturali che esistenziali. Ne risulta dunque il ridimensionamento di una tematica vasta ma non immediatamente concreta, e l'inasprimento talora feroce dei metodi e degli stessi obiettivi di lotta. Anche se le posizioni estreme sembrano patrimonio di ristrette minoranze che tentano di spingere tutto il movimento studentesco e giovanile verso soluzioni di irreversibile rottura con le istituzioni, è vero tuttavia che il malessere e l'esasperazione dei giovani, degli operai, degli studenti, dei diplomati, dei laureati, delle donne, costituisce oggettivamente una realtà che non può e non deve essere né ignorata né esorcizzata con gli antichi e sperimentati sistemi della condanna senza appello o delle promesse vuote e ipocrite. La protesta giovanile, anche se influenzata da ipotesi e suggestioni di una rivoluzione globale, inattuabile e comunque non definita nei suoi contenuti e nei suoi valori, nei suoi metodi e nei suoi sbocchi, può innescare un processo pericoloso di progressiva corrosione delle istituzioni democratiche e di spaccatura delle forze e dei settori sociali e politici popolari e democratici: perciò occorre fermezza, ma anche chiarezza, e coraggio, soprattutto. Coraggio di rinnovare la società attuale, correggendone le storture ed eliminandone le ingiustizie, in modo da assicurare a tutti, soprattutto ai giovani, un'esistenza laboriosa e civile. Il discorso, pertanto, torna ad essere necessariamente politico, perché politica deve essere la volontà di eliminare gli ostacoli di varia natura che ancora oggi impediscono la piena realizzazione umana e civile dei giovani e lo sviluppo ordinato e graduale della società. In tale direzione tuttavia, come dimostrano i mutati equilibri politici del nostro paese, le nuove generazioni hanno oggettivamente esercitato una spinta decisiva nella quale non si può continuare ciò, un'opposizione netta, programmatica, che vuole definirsi e dichiararsi anche negli aspetti marginali, negli elementi meno significativi e determinanti. Le diversità esteriori, puramente formali, rimandano evidentemente a differenziazioni ben più profonde ed importanti di atteggiamenti, di comportamenti, di valori morali, di ideali, di aspirazioni, di sentimenti. Nell'ambito dei rapporti umani, innanzitutto. Il rispetto reciproco, le rigorose formalità, il riconoscimento o l'accettazione di una precisa gerarchia di posizioni e di valori sociali, l'osservanza di rigide norme comportamentali nell'ambito della famiglia e della comunità, sono stati sostituiti dai giovani con rapporti d'amicizia, di colleganza, di conoscenza molto più liberi e spregiudicati, con il rifiuto pregiudiziale di ogni gerarchia tradizionale, con la critica aspra, cruda dei principi che regolavano e continuano spesso a regolare la vita dei loro genitori. Libertà di movimenti, indipendenza, autonomia, contestazione programmatica, rifiuto della tradizione, dell'autorità sia familiare che sociale risultano i principi e i mezzi con cui i giovani del nostro tempo tentano di ribaltare dalle fondamenta il modo di vivere e di pensare dei loro padri, a cui contrappongono un'alternativa radicale sia di valori che di comportamenti. Il punto centrale degli attuali rapporti tra giovani e adulti, tra figli e genitori sta proprio in questo: le nuove generazioni tendono non a modificare e a rinnovare gradualmente il patrimonio di tradizioni e di ideali, di norme morali e di comportamenti pratici della generazione dei « vecchi », ma a distruggerlo tutto, per sostituire ad esso un nuovo assetto sociale, un nuovo ordine di idee, una nuova struttura di valori, che tuttavia essi non riescono a definire compiutamente. Di conseguenza, nella scuola gli studenti contestano apertamente gli insegnanti, di qualunque tendenza politica e ideologica, o si rifiutano di considerarli come maestri e guide morali e culturali, non riconoscendo ad essi quasi nessuna funzione e qualità; nella famiglia, i giovani non accettano come per il passato l'autorità del padre e della madre, né assegnano più, ormai, all'istituto familiare il ruolo di nucleo privilegiato di affetti, di sentimenti, di esperienze, di valori; nella società, inoltre, le nuove generazioni danno vita ad un movimento di costante, sistematica e dura contestazione delle tradizionali strutture politiche, ideologiche, culturali, economiche, morali, arrivando persino, in alcune frange estreme, ad attaccare frontalmente, con la violenza organizzata, le istituzioni e i loro più rappresentativi esponenti e responsabili, nel tentativo dichiarato di dar vita ad un nuovo, diverso ordine sociale. Che nella famiglia, nella società, nella scuola d'oggi sussistano aspetti ed elementi che bisogna evidentemente eliminare, adattare, rinnovare, è certamente vero; che, di conseguenza, la contestazione giovanile colpisca spesso nel segno, proprio per la sopravvivenza di condizioni generali e particolari arretrate e inadeguate alla realtà contemporanea, è altrettanto vero: ma che le nuove generazioni superino largamente la misura accettabile, vadano al di là dei limiti necessari, ponendosi in una posizione decisamente antagonista rispetto alla generazione precedente, agli adulti, agli stessi genitori, anche questo risulta innegabile. Oltre che preoccupante, pericoloso e denso di incognite. Il che richiede, necessariamente, una analisi attenta e una considerazione senza pregiudizi delle cause che determinano tale fenomeno, che tengono aperta una frattura così vasta da apparire incolmabile tra giovani e adulti, tra figli e genitori. Alla base di un fenomeno così grave ed esteso, ed insolito, soprattutto, devono esserci pertanto delle ragioni molto serie e profonde, diverse cioè da quelle tradizionali che hanno costantemente determinato l'opposizione tra genitori e figli, tra adulti e giovani. In realtà non mancano, da parte dei giovani, tentativi di giustificazione del comportamento assai duro e discutibile che essi assumono nei confronti di adulti e genitori: alla base della loro ribellione ci sarebbe, secondo loro, la presunta generalizzata insensibilità dei « vecchi » per i problemi drammatici del nostro tempo, quali la miseria, il pericolo atomico, l'inquinamento, la democrazia e così via. In altri termini, i giovani accusano gli anziani di essere diventati eccessivamente egoisti e indifferenti: da tale giudizio nascerebbe la loro opposizione, motivata dal desiderio di affermare concretamente certi valori che la generazione precedente avrebbe dimenticato o addirittura rinnegato. In effetti la gioventù moderna ha motivi ben validi e solidi per prendersela con la generazione che ha visto un processo di rapido peggioramento delle condizioni generali di vita, specialmente nei paesi avanzati. Non si può dimenticare infatti che, soprattutto nella civiltà cosiddetta occidentale, la distruzione sistematica dell'ambiente naturale, l'alterazione conseguente dell'equilibrio ecologico; la massificazione provocata dai moderni mezzi di comunicazione, con tutti i relativi fenomeni di stupidità, di conformismo, di egoismo, di servilismo; lo svuotamento sostanziale della democrazia e l'affermarsi di regimi essenzialmente autoritari nonostante l'apparenza democratica; la disoccupazione, l'emarginazione, l'insicurezza, hanno determinato una situazione oggettivamente difficile e preoccupante per le nuove generazioni, trovatesi a vivere in una società in crisi, violenta, sopraffattrice, lacerata da aspri conflitti politici ed economici. Da questo punto di vista appare dunque ampiamente comprensibile, anche se non del tutto giustificata, la contestazione giovanile tipica del nostro tempo. Dire questo, tuttavia, non basta a definire le motivazioni profonde che hanno provocato una contrapposizione genitori-figli, adulti-giovani di eccezionale violenza e di amplissima estensione e gravità. In realtà il problema dei rapporti attuali tra generazioni deve essere necessariamente inquadrato nella rivoluzione non soltanto tecnologica, ma anche culturale e morale, ideologica e sociale operata dall'impetuoso sviluppo della scienza e della tecnica nel corso di questo secolo, e negli ultimi decenni in modo particolare. Tale progresso, infatti, ha impresso una svolta accelerata, rapidissima, a tutta la tradizionale struttura della convivenza umana. Era fatale ed inevitabile che i mutamenti profondi direttamente e indirettamente provocati dalla scienza e dalla tecnica investissero anche i rapporti tra le generazioni e segnatamente quelli tra figli e genitori. Alla stessa maniera, infatti, in cui nell'ambito sociale crollava rapidamente l'antica ed immobile gerarchia di valori, di principi, di idee, di rapporti tra classi sociali e gruppi economici, le tradizionali relazioni tra padri e figli, tra giovani e adulti venivano sconvolte radicalmente sia dalle nuove abitudini di vita, sia dalle esigenze e dalle attese totalmente diverse delle generazioni emergenti. L'autorità paterna crollava, così, alla stessa maniera in cui veniva spazzato via l'autoritarismo dominante nei rapporti tra le classi sociali, nell'organizzazione giuridica della collettività, nelle strutture del potere politico. Una ventata di libertà, di insofferenza, un'ansia di nuovo, di diverso, una smania di rifondare tutta l'esistenza individuale e collettiva determinava necessariamente il rifiuto di tutto quanto sapesse di antico e di immutabile, di tradizionale e di « vecchio ». La cultura, la politica, l'economia, i rapporti umani tipici del passato anche recente, vengono sottoposti ad una critica impietosa, rinnegati in blocco, accusati di essere responsabili di tutti i mali presenti. È una ventata distruttiva che a partire dagli anni sessanta si abbatte violentemente su tutte le società avanzate, gettandole in una crisi lacerante e forse insanabile. In tal modo, il ricambio e il rinnovamento graduale, che sono fattori naturali e normali dello sviluppo civile dell'umanità, sono stati sostituiti da uno sconvolgimento globale di tutto l'assetto consolidato della società, con la conseguenza inevitabile di impedire l'adeguamento opportuno e necessario delle strutture fondamentali della convivenza civile alle esigenze nuove e in gran parte giuste. L'errore e il limite della ribellione giovanile ai genitori, agli adulti, alla società nel suo insieme stanno proprio in questa intensità e rapidità eccezionale, incompatibile con l'oggettiva necessità di rinnovare gradualmente eliminando il vecchio e l'inadeguato, e conservando, comunque, quanto di valido sussiste nella tradizione. In altri termini, la contrapposizione tra figli e genitori, che sembra una necessità biologica, genetica, scritta nelle leggi della natura, prima ancora di essere un fenomeno sociale storicamente ricorrente, è diventata una condizione, un programma, una realtà stabile e generalizzata, invece che un episodio benefico senza dubbio, indispensabile anche, ma comunque limitato nel tempo, e nell'estensione, negli obiettivi. La pericolosità dell'attuale ribellione giovanile, la gravità della presente, estesa, netta, inconciliabile contrapposizione tra vecchie e nuove generazioni, consiste appunto nel fatto incontrovertibile che non solo si fa piazza pulita delle tradizionali strutture umane, culturali, sentimentali, ideologiche, morali della società costruita dai nostri padri, rifiutandone e rinnegandone il male e il bene, insieme, ma non si riesce e non si sa definire ancora un modello di esistenza individuale e collettiva che sostituisca quello che si vuole distruggere. Emerge di conseguenza in primo piano l'assoluta necessità di ricercare e individuare motivi e spazi di conciliazione tra le diverse ed opposte ragioni dei giovani e degli adulti. Non è possibile, infatti, e risulta estremamente pericoloso continuare indefinitamente in una contrapposizione frontale tra nuove e vecchie generazioni che provoca angosciosi problemi non soltanto a livello psicologico, ma soprattutto nell'ambito politico e sociale. Appare in tal modo indispensabile la rinuncia reciproca a posizioni e valutazioni estreme, l'apertura consapevole ai diritti e alle esigenze di ognuno. Diversamente, infatti, si correrebbe il rischio concreto non solo di disperdere un patrimonio ancora valido di certezze e di valori, per un verso, e di contributi nuovi e originali, per un altro, ma di paralizzare e vanificare lo sviluppo già di per sé faticoso e precario di tutta la società nazionale.

## 34. La condizione della donna, oggi: lavoro extradomestico, indipendenza economica e ruolo familiare, sancito dall'art. 29 della Costituzione.

La donna è vissuta per secoli in una condizione di vera e propria servitù nell'ambito della famiglia e della società. Costretta da sempre ad un ruolo subalterno di casalinga, di moglie e madre, la donna ha cominciato, a partire dagli ultimi decenni, a rompere il suo isolamento, a sottrarsi alla sua condizione umiliante di essere inferiore, di creatura destinata fatalmente ad una funzione esclusivamente familiare e domestica, di cittadina di secondo grado, in possesso di limitati, incompleti diritti. Il progresso della società civile e dell'attività economica realizzato soprattutto nel corso di questo secolo, ha consentito alle donne di avviare la propria emancipazione dalla oppressione sociale e dal dominio maschile, di affermare e in parte realizzare la propria indipendenza, sia umana che economica, con l'inserimento sempre più vasto e autonomo nel mondo del lavoro e della produzione. Le nuove possibilità loro concesse dallo sviluppo della società contemporanea sono state però pagate a caro prezzo dalle donne. In larga maggioranza, infatti, esse devono subire il peso di un doppio lavoro, di una doppia attività: quello della fabbrica o dell'ufficio, e l'altro, tradizionale, della casa. Perché dell'antico ruolo casalingo la donna non è riuscita ancora a liberarsi: rassetto e pulizia della casa, preparazione dei pasti, educazione dei figli, sono incombenze e lavori che gravano tuttora sulle spalle delle donne soltanto. Da una parte, infatti, i « maschi » non hanno rinunciato alla loro posizione di privilegio, in virtù e in forza della quale non « si umiliano » a collaborare nei lavori di casa, dall'altra la società non ha offerto alla donna tutti quei servizi che pure risultano indispensabili per metterla in condizioni di liberarsi, almeno in parte, delle fatiche domestiche e delle cure familiari. È evidente, infatti, che se fossero istituiti asili-nido, scuole a tempo pieno, mense sociali e così via, una parte rilevante dei bisogni di ogni componente del nucleo familiare sarebbe soddisfatta non in casa, ma in appositi e adeguati centri sociali: solo così la donna potrebbe acquistare reale indipendenza e vivere la sua vita come una creatura di pari dignità e diritti rispetto all'uomo. Senza considerare che la famiglia si gioverebbe della maggiore indipendenza, libertà e dignità della donna, e potrebbe realizzarsi in forme meno oppressive e più serene, sulla base di vincoli affettivi più profondi e più veri, e di rapporti personali più giusti e più umani. La loro condizione attuale, invece, si sta rivelando con sempre maggiore chiarezza un'arma a doppio taglio per le donne, costrette spesso a scegliere tra famiglia e lavoro, tra casa e fabbrica o ufficio: con un disagio e un danno gravissimi, in ogni caso, tanto per la famiglia quanto per la donna stessa. Molte di loro, d'altra parte, accettano o sono costrette ad accettare l'uno e l'altro ruolo, l'uno e l'altro lavoro: ma appare indubbio che portano, sia nell'uno che nell'altro campo, una ridotta capacità e una limitata possibilità di realizzarsi compiutamente, di essere pienamente se stesse. Né va dimenticato che anche nell'ambito degli spazi di maggiore autonomia e indipendenza che esse sono riuscite a conquistarsi nei rapporti con gli uomini e nel mondo del lavoro, le donne sono ancora oggi fatte oggetto di atteggiamenti discriminatori, di giudizi negativi, di pregiudizi razzistici. Non solo, infatti, restano subordinate alla tutela e al predominio maschile, ma sono ostacolate duramente nel mondo del lavoro e relegate a funzioni basse o intermedie, senza concrete possibilità di affiancarsi o sostituirsi agli uomini nei posti e nelle sedi di maggior prestigio ed importanza. Senza contare che normalmente, anche a parità di prestazioni e di impegno, le donne sono retribuite meno degli uomini, e subiscono per prime gli effetti negativi di ogni crisi economica, nella cui evenienza sono licenziate dal lavoro prima dei « maschi » e riassunte, eventualmente, dopo Nonostante gli innegabili progressi realizzati e le significative conquiste ottenute soprattutto nel campo dei diritti civili, ormai largamente riconosciuti e sanciti nell'ordinamento giuridico e concretamente operanti nella realtà, la condizione delle donne risulta, dunque, ancora gravemente subalterna, sia nell'ambito sociale che familiare.

# 35. Essere donna, oggi: ruolo e prerogative.

La « questione femminile » va assumendo un'importanza fondamentale non soltanto nel dibattito e nel confronto ideologico sulle ipotesi e sui modelli di sviluppo di una società nuova e diversa rispetto a quella attuale, ma anche e soprattutto sul piano concreto della rivendicazione e della concessione di una effettiva parità di diritti e di doveri tra uomini e donne, ad ogni livello ed in ogni ambito della vita sociale. In tale contesto, il movimento di emancipazione della donna porta necessariamente e automaticamente in primo piano il problema della specificità dei sessi, vale a dire della esistenza o meno della femminilità come complesso originale e autonomo di caratteristiche proprie dell'essere donna, che distinguano in maniera netta e definita le creature umane di sesso femminile da quelle di sesso maschile. Un problema apparentemente facile, ma che si rivela, ad una più attenta analisi, di particolare complessità e difficoltà. Riconosciuta infatti come del tutto scontata la naturale differenza fisica e biologica del sesso femminile, il problema consiste nell'accertare se tale diversità si concluda in se stessa o determini, al contrario, differenziazioni anche ad altri livelli e di altro tipo: in altri termini, appare necessario ed opportuno chiedersi se l'essere donna si limita soltanto all'essere femmina, con una struttura fisica e biologica ben definita, o se, invece, l'essere femmina comporta inevitabilmente anche altre differenze e caratteristiche originali e inconfondibili. Una prima considerazione, infatti, riguarda il dato incontrovertibile che le donne sono diverse non soltanto per natura fisica ma anche per comportamento, il che dimostrerebbe che la femminilità è costituita sia da elementi naturali che da strutture psicologiche, sentimentali, razionali. È questa, tuttavia, una affermazione che viene respinta con decisione da quanti ritengono che il diverso comportamento e il differente modo di sentire e spesso anche di pensare della donna, sia il risultato di antichi, ininterrotti condizionamenti storici, sociali e culturali, eliminando i quali la donna si distinguerebbe dall'uomo soltanto per la sua struttura fisica e biologica, senza nessuna altra differenza. Una tale analisi, che riconduce la personalità femminile a quella generale dell'essere umano, senza differenziazioni di carattere sessuale o di altro ordine, è suggerita e giustificata anche dalla considerazione che tutte le qualità ritenute tradizionalmente caratteristiche delle donne, si rivelano, ad un esame più attento, elementi costitutivi dell'oppressione che le donne hanno dovuto subire da sempre. Affermare infatti che la personalità femminile è distinta dalla capacità di essere buona, comprensiva, dalla tenerezza, dalla dolcezza, dalla remissività, e così via, ha significato null'altro che convincere le donne ad essere vittime consenzienti della soggezione e dello sfruttamento a cui sono state sottoposte in ogni società, e in ogni tempo, da parte degli uomini. Il rifiuto di riconoscere e accettare delle distinzioni che si risolvono immancabilmente, sul piano concreto, nella sottomissione e nell'inferiorità delle donne rispetto agli uomini e, in generale, alla società, nasce dunque anche dalla volontà di non offrire appigli a nuove forme di strumentalizzazione e di soggezione, e di ribadire pertanto la decisione di masse femminili sempre più estese di essere considerate e trattate come esseri umani di pari dignità e di pari diritti con gli uomini, senza differenziazioni artificiose e interessate. Non si può certamente negare la validità di un tale discorso, così come non si può disconoscere la fondatezza delle analisi che riportano alla educazione e ai condizionamenti culturali e sociali imposti dai maschi l'assunzione, da parte delle donne, di aspetti e caratteri distintivi della loro personalità, che comunque non risultano naturali, e cioè necessariamente derivanti dalla loro natura femminile, ma convenzionali, vale a dire accolti e subiti e fatti propri per forza, in assenza di alternative individuali e collettive negate dalle strutture morali, ideologiche ed organizzative della società. Riconoscere, d'altra parte, che le qualità accettate comunemente come femminili sono il risultato dell'educazione e dell'influenza sociale e non dello sviluppo di tendenze naturali, non significa comunque negare che ci siano o possano almeno esserci caratteristiche tipiche dell'essere donna non riconducibili a condizionamenti storici: in altre parole, pur rifiutando la strumentalizzazione ideologica e pratica della femminilità, non si può e non si deve rinunciare a ricercare gli eventuali elementi distintivi ed originali della personalità femminile. In realtà, negare la femminilità, ossia il complesso di caratteristiche specifiche dell'esser donna, potrebbe comportare la riduzione indifferenziata della personalità femminile a quella genericamente umana, che nelle attuali condizioni storiche significa personalità maschile: in altri termini, se la donna rinuncia a riconoscersi e ad affermarsi come creatura diversa e distinta, potrebbe veder ribadita la soggezione che ancora oggi la tiene sottomessa agli uomini e alla società da essi creata e dominata. Sfuggire al pericolo concreto di confondersi o di essere subordinate definitivamente alla civiltà virilista, da una parte, e rendere effettive le possibilità di creare una cultura alternativa, realizzandosi nella pienezza delle proprie potenzialità e capacità autonome e originali, dall'altra, è concretamente possibile alle donne soltanto se esse riusciranno a definirsi in ogni aspetto e momento della vita individuale e collettiva. La natura e la spiritualità femminile, invece di essere strumentalizzate dagli uomini per la conservazione del loro predominio classista e razzista, può e deve, al contrario, essere un mezzo e una via di liberazione della donna, di tutte le donne. È innegabile, infatti, che la personalità femminile risulta caratterizzata da alcuni elementi fondamentali che possono rivelarsi essenziali per l'emancipazione delle donne in ogni condizione storica. Il primo passo da fare consiste, a tale riguardo, nell'affermazione da parte delle donne di essere dotate di una fisionomia non soltanto fisica, ma spirituale, morale, sentimentale, del tutto originale, propria, autonoma. È da questa consapevolezza che deve nascere poi la volontà di rifiutare i modelli di efficientismo, di astrattezza, di oppressione, di razionalità fredda e asfittica che sono tipici dell'uomo, insieme con i vecchi e crudeli valori del successo, del potere, del dominio. Accanto e conseguentemente al rifiuto di una ideologia e di una pratica di vita caratteristica dell'uomo, della sua organizzazione sociale, del suo comportamento individuale e di classe, occorre definire gli elementi positivi dell'essere donna. Tra i quali va necessariamente inclusa tutta una serie di atteggiamenti, di comportamenti, di capacità, di qualità, che vanno dalla costante tendenza al concreto, a ricondurre nella sfera del reale le questioni e i problemi generali ed astratti, i principi, le norme universali, fino ad una diversa sensibilità ed emotività. La comprensione, la compassione, la tenerezza, l'umanità, la sensibilità, sono elementi costitutivi della femminilità, non nel senso che essi debbano promuovere atteggiamenti di sottomissione rassegnata agli altri, ai maschi e al loro sistema di valori, ma nel significato più ampio e costruttivo di un contributo determinante di umanità e di concretezza alla civiltà disumana, razionale, competitiva, e perciò ingiusta e discriminatoria, oppressiva e autoritaria, degli uomini. E soprattutto bisogna potenziare le disposizioni femminili all'ascolto degli altri, al dialogo, al confronto democratico: la ricettività, l'attenzione agli altri, la disponibilità, l'apertura mentale e sentimentale non devono essere più intese come aspetti di una generale subordinazione della donna alle esigenze e ai desideri altrui, ma come elementi di fondo di un diverso rapporto umano, che proprio le donne, nel loro essere madri e mogli, hanno sperimentato e realizzato lungo tutto il corso della storia, ma in una condizione subalterna che non può essere ulteriormente tollerata ed ammessa. L'equilibrio umano e razionale, sentimentale e morale; la fantasia costruttrice; la creatività gioiosa e serena; la poesia della vita sono tutte caratteristiche originali della donna, modi concreti del suo essere creatura umana: valori, questi, e modi di esistenza, che la società maschile o strumentalizza, o disprezza e rifiuta. L'intelligenza della donna risulta, in tal modo, non inferiore a quella dell'uomo, come questi va ipocritamente e strumentalmente affermando, ma strutturata secondo possibilità, valori, principi e modi diversi, che appaiono ormai essenziali per un'inversione di tendenza della vita individuale e collettiva, avvelenata e intorbidata dal modo di vivere tipico dei maschi. Alla presente civiltà produttivistica, efficientista, consumista e capitalista, a questa società violenta ed oppressiva, autoritaria e crudelmente spietata creata dagli uomini, la donna deve e può recare il contributo delle sue capacità di amore, di gioco, di fantasia, di sensibilità, di dolcezza attiva, di poesia, di cultura diversa, umana, diretta all'uomo come creatura che cerca felicità, libertà, dignità. Certo, non si può accettare che tali valori, tali modi di esistenza femminili si riducano nei limiti di strumenti di una più dura e ingiusta sottomissione delle donne prima, e poi di altre creature umane, le minoranze, gli emarginati, i deboli, i bambini, al dominio maschile: occorre che tutta la società, tutta la vita sia profondamente mutata, che tutti i tradizionali valori e sistemi che finora non hanno prodotto che infelicità, oppressione e sfruttamento, siano radicalmente trasformati. Con il contributo fondamentale e determinante delle donne, i cui valori, i cui modi di vita, le cui possibilità e capacità devono e possono informare e permeare, rinnovandole, le strutture della vita di ognuno e di tutti.

## 36. L'educazione dei maschi e delle femmine ad una vita privata diversa e ad un ruolo sociale contrapposto.

Nella nostra società, ogni individuo nasce con un destino segnato dalla sua natura di maschio o di femmina: agli uomini, infatti, viene riservato un ruolo egemonico, mentre alle donne viene imposta una funzione subalterna. In tutte le situazioni e le espressioni della vita associata, tanto nell'ambito della famiglia quanto nel contesto della collettività, ai maschi è riconosciuta e progressivamente preparata una posizione privilegiata di potere, alle donne assegnata una condizione di soggezione che viene a mano a mano resa più sistematica e soffocante, con il passare degli anni e il parallelo sviluppo fisico e psichico. L'educazione a un ruolo diverso e contrapposto si attua già nell'ambito della famiglia, a partire dai primi anni di vita: l'imposizione di un costante atteggiamento di sottomissione e di remissività alle bambine rientra nel piano generale di una loro subordinazione totale, perseguita mediante la progressiva assunzione dei lavori domestici anche per conto dei maschi, che ne sono praticamente ed ideologicamente esclusi; la formazione di una sensibilità ispirata a tenerezza, comprensione, dolcezza, remissività; l'abitudine a un contegno riservato, controllato, di difesa chiusa e sospettosa; la maturazione del convincimento di essere naturalmente destinata ad una funzione subordinata, ad una condizione di inferiorità e di dipendenza. Ai maschi, invece, viene altrettanto naturalmente riconosciuto il diritto non discusso a mostrarsi ed essere più intraprendente ed aggressivo, ad usare un linguaggio più spregiudicato, a muoversi ed agire senza limitazioni e controlli, ad essere sicuri, forti, risoluti: in una parola, a comportarsi da padroni, da dominatori, sin da piccoli. Le differenze fondamentali nel costume quotidiano, nella mentalità, negli aspetti più diversi della vita comune, in famiglia e nell'ambito sociale, tra maschi e femmine, vengono ulteriormente precisate ed esasperate negli anni della scuola. Per quanto, infatti, anche alle donne sia stato ormai riconosciuto il diritto all'istruzione non soltanto elementare e media, ma anche superiore e universitaria, nella realtà effettiva ad esse si richiede prevalentemente, se non esclusivamente, tanto dalla famiglia che dalla società, il possesso di una istruzione generale e di una cultura che, pur mettendole al passo con i tempi e in grado di svolgere un lavoro, di assumere un impiego, non le ponga tuttavia in una condizione di parità concreta o addirittura di antagonismo possibile con gli uomini. Alle donne, in altri termini, deve bastare di non essere ignoranti o sprovvedute o incapaci, tenendosi comunque a debita distanza dalle possibilità riconosciute e concesse agli uomini. La rigida e totale differenziazione di ruoli e di destini privati e sociali attuata negli anni della fanciullezza e dell'adolescenza, nella famiglia, nella comunità e nella scuola, determina e fa apparire del tutto normale e scontata l'assegnazione alle donne di posizioni e condizioni inferiori e subordinate anche nel mondo del lavoro, nel cui ambito gli uomini non soltanto sono privilegiati in quanto a stabilità e remunerazioni, ma occupano, anche, i posti migliori, i centri effettivi di decisione e di comando dai quali, al contrario, le donne risultano in linea generale sistematicamente escluse. In tal modo finisce per essere del tutto naturale la sottomissione della donna all'uomo anche nella famiglia nuova di cui essa entrerà a far parte: condizionata da anni di subordinazione ai desideri, agli interessi, alle esigenze dei maschi — padre, fratelli, compagni, fidanzato — la moglie accetta come una condizione normale, come un destino segnato da tempo immemorabile la sua inferiorità rispetto al marito, la sua soggezione al potere del capo della famiglia e ai bisogni dei figli. Il ciclo dell'oppressione e dello sfruttamento della donna nell'istituzione familiare e sociale è, così, completo, senza interruzioni, senza varchi di libertà e di autonomia: dalla nascita alla morte, la donna è soggetta agli altri, a tutti gli altri, siano essi padri, fratelli, mariti o figli. Una condizione, quella femminile, niente affatto migliorata, ma aggravata, anzi, dalle possibilità nuove, aperte alle donne dallo sviluppo economico, di inserirsi nel mondo del lavoro e di raggiungere, sia pure in limiti ristretti, una certa economia: l'assunzione di un lavoro extradomestico, in realtà, non ha comportato affatto per le donne la liberazione dai tradizionali doveri della conduzione della casa, dalle antiche, pesanti fatiche casalinghe, dall'allevamento dei figli.

# 37. La libertà sessuale della donna.

Nonostante il generale progresso culturale ed economico della società e il conseguente rinnovamento e adeguamento di valori morali, rapporti sociali, sistemi ideologici, la sessualità della donna è avvertita e giudicata ancora oggi come un mistero e una colpa, come una dimensione soggettiva e oggettiva dell'essere donna i cui aspetti e problemi ci si rifiuta ostinatamente di riconoscere e accettare come moralmente e socialmente legittimi e determinanti. In realtà, nei confronti della sessualità femminile risulta operante una contraddizione di fondo. Mentre infatti alle donne si riconosce, in linea generale, la legittimità delle loro rivendicazioni di una effettiva parità di diritti nel lavoro, nella cultura, nella responsabilità in merito all'allevamento e all'educazione dei figli, nella partecipazione alla direzione della vita pubblica, si nega loro, poi, tanto una concreta possibilità di piena realizzazione umana, quanto, soprattutto, una effettiva liberazione dagli antichi tabù sessuali. Ancora oggi, infatti, in una società che pure pretende di essere e si dichiara libera e spregiudicata, le donne non hanno affatto la stessa libertà pratica e sentimentale che pure viene riconosciuta e concessa agli uomini. Mentre un uomo viene non solo giudicato positivamente ma tanto più stimato, addirittura, quanto più rincorre e vive esperienze sentimentali e sessuali varie, diverse e frequenti, una donna, invece, è fatta oggetto di pesanti valutazioni negative e perde il rispetto dei singoli e della collettività se passa di avventura in avventura, o anche se dimostra di voler essere libera e autonoma specialmente nei rapporti affettivi e sessuali. In altri termini, nonostante il riconosciuto e celebrato diritto alla libertà, all'indipendenza e alla uguaglianza di tutti gli esseri umani, la libertà sessuale della donna, che pure è un elemento fondamentale di ogni concreta condizione di autonomia individuale, è duramente condannata, mentre la libertà sessuale dell'uomo è valutata come una significativa dimostrazione di virilità e di indipendenza, ed esaltata, conseguentemente, come un valore positivo. Tale discriminazione risulta operante non solo nelle zone di più lento sviluppo civile e culturale, ma anche nelle società più avanzate e apparentemente emancipate. Una donna che abbia una relazione sentimentale e intrattenga rapporti sessuali con chi vuole e quando vuole, continua pertanto ad essere considerata corrotta e « facile », mentre un uomo che si comporti alla stessa maniera gode di una stima ampia e generale. La sessualità femminile, dunque, è tuttora soggetta agli antichi tabù, ai tradizionali giudizi negativi della collettività, alle tenaci limitazioni e repressioni di sempre. In realtà riconoscere concretamente e rendere effettivamente libera e indipendente la sessualità femminile significherebbe eliminare d'un colpo tutti i condizionamenti di cui le donne sono state vittime a livello individuale e sociale, innescando un processo di profondo, radicale mutamento della società contemporanea. È per questo che mentre da una parte si condanna la libertà sessuale femminile, dall'altra si esalta la moralità, la virtù delle donne, facendone un valore non solamente ideologico ma anche economico, come dimostra il mercato del matrimonio fondato ancora essenzialmente sulla purezza e sull'onestà, ossia sull'assenza totale o sulla drastica limitazione di rapporti sentimentali e sessuali della donna. In realtà, sia la valutazione negativa e la negazione pratica della libertà sessuale femminile, sia l'esaltazione della purezza fisica e sentimentale della donna derivano dall'unico, fondamentale obiettivo della repressione sessuale, che è uno degli aspetti e dei momenti essenziali del generale processo di sottomissione e di sfruttamento della donna. Ed infatti, negando loro la possibilità e non riconoscendo la validità morale e sociale di una libera realizzazione personale soprattutto a livello sessuale, le donne sono relegate nell'ambito della casa e della famiglia, escluse dalla partecipazione alla vita sociale, costrette a svolgere una massa sconfinata di faticosi lavori casalinghi. È per questo che la libertà maggiore concessa alle donne nel campo dell'occupazione, della cultura, dei rapporti interpersonali viene drasticamente limitata, in modo da non mettere in discussione l'assetto generale della società e della famiglia che ne è il supporto indispensabile. Ne consegue che anche in mutate condizioni, le donne devono continuare a restare comunque soggette all'uomo: la loro subordinazione, pertanto, viene realizzata reprimendo la loro libertà sessuale, che sconvolgerebbe le strutture familiari e sociali. Allo stesso obiettivo del mantenimento della prevalenza maschile e della gerarchia classista risponde, ovviamente, anche l'esaltazione della libertà sessuale degli uomini, che risulta, a sua volta, una componente essenziale del generale dominio maschile in ogni campo. È evidente, d'altra parte, che la repressione sessuale della donna deve essere giustificata con argomenti e tesi che, in una società come la nostra profondamente permeata e caratterizzata dallo sviluppo tecnico-scientifico, fa ricorso perfino a spiegazioni scientifiche, che sono poi arbitrarie interpretazioni e deformazioni della realtà. Si afferma infatti che la donna, in forza della sua natura, si realizza non nella sessualità, ma nella tenerezza, nel sacrificio, nella dedizione agli altri: in tal modo la celebrazione della presunta fragilità psichica, della scarsa capacità intellettuale, e della naturale passività femminile, tende a dare una veste scientifica e ideologica alla sottomissione delle donne. In realtà il modello sociale costruito dagli uomini risponde soltanto ai loro interessi: interessi di classe, che determinano lo sfruttamento dell'uomo da parte dell'uomo, e interessi di sesso, che si concretizzano nell'oppressione esercitata a danno delle donne, come singole creature umane e come classe. È in tale contesto che va dunque valutato il giudizio negativo comunemente espresso sulla libertà sessuale delle donne e sugli impedimenti opposti ad una sua piena realizzazione: la sessualità femminile deve essere vissuta dalle donne non per se stesse, ma per gli altri, per gli uomini, deve cioè essere mezzo e occasione di piacere per i maschi, ma non per le femmine. Perciò la donna che voglia disporre liberamente del proprio corpo è condannata e vituperata, perché il suo corpo non appartiene a lei, ma agli altri, sia come strumento sessuale che come meccanismo per la riproduzione. Non a caso il destino di casalinga, e cioè di sfruttata nel lavoro domestico, e di madre, vale a dire di strumentalizzata per la continuità della specie, viene imposto attraverso la repressione dell'autonoma e libera sfera sessuale della donna e la sua soggezione alla volontà e al piacere dell'uomo. Ne consegue necessariamente, allora, che la generale e globale emancipazione femminile dalla sua condizione di inferiorità e di servitù, deve passare anche e soprattutto attraverso l'affermazione ideologica e la realizzazione concreta di una libertà sessuale intesa come autonoma e piena disponibilità del proprio corpo. La libertà sessuale non può e non deve essere ritenuta, infatti, come possibilità di superare i limiti e le leggi morali che ancora regolano e in parte frenano la utilizzazione del corpo femminile da parte dell'uomo: la pornografia dilagante è un esempio emblematico e una dimostrazione pratica dell'uso distorto e immorale che la società dei maschi fa e intende fare, in misura sempre più ampia, della donna, del suo corpo e della sua potenzialità sessuale. Per gli uomini, in realtà, la libertà sessuale femminile e la liberazione della donna dalla sua antica condizione si risolve soprattutto in una possibilità più estesa e in una volontà più decisa e meno limitata di utilizzare per il proprio tornaconto e per il proprio piacere il corpo femminile. Un condizionamento, anche questo, da respingere con fermezza, nell'ambito di un rifiuto globale e generalizzato, da parte delle donne, dell'oppressione di cui sono vittime in varie forme e a diversi livelli: il riscatto delle donne presuppone anche e soprattutto, dunque, sia il diffuso riconoscimento del loro diritto a vivere pienamente e liberamente la loro originale sessualità, sia la concreta, effettiva possibilità di riappropriarsi totalmente del loro corpo e della loro mente, liberandoli definitivamente dal dominio degli uomini e della società classista e autoritaria, e cioè antidemocratica e antifemminile. Un obiettivo, questo, che certamente non si raggiunge attraverso l'assunzione di atteggiamenti spregiudicati e di comportamenti provocatori fini a se stessi, ma mediante una conquista graduale e faticosa dei diritti piccoli e grandi, individuali e collettivi, che alle donne vengono ancora oggi pervicacemente negati, soprattutto in tema di sessualità e di libera disponibilità del proprio corpo. Sfidare, a livello individuale, l'ipocrisia e il discutibile moralismo della società contemporanea non serve a molto, infatti: ciò che conta è un movimento di massa responsabile e consapevole, che sappia esercitare una pressione civile e politica per il superamento di antichi e ingiustificati tabù, per l'eliminazione di vecchi e illegittimi privilegi, per l'abbattimento di secolari ostacoli che si oppongono ad una piena, indiscussa e incondizionata emancipazione delle donne. Solo così, infatti, « l'altra metà del cielo » potrà conseguire o riacquistare quella condizione di umana dignità che le viene, da sempre, tenacemente negata.

# 38. Sistema industriale e pianificazione economica.

Il sistema industriale del nostro tempo è caratterizzato da un complesso di elementi costitutivi che lo rendono profondamente diverso dall'apparato produttivo di appena qualche decennio addietro. Dall'inizio della seconda guerra mondiale la vita economica nel suo insieme è stata profondamente modificata soprattutto dall'applicazione di una tecnologia, costantemente perfezionata, alla produzione di ogni tipo di bene: l'aspetto più rilevante e determinante della moderna struttura industriale è rappresentato, dunque, dalla sostituzione sempre più vasta della fatica umana, della manodopera, con macchine anno dopo anno più sofisticate e complesse. Negli ultimi tempi, anzi, si è giunti ad utilizzare macchine di nuova concezione e natura, vale a dire i calcolatori elettronici, per dirigere e controllare altre macchine impiegate nella produzione: non solo l'opera manuale, cioè, ma anche alcune elementari operazioni dell'intelligenza dell'uomo sono ormai largamente svolte dalle macchine in molte fasi del processo industriale. La tecnologia applicata alla produzione ha tuttavia richiesto l'investimento di massicci, crescenti capitali ed ha pertanto imposto la concentrazione progressiva delle imprese in organismi economici presenti in vari settori produttivi, a struttura e proprietà internazionale. Tecnologia sempre più elaborata ed estesa, capitali sempre più vasti, concentrazione delle aziende nelle grandi compagnie multinazionali, sono caratteri distintivi ed elementi portanti del moderno sistema industriale che, proprio in virtù di tali rilevanti mutamenti nel suo assetto tradizionale, si è ulteriormente rinnovato e modificato rispetto al passato anche recente. E chiaro, infatti, che l'introduzione sistematica di macchine sempre più complesse nel processo produttivo ha comportato la necessità di una organizzazione, sia dell'apparato industriale che dei servizi amministrativi ad esso collegati, ben più articolata, estesa ed efficiente. Le capacità organizzative di aziende gigantesche e di produzioni estremamente sofisticate costituiscono ormai una parte essenziale e determinante di qualsiasi impresa industriale e commerciale, la cui direzione e conduzione non può essere più affidata a individui singoli, ma a vasti gruppi di esperti appositamente preparati. Questo insieme di fattori è evidentemente legato ad una produzione di beni le cui dimensioni da una parte sono costantemente ampliate da un mercato in continua espansione, dall'altra impongono esse stesse un consumo ininterrotto di beni che risulta indispensabile per mantenere in attività il gigantesco complesso produttivo, che sarebbe altrimenti destinato a crollare, trascinandosi dietro nella rovina tutta l'economia di un paese, qualora non venisse alimentato dalla domanda del mercato nazionale. In altri termini, lo sviluppo generale di un paese consentito dall'industrializzazione ha fatto aumentare, almeno nelle nazioni più evolute, i consumi popolari, che a loro volta hanno imposto il rapido, crescente ampliamento del sistema produttivo, attraverso l'introduzione sistematica di macchine sempre più perfezionate e l'impiego massiccio di grandi capitali: l'apparato industriale, cresciuto enormemente sotto la spinta della richiesta generale di beni, ha assunto dimensioni tali da non poter essere in nessun caso ridotto o frenato, ma, al contrario, ininterrottamente ampliato e perfezionato nell'organizzazione, nelle fasi di lavorazione, nella produzione di beni in quantità costante- mente maggiori e in forme e caratteri variati e diversificati. La produzione, dunque, non può fermarsi, a meno di un tracollo generale di tutta la struttura economica, ma deve crescere, e per farlo deve necessariamente imporre il consumo dei beni in quantità adeguate alle sue esigenze. È del tutto evidente che una tale condizione richiede un benessere economico molto diffuso e in costante aumento: la gente può spendere, comprare beni e consumarli se ha mezzi economici per farlo, e se viene convinta o costretta, in un modo o nell'altro, ad impiegare le proprie risorse nell'acquisto di prodotti ritenuti o fatti credere utili o indispensabili, anche se in realtà non lo sono. Da questa esigenza di fondo derivano alcune conseguenze di rilevante significato e importanza nella vita dei paesi industrializzati. L'intervento dello stato, innanzitutto, diretto sia a controllare e regolare il reddito globale della collettività per l'acquisto dei beni, sia ad assicurare alle risorse individuali e sociali un potere d'acquisto adeguato per comprare e consumare i prodotti resi disponibili dal sistema economico. L'intervento dello stato, inoltre, mira anche e soprattutto a stabilire un equilibrio necessario tra prezzi e salari, in modo da impedire una spirale di aumenti delle due componenti fondamentali dell'economia moderna, il cui squilibrio innesterebbe una catena ininterrotta di inflazione e di crisi. La funzione fondamentale che lo stato svolge ormai anche nelle economie capitalistiche, anzi soprattutto in esse, consiste nella pianificazione dello sviluppo economico generale, diretta in. modo particolare a garantire la stabilità e gli indirizzi della domanda di beni da parte della collettività. In realtà anche il sistema capitalistico moderno non è affatto caratterizzato dalla libertà di mercato, dalla libera iniziativa, dai principi ideologici e politici della libertà e dell'autonomia individuale, ma da una inderogabile esigenza di programmazione, di pianificazione economica. La complessità, le dimensioni e i costi giganteschi della produzione richiedono infatti che le decisioni e le scelte economiche siano inserite in un quadro stabile e prevedibile di sviluppo: l'attività produttiva deve essere necessariamente realizzata con margini programmati di sicurezza, senza affidare gli esiti finali dell'impresa al caso o all'intuizione individuale. Nei limiti del possibile, cioè, deve essere previsto e programmato, nelle linee generali, tutto il mercato economico, e nell'ambito di tali previsioni e di tali programmi bisogna procedere alla produzione, di cui vanno preventivamente definiti i caratteri, il volume complessivo, la destinazione. Da tale esigenza discende inevitabilmente il controllo del mercato e l'imposizione sostanziale dei prodotti al pubblico dei consumatori: non è affatto vero che siano i consumatori, con le loro attese, i loro desideri, le loro esigenze, a determinare gli indirizzi del mercato e della produzione, ma è il sistema economico, l'apparato produttivo che obbliga i cittadini ad acquistare e a consumare i beni che esso ha deciso e programmato di produrre e immettere sul mercato. È in questa esigenza fondamentale che si innesta l'ampio sviluppo della pubblicità, che tende a convincere il consumatore e a presentare i beni non soltanto come oggetti da consumare, ma come segni distintivi di una condizione economica, elementi significativi della personalità individuale, simboli di uno stato sociale, culturale, civile desiderabile e necessario. In altri termini, al di là delle dichiarazioni di principio sulla libertà di scelta individuale, sull'autonomia di ognuno e di tutti, sono le esigenze e gli interessi della tecnologia, della organizzazione, della produzione economica che impongono ai singoli e alla collettività non soltanto i beni materiali, ma anche i valori morali, ideologici, politici, culturali che favoriscono e giustificano, mascherano e legittimano le strutture economiche reali. Il controllo più o meno rigido dello sviluppo economico e le esigenze fondamentali della produzione stanno avvicinando, dunque, i sistemi industriali operanti nei diversi paesi dell'area occidentale e capitalista, e realizzando una sostanziale convergenza tra regimi diversi, quali appunto quello socialista e quello capitalista. La società contemporanea appare sempre più dominata, di conseguenza, non dalle astratte enunciazioni dell'ideologia e della politica, ma dagli schemi e dalle esigenze, dagli interessi e dai programmi dell'organizzazione economica e dello sviluppo tecnologico. Gli effetti di una tale situazione sulla vita degli individui e della società nel suo insieme sono evidentemente rilevanti, e non tutti positivi. È naturale, infatti, che il controllo che necessariamente deve essere esercitato sull'apparato produttivo comporta inevitabilmente una riduzione della libertà effettiva dei cittadini, le cui scelte, i cui desideri, i cui gusti e tendenze, i cui consumi devono essere più o meno rigidamente regolati e diretti, nel quadro generale delle esigenze di sviluppo economico della società. Lo stesso progresso culturale e civile va controllato e programmato, come dimostra, tra l'altro, l'espansione della scuola di massa, la formazione di capacità tecniche, manageriali, organizzative, amministrative, imposte dalle necessità dell'apparato produttivo. La qualificazione professionale, l'elevamento culturale, il tenore di vita, tutto, insomma, è ormai largamente determinato dalle strutture economiche prevalenti nettamente sull'ideologia, la morale, la politica. In ogni paese, del resto, perché anche le democrazie occidentali non possono permettersi di lasciare piena libertà alle imprevedibili tendenze della collettività nazionale, che metterebbero a repentaglio le possibilità di sviluppo generale, che vanno invece rigorosamente definite e precisate. Che tutto ciò sia un bene o un male è un discorso a parte, una valutazione che ognuno è indotto a fare secondo le proprie convinzioni personali, i propri orientamenti, i propri desideri. È certo tuttavia che la maggiore sicurezza e il più alto benessere che l'attuale organizzazione economica indubbiamente consentono, esigono un prezzo non indifferente in termini di libertà effettiva, di autonomia, di indipendenza individuale e collettiva.

# 39. Alterazione dell'equilibrio ecologico.

Per la prima volta nella storia del mondo una crisi totale investe l'intero pianeta: anche se non si è ancora in grado di valutare pienamente le dimensioni e la gravità del progressivo deterioramento dell'ambiente umano, appare comunque certo che se le attuali condizioni dovessero ulteriormente peggiorare, il futuro della vita sulla terra sarà definitivamente compromesso. La popolazione mondiale, infatti, continua a crescere in un ambiente che resta, invece, ben delimitato nelle sue risorse e nei suoi confini: lo sviluppo della tecnica, d'altra parte, sollecitato dalle aumentate esigenze di un'umanità in costante espansione, diventa a mano a mano più incompatibile con le condizioni ambientali e le possibilità di un'esistenza civile in un contesto sociale e naturale idoneo. La pressione esercitata sull'ambiente da una massa umana in costante incremento determina, infatti, uno sfruttamento crescente delle risorse della terra, reso necessario dalle esigenze di cibo, acqua, minerali, combustibili, tessuti, e così via, di miliardi di persone. Lo stesso problema di uno spazio minimo per ogni uomo diventa ogni giorno più drammatico, sotto la spinta sia del numero paurosamente alto degli abitanti del pianeta, sia del rapido, inarrestabile fenomeno dell'urbanizzazione, che ammassa in un ambiente ristretto, inadeguato e insufficiente, folle sproporzionate di persone. L'incremento della produzione di beni indispensabili e superflui, di servizi sociali, di macchine e strumenti tecnici, seppure risulta di importanza vitale per far fronte ai nuovi, cresciuti bisogni, e per elevare il tenore di vita di settori sempre più ampi della popolazione mondiale, finisce tuttavia per aggravare il deterioramento delle condizioni ambientali, contribuendo in misura rilevante all'inquinamento del suolo, dell'acqua, dell'aria, provocando un aumento dei prodotti di rifiuto e di scarto, diffondendo sostanze e materiali tossici che incrinano gravemente l'equilibrio ecologico. Lo sfruttamento più razionale ed intenso del terreno agricolo ne ha certamente accresciuto la produttività, come era necessario per soddisfare, sia pure solo parzialmente, le maggiori richieste di derrate alimentari, di fibre tessili: ma l'uso dei fertilizzanti chimici, e degli insetticidi, ha causato, oltre che un impoverimento dei terreni, danni incalcolabili nei complessi e delicati equilibri fisici e chimici tanto del suolo e dell'aria quanto dei beni prodotti. L'avvelenamento progressivo dell'ambiente ha, d'altro canto, provocato l'estinzione di molte specie animali, viventi sia sul suolo che nell'aria o nell'acqua, nonché la riduzione rapida e violenta del numero dei membri di moltissime altre, avviate fatalmente alla scomparsa. Le ripercussioni che negli equilibri ecologici hanno sia il deterioramento dell'ambiente che la perdita o la diminuzione delle varietà animali, sono rilevanti, anche se la gravità del fenomeno non è ancora pienamente conosciuta. I meccanismi della vita sulla terra sono in tal modo pericolosamente danneggiati e alterati, o addirittura distrutti, con un'azione incosciente, ispirata ad un colpevole egoismo e ad una riprovevole indifferenza. Le conseguenze sono preoccupanti, gravissime: inquinamento ambientale; aumento delle malattie e peggioramento generale delle medie condizioni di salute; progressiva riduzione delle forme di vita nell'ambiente terrestre; espansione dei deserti; diminuzione del patrimonio forestale del pianeta; difficoltà crescenti di approvvigionamento alimentare; cibi non del tutto sani o gravemente adulterati; scarsità d'acqua potabile; aumento dei prezzi su scala mondiale; aggravamento delle condizioni di miseria e di fame di estesi strati sociali e di molte popolazioni. Senza voler mettere nel conto il prezzo durissimo che si paga in termini di rapporti umani, ogni giorno più tesi e difficili, di paura, di violenza, di sofferenze e di difficoltà quotidiane, di infelicità: e soprattutto la minaccia incombente di conflitti terrificanti a livello mondiale, per il possesso e il controllo delle fonti di energie e di materie indispensabili. L'inquinamento ambientale è direttamente responsabile della lenta ma costante trasformazione delle condizioni climatiche, della riduzione progressiva del patrimonio forestale mondiale, della carenza preoccupante di acqua potabile, della riduzione lenta ma ininterrotta dei terreni coltivabili e delle materie prime da lavorare e trasformare: ne deriva una limitazione a mano a mano più angosciosa delle risorse agricole e alimentari e, di conseguenza, una corsa affannosa e una lotta senza esclusione di colpi per l'accaparramento degli spazi e dei beni vitali, tra tutti gli stati e i popoli della terra.

# 40. La morte del mare.

La natura ha leggi universali che non consentono violazioni: l'equilibrio delicato della vita può essere distrutto irreparabilmente dall'azione inconsulta dell'uomo a danno del suo ambiente. Il disboscamento di ampie zone verdi, l'urbanizzazione intensa e caotica, l'inquinamento dell'aria, della terra, del mare rischiano di compromettere definitivamente le possibilità della stessa sopravvivenza della razza umana. Nell'ambito di una tale terrificante prospettiva, seppure di particolare gravità risulta l'impoverimento graduale delle risorse naturali, acquista tuttavia un rilievo drammatico la lenta ma ormai irreversibile agonia del mare. L'immissione nelle acque marine di enormi quantità di sostanze inquinanti riduce progressivamente le possibilità del mare di riprodurre le forme viventi che nell'acqua hanno il loro ambiente e trovano la fonte del proprio sostentamento. Il deterioramento delle condizioni di vita del mare comporta la scomparsa della fauna marina, con le conseguenze catastrofiche che un evento del genere può provocare per tutta l'umanità, che dai prodotti della pesca e dalle risorse di varia natura del mare ricava da sempre una parte non piccola, né secondaria, della propria alimentazione. La situazione, in realtà, è drammatica: molti fiumi conservano ormai solo le sponde e il fondo, e ben poche acque limacciose, o viscide e schiumose; i laghi vanno trasformandosi in grandi pozze d'acqua putrida, morta; i mari, ogni giorno di più, diventano oleosi, sporchi, serbatoi di rifiuti e di scarichi. Una inestricabile rete di interessi, di colpevoli indifferenze, di inerzie, di fatalismi e di ipocrisie, impedisce all'opinione pubblica di acquistare una conoscenza adeguata delle reali dimensioni del problema. In realtà, si prevede che nel giro di quattro o cinque generazioni, e cioè entro cento-centoventi anni, il mare sarà definitivamente « morto ». Il che significa che esso non solo non offrirà alcuna possibilità di pesca, ma addirittura costituirà un vero e proprio pericolo per tutti gli abitanti delle coste. Nelle acque del mare, infatti, si vanno accumulando quantità crescenti di piombo, di sostanze radioattive, di mercurio, e soprattutto di petrolio. In pochi anni sono già scomparse decine e decine di specie animali viventi nel mare: se l'inquinamento dovesse continuare al ritmo attuale, non è difficile immaginare che tra non molto i mari e gli oceani saranno per sempre privi di qualunque forma di vita. L'unico rimedio per rallentare l'agonia del mare, e salvarlo da una fine tanto inevitabile quanto tragica, consiste nel chiudere e bloccare tutte le fonti di inquinamento: scarichi industriali, fogne, rifiuti di petroliere, in particolar modo. Solo impedendo che il mare diventi la pattumiera di ogni tipo di sporcizia fisica e chimica si può ragionevolmente sperare in un recupero naturale delle acque, in un ristabilimento delle condizioni indispensabili per restituire al mare il suo equilibrio naturale, la sua vita, la sua funzione, essenziale per tutto l'ambiente terrestre. Altrimenti sarà la fine, lenta ma implacabile, non solo del mare, ma di tutto il nostro pianeta e, insieme, dell'umanità, irrimediabilmente. C'è da tener presente, infatti, che una profonda e irreversibile alterazione dell'equilibrio ecologico del mare provocherebbe fatalmente mutamenti radicali su tutta la terra: i rapporti tra le specie viventi, sia terrestri che marine; le condizioni climatiche; le relazioni di natura fisica e chimica tra terra, acqua e aria; le risorse alimentari, la salubrità e l'idoneità dell'ambiente generale di vita, non potrebbero non essere sconvolti drammaticamente dal graduale processo di snaturamento della struttura biochimica di aree così estese ed importanti del globo, quali sono, appunto, oceani, mari, fiumi, laghi. Il problema, dunque, è urgente e fondamentale: la terra rischia seriamente di diventare un deserto senza vita, con un'atmosfera ridotta ad una massa di sostanze velenose, con una distesa d'acqua marcia e morta. La follia umana è giunta a un punto tale da distruggere lentamente ma inesorabilmente le condizioni stesse di quella vita che per nascere e svilupparsi ha richiesto milioni, miliardi di anni.

## 41. Scuola, scienza e società, i principi cardini degli art. 33 e 34 della Costituzione.

I problemi della scienza e della tecnica interessano un numero sempre maggiore di persone. I successi spettacolari ottenuti con lo sbarco dei primi uomini sulla luna, lo sviluppo e la diffusione di macchinari di ogni tipo, l'affermarsi dei calcolatori elettronici, il controllo dell'energia atomica, la produzione di medicinali idonei a combattere efficacemente gravi e spesso fatali malattie, hanno suscitato un rispetto e una stima generali per la scienza e la tecnica. A differenza di un tempo, la scienza oggi non appare, agli occhi dei più, come un'attività misteriosa, astratta e lontana dagli interessi e dai bisogni comuni, ma come uno strumento indispensabile, ormai, per risolvere i problemi piccoli e grandi, individuali e collettivi, che occorre affrontare quotidianamente. Sono così caduti molti antichi pregiudizi, anche a livello popolare, che a lungo hanno impedito e rallentato il formarsi e il diffondersi di una mentalità scientifica e razionale nel nostro paese. Soprattutto i giovani e i giovanissimi, formandosi in un ambiente caratterizzato da rilevanti aspetti tecnico-scientifici, avvertono il fascino e l'importanza della tecnologia nella società contemporanea: nella scelta degli indirizzi di studio o delle attività da intraprendere, le nuove generazioni si orientano, infatti, prevalentemente verso settori tecnico-pratici e scientifici, che non solo assicurino un tipo di impegno diverso dal passato, ma soddisfino, anche, l'esigenza di conoscenze adeguate ai tempi nuovi. Bisogna tuttavia riconoscere che alle diffuse attese e speranze dei giovani la società non ha saputo dare una risposta soddisfacente. In realtà, nonostante, il mutato atteggiamento dell'opinione pubblica nei confronti della scienza, nonostante il largo favore di cui la tecnica ormai gode in ogni strato della popolazione, sia nella scuola che nell'attività produttiva è lasciato un ben ristretto margine ad un'efficace educazione e preparazione tecnico-scientifica dei giovani e dei lavoratori. La riforma della scuola media, infatti, ha introdotto poche e insufficienti novità e offerto inadeguati strumenti sia pratici che culturali per una formazione di tipo nuovo degli alunni. Le strutture edilizie, l'organizzazione delle attività di studio, i programmi, la preparazione stessa degli insegnanti risultano del tutto inadeguati alla esigenza di promuovere orientamenti, attitudini, mentalità ed esercitazioni pratiche, di carattere tecnico e scientifico. La situazione si presenta ancora più carente nelle scuole superiori e all'università, che pure dovrebbero essere le istituzioni più aperte ad accogliere e soddisfare le indicazioni e le esigenze della società civile. E invece, le strutture culturali dell'organizzazione scolastica superiore e universitaria sono ancorate a vecchi schemi, risultando incapaci di promuovere un reale rinnovamento del paese: tanto è vero che l'avvento della scuola di massa ha trovato del tutto impreparata, ad ogni livello, l'istituzione scolastica che, ricevuto l'urto dell'afflusso di migliaia e migliaia di giovani, non ha saputo fare di meglio che auto-svalutarsi, riducendosi purtroppo ad una funzione di « parcheggio » di aspiranti diplomati, laureati e lavoratori, che affronteranno la vita con un pezzo di carta inutile e nessuna preparazione professionale e culturale adeguata. Se a tanto si aggiunge la scarsa propensione sia degli organismi statali che delle imprese private a promuovere una idonea ricerca scientifica e a rinnovare le proprie strutture organizzative e tecniche, si comprenderà facilmente come in realtà l'entusiasmo scientifico non solo delle nuove generazioni, ma della popolazione tutta, sia destinato fatalmente a restare un elemento psicologico, ma non un fattore da, utilizzare e incanalare ai fini di un concreto rinnovamento e adeguamento della nostra società alla realtà dei tempi. In tale prospettiva la scuola, se effettivamente rinnovata, potrebbe esercitare una funzione essenziale, preparando adeguatamente le « nuove leve » ad un impegno culturale, professionale e civile corrispondente alle esigenze di una società in movimento. A tale fine un primo indispensabile passo è chiaramente costituito dall'introduzione ampia e soddisfacente di attività pratiche e di studi teorici di carattere tecnico e scientifico nella scuola, ad ogni livello. Soltanto così si creeranno le condizioni oggettive e si promuoveranno le capacità soggettive indispensabili al progresso del nostro paese.

## 42. Gli intellettuali e il potere.

I rapporti tra potere politico e intellettuali costituiscono un problema di non facile e spesso precaria soluzione in ogni società. Da una parte, infatti, i politici tendono ad esercitare il loro potere di direzione e di trasformazione della società relegando in secondo piano o dando inadeguato ascolto agli intellettuali, dall'altra il naturale, necessario compito, proprio degli uomini di cultura, di intendere, rappresentare, teorizzare e far conoscere la realtà nei suoi vari aspetti e nei suoi elementi costitutivi, è destinato inevitabilmente a scontrarsi col mondo politico e con il potere che esso detiene. Gli intellettuali hanno certamente un compito pubblico, e devono svolgere una funzione civile e sociale, non potendo rinchiudersi ormai più in una sfera isolata dalla realtà storica, dalla vita sociale. La distinzione tra cultura e politica, infatti, è giustamente e opportunamente caduta da un pezzo: in un mondo che rischia giorno dopo giorno di vedere vanificati gli ideali della pace, della libertà, della ragione, della giustizia, gli intellettuali, che di quegli stessi ideali e valori sono e devono essere non solo teorici ma anche difensori, non possono non impegnarsi concretamente, sul piano della realtà effettiva, perché i principi, i sentimenti, i diritti individuali e collettivi che essi proclamano e diffondono siano realizzati nell'ambito dei rapporti personali tra i cittadini e nelle strutture sociali. Gli intellettuali non possono essere autonomi, neutrali, limitandosi a svolgere una funzione di coscienza critica, senza impegnarsi sul terreno concreto della realtà e della storia: in tal modo, infatti, essi lascerebbero ai politici il monopolio esclusivo della direzione della società, di ogni società, diventandone complici o sostenitori, rinunciando ad incidere effettivamente sullo sviluppo civile della comunità di cui fanno parte. La fuga degli intellettuali dalle loro responsabilità, in altri termini, lascia libero il campo ai detentori del potere politico, verso i quali, invece, la cultura, senza ridursi nei limiti di una protesta anarchica e sterile o nell'accettazione supina delle decisioni altrui, deve agire da stimolo, da strumento di lotta per soluzioni sempre più avanzate e corrispondenti agli interessi effettivi e fondamentali della collettività, dei problemi generali la cui soluzione non può essere lasciata ai gruppi dominanti. È chiaro, infatti, che gli uomini possono incidere sulla realtà storica della società di cui fanno parte nella misura in cui hanno un potere di agire: il potere degli intellettuali non è certamente identico a quello dei politici, ma può rivelarsi, nel tempo, più efficace e profondo. E il potere della cultura e degli intellettuali deve necessariamente consistere nell'esercizio costante della libera ragione, dello spirito critico che si oppone alla potenza pratica dei politici. Gli intellettuali, dunque, hanno il compito e il dovere preciso di additare e denunziare le conseguenze che discendono dagli atti e dalle decisioni dei politici: la loro funzione, tuttavia, non può certamente limitarsi ad un ruolo di accusatori. Essi devono elaborare e rappresentare, diffondendone la conoscenza nelle forme e con i mezzi tipici e peculiari di ogni attività intellettuale, soluzioni alternative agli indirizzi politici dominanti, stimolare la coscienza collettiva, testimoniare concretamente, con l'impegno e la lotta, i valori e gli ideali che essi stessi proclamano. Mentre la politica tende a regolare e a dirigere il presente, l'immediato, la cultura deve al contrario mirare a far realizzare i valori generali, universali, anche nell'ambito della realtà attuale, quotidiana, in ogni atto e momento della vita. Gli interessi della politica e del mondo dei politici possono infatti essere tali da richiedere il sacrificio o il mancato rispetto di certi principi, di certi valori: contro tale manipolazione e subordinazione dei diritti e degli ideali umani, invece, la cultura deve lottare e gli intellettuali devono non solo far sentire la loro voce di protesta, ma impegnarsi concretamente perché, sempre, in ogni condizione, in ogni scelta, prevalgano gli obiettivi fondamentali dell'uomo, la libertà, la ragione, la giustizia, la pace, la felicità. È un impegno, questo, certamente difficile, rischioso, anche, e comunque scomodo, ma è l'unico che dà un senso e un valore all'attività intellettuale, alla cultura, che evidentemente non può ridursi a mezzo di evasione, da una parte, o ad elaborazione teorica ed astratta di principi e ideali, alla cui realizzazione gli intellettuali, poi, non partecipino, dall'altra. L'attività intellettuale è dunque conoscenza, testimonianza, impegno, consapevolezza a servizio dell'umanità, dei suoi diritti e delle sue esigenze universali. Di conseguenza dagli intellettuali non si può certo pretendere che salvino il mondo: ma che tentino di salvarlo, anch'essi, e di renderlo costantemente migliore, sembra una richiesta legittima, oltre che necessaria.

# 43. Mass-media: funzione e problemi di gestione.

I moderni mezzi di comunicazione — giornali, libri, radio, televisione, cinema — sono comunemente definiti mass-media, in quanto sono, appunto, mezzi di trasmissione di notizie e di informazioni ad una massa, ad una pluralità indistinta di persone che, pur non essendo tutte presenti e raccolte in un sol luogo, e risultando diverse tra loro per un'infinità di differenze soggettive ed oggettive, ricevono tuttavia egualmente lo stesso messaggio, la stessa comunicazione, in relazione alla quale costituiscono dunque un complesso uniforme ed omogeneo. Proprio perché è destinata ad un pubblico di massa, e cioè non selezionato per interessi, competenze, cultura, età, condizioni sociali, e così via, la comunicazione di massa non può essere specialistica, ma necessariamente generale, per uniformarsi e adeguarsi a un livello medio di conoscenze e di capacità di ricezione del messaggio trasmesso. In una società nella quale le scelte ideologiche e politiche, i comportamenti sociali e gli stessi atteggiamenti sentimentali sono determinati in larga misura dall'insieme delle informazioni e delle conoscenze a disposizione, l'influenza dei mass-media appare rilevante e, per non pochi aspetti, preoccupante. Al di là e prima ancora del contenuto, del valore e del significato dell'informazione comunicata, i mass-media infatti costituiscono di per sé un potenziamento, una dilatazione sconfinata, in ultima analisi, delle capacità sensoriali dell'uomo. La percezione e la conoscenza della realtà risultano conseguentemente rafforzate ed accresciute: la consapevolezza maggiore degli aspetti dell'esistenza e del mondo influisce necessariamente sulle credenze, le tradizioni, gli schemi di valori e di giudizi consolidati, modificando dunque estesamente i modi di vita e di pensiero degli individui e dei popoli. Il flusso di informazioni che quotidianamente si riversa sulla popolazione è destinato inevitabilmente a suscitare interessi e curiosità, a promuovere analisi, giudizi, critiche, confronti, a sollecitare una presa di coscienza della condizione di vita e delle strutture sociali e politiche, economiche e culturali sia del proprio paese che delle altre comunità nazionali. Proprio la capacità dei mass-media di rompere il cerchio delle tradizioni e di favorire lo sviluppo di una coscienza politica generalizzata impone alle classi privilegiate e ai gruppi di potere il controllo dei mezzi di comunicazione, per la difesa dei loro interessi di parte. I mass-media, infatti, promuovendo la crescita civile delle classi sociali subalterne, possono rivelarsi, se utilizzati correttamente e nell'interesse della collettività, potenti strumenti di progresso democratico e di rinnovamento sociale, che naturalmente porterebbero alla modificazione dei rapporti di potere nell'ambito della società, e alla trasformazione delle strutture ideologiche, politiche, economiche. L'interesse del potere costituito a rendere innocui i mass-media, attraverso una limitazione della loro influenza o un controllo delle loro possibilità rivolto a selezionare e filtrare notizie, informazioni e comunicazioni, contrasta evidentemente con la necessità per le classi popolari e subordinate di un uso civile, onesto, obiettivo e non mistificante di radio e televisione, cinema e giornali. Le immagini e le notizie che della vita e del mondo offrono i moderni mezzi di comunicazione possono infatti compromettere il predominio delle classi dirigenti o, al contrario, rafforzarlo. La battaglia per l'uso e il controllo dei mass-media, pertanto, è un momento della generale avanzata democratica di ogni società: l'obiettivo che deve essere necessariamente conseguito consiste nell'eliminazione del monopolio dell'informazione e della comunicazione che assicura la difesa degli interessi e la continuità del potere dei gruppi egemoni. Distruggere il monopolio dei mass-media e renderne sociali e democratici sia l'uso che la funzione e gli obiettivi è pertanto un impegno civile di tutti gli uomini autenticamente democratici. Un obiettivo che evidentemente non può essere conseguito soltanto con l'affermazione teorica e accademica della necessità di un controllo democratico dei mass-media, ma impegnandosi concretamente per una loro destinazione popolare e per un loro uso democratico, imponendo con forza e con chiara consapevolezza le esigenze individuali e collettive, di ordine sociale, culturale, umano, politico, a quanti, invece, preferiscono addormentare la coscienza popolare con prodotti di pura evasione e con la sistematica manipolazione di notizie e di programmi.

## 44. Informazione televisiva di oggi.

Il carattere distintivo e fondamentale della televisione è ritenuto, ed è, in realtà, l'immediatezza. La televisione ha infatti la possibilità di offrire agli spettatori le immagini dirette di ciò che accade nello stesso momento in cui si verifica: il messaggio televisivo acquista in tal modo l'evidenza incontestabile della verità, dissipando i sospetti e le diffidenze che le notizie dei giornali e della radio possono provocare, proprio perché il pubblico non assiste, non vede con i suoi occhi i fatti di cui riceve informazioni. Ma nonostante l'immediatezza e la documentazione visiva apparentemente incontrovertibile degli avvenimenti trasmessi, la televisione può offrire della realtà immagini distorte o manipolate, tanto da modificare profondamente le impressioni degli spettatori, influendo sui loro giudizi e determinandone scelte e orientamenti. La manipolazione della verità dei fatti può essere ottenuta ed è ormai ampiamente praticata con l'esclusione di notizie o con la trasmissione di informazioni incomplete e lacunose: la tecnica del silenzio, e cioè l'eliminazione totale o parziale di notizie e informazioni, costituisce una violazione gravissima del dovere dell'obiettività da parte del cronista, e del diritto alla verità riconosciuto al telespettatore. Alla deliberata mistificazione della realtà concorre efficacemente anche la manipolazione delle immagini, privilegio della televisione: la scelta delle inquadrature, l'insistenza su alcuni particolari di una azione o di un paesaggio e la parallela esclusione di altri, il tempo dedicato a un avvenimento o a un personaggio, il numero stesso delle immagini di una vicenda mandata in onda, sono altrettanti strumenti di intervento arbitrario sulla realtà, per offrirne una visione prefabbricata, suggerirne e imporne implicitamente un giudizio. Non meno efficace, ai fini della formazione di una corrente di opinione pubblica, è il vecchio artificio di fondere insieme notizie e commento: l'interpretazione del fatto, che dovrebbe essere lasciata allo spettatore, è in tal modo suggerita direttamente, inserendola nell'informazione stessa, condizionando automaticamente, quindi, la valutazione dell'evento. La manipolazione dell'informazione televisiva è, ovviamente, determinata dalla difesa degli interessi politici ed economici delle classi dominanti, che impongono esplicitamente o implicitamente la scelta e il taglio sia delle notizie che delle immagini da trasmettere. A tal fine la censura è uno strumento rozzo ma efficace, utilizzato sia per eliminare le informazioni che disturbano il governo e i gruppi influenti, sia per estromettere dal teleschermo i problemi e i giudizi, i fatti e le prese di posizione dei ceti popolari e dei partiti non governativi. Molto spesso, anzi, soprattutto in fatto di politica interna ed internazionale, i resoconti danno l'impressione di essere ricalcati sulle indicazioni e i comunicati ufficiali dei ministeri e delle segreterie di partito. Nel quadro di tali comportamenti e obiettivi della informazione televisiva assume perciò un rilievo particolare la prevalenza accordata a programmi di pura evasione, che non solo sottraggono spazio e tempo a trasmissioni impegnate, ma sviano l'attenzione dai problemi reali e impediscono pertanto un'adeguata presa di coscienza. Una tale utilizzazione del mezzo televisivo comporta necessariamente uno svuotamento del suo significato sociale, una riduzione, o un'eliminazione totale, della sua dimensione culturale e politica: in altri termini, significa impadronirsi della televisione per impedire che eserciti la sua specifica funzione di promozione civile e di progresso culturale soprattutto delle masse popolari. La manipolazione più o meno estesa dell'informazione televisiva è resa possibile, in realtà, dalla generale situazione politica e dai rapporti sociali di ogni paese: in un regime dittatoriale, o comunque autoritario, tutti gli strumenti della comunicazione di massa sono evidentemente sottoposti ad un controllo rigido ed hanno un margine estremamente ridotto di libertà e di autonomia. In uno stato democratico, al contrario, la presenza e la pressione delle forze di opposizione contestano e riducono le possibilità dei partiti al governo e dei settori sociali dominanti di disporre per i loro fini di parte del mezzo televisivo. L'uso corretto dell'informazione televisiva è garantito, in ultima analisi, dall'equilibrio politico delle forze sociali di un paese, e dalle concrete possibilità di un alternarsi, alla direzione dello stato, delle diverse formazioni politiche, nel giuoco dialettico della maggioranza e della minoranza.

# 45. Nascita del problema meridionale.

La questione meridionale nasce e si complica come problema non solo di area depressa e sottosviluppata sul piano economico e civile, ma anche e soprattutto di scelte e di indirizzi politici, di metodi e di obiettivi dell'azione di governo. Il problema meridionale come problema nazionale, infatti, è storicamente determinato da un orientamento economico-politico che ha programmaticamente privilegiato la borghesia imprenditoriale settentrionale e i ceti parassitari del sud. La scelta di un modello di sviluppo economico che garantisse il consolidamento dell'unità nazionale, l'ammodernamento del sistema produttivo del paese e l'eliminazione dei residui politici ed economici dei vecchi regimi, impose un processo di industrializzazione del nord che comportò sia la cristallizzazione delle arretrate condizioni economiche, sociali e civili del Meridione, sia l'accumulazione di capitali destinati al piano di ristrutturazione industriale dell'organizzazione produttiva. L'industrializzazione non solo relegò in un ruolo subalterno e condannò all'immobilismo economico e sociale il Meridione, ma ne accentuò lo squilibrio e il divario già enorme di realtà civili e di possibilità di progresso rispetto al Nord. Tale condizione determinò un orientamento politico prevalentemente conservatore e reazionario dei gruppi dirigenti meridionali, arroccati nella difesa dei loro privilegi parassitari, e favorì sia la repressione decisa e violenta dei movimenti contadini, sia la degenerazione clientelare e la corruzione della classe politica meridionale. In un contesto storico caratterizzato, in campo economico, dal processo di industrializzazione delle strutture produttive, accentrato al Nord, e, nell'ambito sociale, da un nuovo tipo di rapporti tra padronato e classi lavoratrici settentrionali, la questione meridionale era destinata fatalmente ad aggravarsi sia per la riduzione del sud in una posizione subalterna agli interessi dell'industria settentrionale, sia per la difesa accanita, da parte delle forze politiche meridionali, degli interessi agrari e delle rendite parassitarie, che le relegava in una posizione di supporto e di fiancheggiamento della politica protezionistica dell'industria settentrionale. Allo sviluppo economico e civile delle regioni settentrionali corrispose inevitabilmente, pertanto, riaggravarsi del sottosviluppo del Meridione. Il piano di sviluppo economico consentiva dunque soltanto una politica di aiuti non organici né risolutivi al Meridione. Le previsioni che l'espansione industriale del Nord avrebbe finito per stimolare uno sviluppo economico del Sud sia attraverso un maggior consumo di prodotti agricoli, sia attraverso un impiego di capitali in imprese industriali attratte nelle regioni meridionali da una mano d'opera con poche pretese e dalle possibilità di un ampliamento del mercato, si rivelarono ben presto infondate. La politica dei lavori pubblici varata per creare le condizioni oggettive del decollo industriale, assicurando le indispensabili infrastrutture, mise in moto soltanto un processo di corruzione e di accaparramento di appalti. Gli incentivi e gli aiuti al Sud non potevano, infatti, promuovere nessuna inversione di tendenza, dal momento che nel modello di sviluppo dell'economia nazionale il Meridione era stato oggettivamente ridotto in una condizione di colonia del Nord, priva di risorse economiche, di capacità tecniche, di iniziative imprenditoriali organiche, di un mercato adeguato. La situazione meridionale finì per aggravarsi ulteriormente, come dimostrò il drammatico fenomeno dell'emigrazione di milioni di contadini disperati, spinti a cercare lontano dalla loro terra la possibilità di un'esistenza più giusta ed umana, la prospettiva di un avvenire diverso, che rompesse il cerchio antico della fame, dello sfruttamento, dell'oppressione. Il problema meridionale, dunque, nasce in conseguenza dello sviluppo capitalistico dell'economia nazionale, nell'ambito dello stato unitario, e si trascina come tale per tutti i decenni successivi all'unificazione del paese, fino ad oggi. In realtà la questione meridionale non era e non è determinata soltanto dal problema dell'arretratezza storica, sia economica che civile e culturale, del Sud rispetto al Nord, ma dalla oggettiva necessità e dalla pervicace volontà del capitalismo moderno di utilizzare e sfruttare intensamente un'ampia zona depressa al fine di assicurare lo sviluppo privilegiato di aree regionali, quelle settentrionali del nostro paese, più evolute e organizzate. Il problema meridionale, in altri termini, sorge e si incancrenisce come problema di un'area territoriale e sociale da mantenere perennemente subalterna agli interessi preminenti e dominanti delle strutture economiche capitalistiche del Nord.

# 46. Il meridionale e il settentrionale.

Lo sviluppo storico della cultura e della civiltà italiana è stato condizionato in misura non irrilevante dalla conformazione geografica del nostro paese: le estese e ramificate catene montuose, infatti, hanno contribuito a rendere i contatti e i rapporti tra le popolazioni e le regioni, più difficili di quanto già non comportasse la struttura fisica della penisola, allungata sul mare. Le strutture regionali naturalmente determinate dalle caratteristiche fisiche hanno assunto, poi, una originale connotazione civile e politica, sociale ed economica, in virtù dei diversi eventi storici di varia natura e portata che hanno contrassegnato la vita delle popolazioni italiane. Nell'ambito generale della formazione di una civiltà e di una cultura comune, dunque, eventi storici e conformazione geografica del territorio hanno determinato e consentito il perdurare di regionalismi culturali, variamente differenziati, che possono tuttavia essere ricondotti, in linea generale e per gli aspetti più evidenti e duraturi, ad una contrapposizione tra una dimensione civile, economica, culturale « settentrionale » e un'altra « meridionale ». Il regionalismo civile ed economico ha favorito la diffusione di tenaci pregiudizi etnici, che risultano l'espressione delle diversificazioni culturali stratificatesi nel tempo. In tale contesto, quella meridionale appare una dimensione culturale subalterna, caratterizzata da valori in crisi, da tendenze contraddittorie, da ricorrenti disorientamenti, da atteggiamenti scettici e talora incoerenti. Nei pregiudizi oramai profondamente radicati nella coscienza nazionale, i meridionali risultano incapaci di ordine, di razionalità, impulsivi, paganeggianti, superstiziosi, gelosi, vendicativi, oltre che furbi, imbroglioni e infedeli. Al preconcetto che le genti meridionali siano, tutto sommato, irrazionali, passionali e incoerenti, si accompagna la convinzione che esse risultino anche prive delle necessarie attitudini all'operosità costruttiva, alla collaborazione, alla organizzazione, propendendo piuttosto per un esasperato individualismo e per comportamenti niente affatto « civili », controllati, « razionali ». Tale somma di pregiudizi e preconcetti sottintende e comporta, naturalmente, una valutazione negativa della cultura e della « personalità » meridionale nel suo complesso: valutazione che non solo è caratteristica della « mentalità » settentrionale, ma è condivisa, anche, dagli stessi meridionali. L'attribuzione di un insieme di « qualità » soggettive ed oggettive ai meridionali presuppone e ribadisce, infatti, il riconoscimento degli aspetti positivi del modo di essere e di vivere dei settentrionali. Il diffuso benessere, la migliore organizzazione sociale, l'articolata industrializzazione, il complesso e ramificato sistema produttivo, le maggiori possibilità di lavoro stabile e sicuro, il grado più elevato di cultura, sono alcuni soltanto dei motivi che per un verso giustificano i giudizi di una propria superiorità culturale da parte dei settentrionali, per un altro persuadono i meridionali stessi sia a riconoscere la propria inferiorità, sia a porsi come modello il sistema « settentrionale » di vita e di organizzazione sociale ed economica. Nascono in tal modo due ordini di pregiudizi, l'uno negativo, l'altro positivo, largamente condivisi sia da chi ne è fatto oggetto che da quanti li esprimono. Le conseguenze, non lievi, che derivano dal perdurare dei pregiudizi etnici, sia negativi per i meridionali, sia positivi per i settentrionali, consistono non tanto e non solo in una persistente tendenza a generalizzare situazioni e modi di vita che vanno, invece, individuati e indagati nella loro evoluzione storica, nel rapido mutamento di tutte le strutture di pensiero e di comportamento, che è una caratteristica dei nostri tempi, e nella inconfondibile, autonoma originalità di individui, di gruppi, condizioni, non riducibili a schemi prefissati e immutabili, ma anche e soprattutto nella spaccatura psicologica che continua a dividere in due componenti, presupposte diverse e inconciliabili, il corpo sociale della nazione, sulla base, peraltro, di moduli di valutazione che non sono né documentabili scientificamente né accettabili a livello culturale e politico, sociale e civile. La società italiana, infatti, per operare attivamente ai fini di uno sviluppo omogeneo di tutte le sue strutture, non può consentirsi spaccature e divergenze, divisioni e contrapposizioni socio-culturali che minacciano costantemente l'unità di valori, di principi, di volontà e di obiettivi. I pregiudizi etnici, siano essi positivi o negativi, sono un ostacolo, non soltanto psicologico, alla formazione di una comunità nazionale coerente e unitaria, che appare indispensabile sia per eliminare i gravi problemi che permangono insoluti, sia per imprimere una svolta al destino di tutti i cittadini, realizzando una società più giusta e democratica. Il permanere di una contrapposizione etnica, infatti, impedisce la necessaria assimilazione di tutte le componenti della società in una concorde dimensione nazionale, genera conflitti e reazioni antisociali, sia a livello individuale che di gruppi, consolida inammissibili sentimenti di inferiorità e di superiorità, favorisce l'emarginazione delle minoranze dalla vita della nazione, si risolve in un costante e pericoloso squilibrio di rapporti e di relazioni umane e sociali. Le caratteristiche distintive che possono essere state indotte dalle vicende storiche e politiche, dalla diversa conformazione geografica e organizzazione economica delle varie regioni italiane, piuttosto che costituire materia per uno schema di valori contrapposti e di giudizi tanto frettolosi e superficiali quanto immotivati e deleteri, devono promuovere, invece, un processo di comprensione e di stima reciproca, di mutuo scambio e assimilazione degli elementi più originali e significativi delle diverse fisionomie regionali. Solo in questo modo, eliminando i pregiudizi antichi e recenti, tanto dannosi quanto sciocchi, si può avviare un concreto, essenziale processo di identificazione in una civiltà comune, uniformemente diffusa e accettata, di tutte le componenti sociali e regionali del paese. Un'esigenza, questa, che si avverte con particolare urgenza e intensità soprattutto oggi, in una società come la nostra che torna ad essere lacerata sia da una crisi economica e politica di eccezionale gravità, sia da conflitti sociali di crescente asprezza: in una situazione oggettivamente difficile come si presenta quella attuale, la tentazione di scaricare i costi della crisi e gli effetti negativi del mancato sviluppo produttivo e civile sulle regioni e sulle popolazioni meridionali potrebbe essere alimentata e giustificata proprio dai perduranti pregiudizi etnici, che assegnano alla gente del Sud un ruolo subalterno nella vita nazionale, e una dimensione umana e civile di grado inferiore. Con l'inevitabile, drammatica conseguenza di una contrapposizione violenta ed esasperata tra regioni e popolazioni che pure fanno parte, indissolubilmente, dello stesso corpo sociale, della stessa nazione, dello stesso paese, dello stesso stato.

# 47. I costi della politica italiana: dall'usciere all'alzabandiera

E' un dato di fatto: i costi esorbitanti della politica italiana sono ormai da tempo inenarrabile sotto gli occhi di tutti.

La questione non è affatto di poco conto nella misura in cui comporta, agli italiani, un dispendio di risorse pubbliche altissimo.

Il problema dei problemi andrebbe dunque analizzato secondo principi cardini di buon senso e lealtà istituzionale che possono riassumersi in un unico assoluto e irrinunciabile "Dovere alla Responsabilità Personale".

La Corte dei Conti, massimo presidio della legalità economica e finanziaria del nostro paese, parla chiaro: L' Italia detiene il record Europeo col maggior numero di soldi pubblici sprecati senza il raggiungimento di alcun obbiettivo preciso.

La Sicilia poi spende circa 340 mila euro tra sopralluoghi a presepi viventi, grigliate con gli amici e tombolate di fine anno.

Montecitorio trova la sua parte sul podio delle celebrità: I Parlamentari nel senso più ampio del termine insieme ad **uscieri ed alza bandiere** del momento costano al "Popolo della Repubblica" oltre 1 Miliardo di euro all'Anno.
Così come enunciato e sottolineato, in più di una occasione, anche da Confindustria.

Cose davvero dell'altro mondo!!! Se a tutto questo aggiungiamo poi gli innumerevoli casi particolari di Barbieri del Quirinale e portatori di biscotti al politico di turno i cui stipendi variano da 7.000 a 10.000 euro, la questione diviene assolutamente insopportabile anche per un dedito uomo di fede dedito, per sua naturale vocazione, al martirio.

I Consiglieri regionali , a seconda dell'incarico e del mandato percepiscono somme che farebbero impallidire anche il più esperto imprenditore di marketing: si aggirano da 13.000 euro ad oltre 22.000 nei casi , assurdi, di maggior rilievo.

Immaginate senza ombra di dubbio, un povero contadino sperduto nelle grotte di Postumia come negli anfratti collinari della verdeggiante Lucania che invece percepisce una pensione di appena 500/600 euro mensili quando le circostanze ed il clima gli girano bene.

O magari un umile operaio di fabbrica che dopo 8 ore di lancinante e ripetitivo lavoro rincasa distrutto, per arrivare a fine mese e prendere il suo stipendio di 1000/1200 euro per provvedere alle necessità di vita e di sopravvivenza familiare: DAVVERO TERRIBILE!!!

Potremmo dunque continuare ancora per molto ma per questioni di celerità comunicativa è forse meglio soprassedere in questa sede riguardo a questioni di legittimità e di merito che solo in Italia sembrano non avere più il sacrosanto significato che i nostri cari padri costituenti hanno desiderato intendere, al tempo, per lo sviluppo e la salvaguardia del nostro beneamato Paese.

# 48. Giustizia.

Nel Diritto Positivo Italiano o nel Diritto Italiano Moderno, viene definito come un principio morale, virtù, consistente nel dare a ciascuno il dovuto, nel giudicare con equilibrio: comportarsi, agire, valutare secondo giustizia, giustizia sociale, equa ripartizione dei beni e, in particolare, abolizione di ogni forma di strumento. La giustizia è una azione volta a realizzare o a ripristinare la giustizia, rendere, fare giustizia, farsi giustizia da sé, non ricorrere all'Autorità Giudiziaria, ma alla vendetta personale, giustizia sommaria, condanna severa e sbrigativa in assenza di un regolare processo. La giustizia significa attuazione delle norme giuridiche, potere di sancire i comportamenti illeciti da parte dell'Autorità Giudiziaria:
Amministrazione della giustizia:
Giustizia Penale;
Giustizia Civile;
Giustizia Amministrativa;
L'autorità giudiziaria stessa: cadere nelle mani della giustizia. La giustizia è in corrispondenza di un'azione alla norma morale e giuridica o alla realtà della cosa: giustizia di una decisione, di un provvedimento.
Si delineano diverse forme di giustizia in base ai diversi significati che si possono attribuire ai termini che compongono la definizione.
-la giustizia legale, (legalità) o conformità dei comportamenti sociali alle leggi;
la giustizia commutativa, (detta anche correttiva compensativa, contrattuale) o correttezza degli scambi tra individui;
-la giustizia distributiva, (o allocativa, riparativa o dispersiva quale equità dell'assegnazione;
-la giustizia ontologica, (o naturale) come riconoscimento delle spettanze di ogni uno;
-la giustizia legale, ritenere giusto chi osserva la legge. In questa dimensione, la giustizia coincide con l'osservanza formale delle norme a prescindere dai contenuti o dai valori;
-la giustizia commutativa, consiste nel portare riparazione nelle relazioni private. In questo senso la giustizia regola e controlla la correttezza procedurale degli scambi, delle transazioni e dei contratti oppure interviene a ratificare e compensare i reati, ossia la frode, il furto o la violenza;
-la giustizia distributiva, coincide con l'allocazione di beni che possono essere divisi tra i membri della comunità politica sul piano sociale. Si tratta di una forma di giustizia triangolare o tripolare, gerarchia, indiretta (in quanto il rapporto interindividuale è mediato dalla società come un tutto) nella dimensione pubblica, regolata dal criterio della proporzionalità geometrica secondo la proporzione tra la quantità dei beni da assegnare e il merito, valore di coloro ai quali i beni vanno assegnati.
-la giustizia ontologica, ritiene giusto chi rispetta l'uguaglianza. La giustizia consiste nel riconoscimento dell'uguaglianza tra uomini come bene assoluto e universale, al fine di garantire a ciascuno ciò che è suo nei confronti degli altri. In questo senso la giustizia ontologica consiste nel riconoscimento delle spettanze di ogni uomo in base al diritto naturale, tutto ciò avviene dinanzi all'autorità giudiziaria adita attraverso un processo penale, civile ed amministrativo.

Che cos'è il processo penale:

Il processo, in diritto, è il procedimento attraverso il quale viene esercitata la funzione giurisdizionale. Esso consiste in una sequenza ordinata di atti giuridici, gli atti processuali, posti in essere dalle parti (incluso il pubblico ministero, quale parte pubblica) e dal giudice o da suoi ausiliari (quali, nell'ordinamento italiano, il cancelliere o l'ufficiale giudiziario), compiuti secondo le norme processuali, preordinati all'emanazione dell'atto terminale, che è un provvedimento giurisdizionale.

Come sinonimi di processo vengono usati anche i termini causa e giudizio. Talvolta viene usato anche il termine procedimento che, a rigore, si riferisce ad un concetto più ampio, essendo il processo un particolare tipo di procedimento.

Nel diritto processuale penale italiano, dopo l'entrata in vigore del nuovo codice di procedura penale, distingue il processo dal procedimento penale: il processo penale comprende tutte le attività dall'esercizio dell'azione penale fino al passaggio in giudicato della sentenza; il procedimento penale comprende, oltre a tali attività, anche le indagini preliminari, svolte dal pubblico ministero e dalla polizia giudiziaria, volte a permettere al pubblico ministero di decidere se esercitare o meno l'azione penale, a sensi e per gli effetti di cui all'art. 112 della Costituzione, come tra l'altro ribadito da Giurisprudenza della Corte Costituzionale: il principio dell'obbligatorietà dell'azione penale espressa nell'alt. 112 della Costituzione non esclude che, indipendentemente dall'obbligo del P.M, l'ordinamento stabilisca determinate condizioni per il provvedimento o la prosecuzione dell'azione penale, anche in considerazione degli interessi pubblici perseguiti dalla Pubblica Amministrazione Cfr. Corte Cost. 12-7-1967, n. 105, (Pd.4696), Inoltre l'obbligatorietà dell'esercizio dell'azione penale sancita dall'art. 112 della Cost. È volta a garantire l'indipendenza nello svolgimento della propria funzione e ad assicurare l'uguaglianza dei cittadini di fronte alla legge penale esercitata dal P. M. perciò confliggono con l'art. 112 della Cost. E in riflesso con l'art. 3 della Cost. Cfr. così Corte Cost. 26-7-1979, n. 84, (pd. 9927).

## LA RESPONSABILITÀ DEI GIUDICI
## L'EUROPA "SGRIDA" L'ITALIA
### Le norme sui danni degli errori giudiziari.

BRUXELLES. Le anomalie del sistema "giudiziario Italiano" finiscono ancora nel mirino della Commissione Europea.

E questa volta l'Italia, se non correrà ai ripari entro i prossimi sei-sette mesi, rischia seriamente di dover pagare una multa salata. Perché Bruxelles ha deciso 23 settembre 2013 di aprire una nuova (la seconda nell'arco degli ultimi anni) procedura d'infrazione contro la normativa nazionale che, a suo giudizio, limita eccessivamente la responsabilità civile dello Stato davanti ai danni causati dagli enormi errori dei giudici nell'applicazione del diritto comunitario.

Nei prossimi mesi dal quartier generale dell'esecutivo europeo, e più esattamente dal gabinetto del presidente José Manuel Baroso, partirà quindi alla volta di Roma una lettera di messa in mora, prima tappa della procedura d'infrazione che stavolta seguirà però un iter accelerato rispetto a quanto avvenuto in passato poiché si è in presenza del mancato rispetto di una precedente sentenza.

La Corte di giustizia Ue ha infatti condannato già una volta l'Italia, nel novembre del 2011, ritenendo la legge nazionale, che fissa paletti troppo stretti alla responsabilità dei giudici e dello Stato, incompatibile con il diritto Europeo. E visto che da allora sono passati quasi due anni senza il varo di alcun intervento correttivo da parte del Parlamento Italiano - come invece sarebbe dovuto avvenire in ottemperanza dall'obbligo derivante dal pronunciamento dei giudici europei - a Bruxelles non è rimasto che tornare alla carica.

L'iniziativa presa dalla Commissione ha rilanciato in Italia il dibattito politico sulla responsabilità delle toghe.

"Era ora che l'Europa si accorgesse che qualcosa non va nel funzionamento della giustizia", ha commentato il coordinatore del Pdl On. Sandro Bondi, sulla Repubblica. E il presidente dei senatori Sen. Renato Schifani l'apertura della procedura in tema di responsabilità civile dei magistrati, dimostra che nel nostro Paese, ora più che mai, c'è l'urgenza di regolamentare la materia secondo le indicazioni dell'Europa.

Sulla questione è intervenuto anche il presidente dell'Unione delle Camere penali Prof. Avv. Valerio Spigarelli, il quale ha osservato che la procedura d'infrazione è un atto "importante", che segnala la necessità di una riforma generale della legge sulla responsabilità civile dei magistrati. E il referendum che abbiamo promosso si muove su questa linea.

L'Anm è invece scesa in campo per sottolineare che l'Europa ha parlato di responsabilità dello Stato e non è entrata nella questione della responsabilità personale dei giudici poiché questo è un problema di diritto interno regolato diversamente nei vari Stati membri.

"Denunceremo ogni tentativo di condizionamento dei magistrati" - ha detto il presidente dell'Anm dott. Rodolfo Sabelli - attraverso una disciplina della responsabilità civile che violi il principio di autonomia e indipendenza.

"Non tutti gli uomini sono naturalmente disposti
a operare secondo le leggi della ragione."

(*B. Spinoza*)

**Legge 4 agosto 1955, n. 848, ratificato ed esecuzione della convenzione per la salvaguardia dei diritti dell'uomo e delle libertà fondamentali a Roma il 4 novembre 1950 e del Protocollo addizionale alla convenzione stessa, firmato a Parigi il 20 marzo 1952 (Gazzetta Ufficiale n. 221 del 24 settembre 1955).**

**Le direttive della Corte Europea dei Diritti dell'Uomo e del Tribunale di I Grado Comunità Europea a Volte Spesso e Volentieri Violate e disattese dai Tribunali Italiani.**

E opportuno ricordare giurisprudenza incontrovertibile della Corte Europea dei Diritti dell'Uomo:

- che ai sensi dell'alt. 6, par. 1 CEDU, richiede che un individuo goda della possibilità chiara e concreta di contestare un atto che viola i suoi diritti fondamentali, cfr. Corte Europea dei Diritti dell'Uomo 10.2.1995;

- ai sensi dell'art. 6, par. 1. CEDU, garantisce a ciascuno il diritto che un Tribunale esamini tutte le contestazioni relative ai suoi diritti e dovere, cfr. per tutte, Corte Europea dei Diritti dell'Uomo, 9/10/1979;

Secondo le direttive della Corte Europea dei Diritti dell'Uomo un individuo che in maniera plausibile si ritiene di una violazione dei diritti riconosciuti della convenzione deve disporre di un ricorso davanti ad una istanza nazionale per ottenere una decisione sulla sua doglianza e, se del caso, per ottenere riparazione, Cfr, ex. Multis, Corte Europea dei Diritti dell'Uomo, 27/4/1988; Corte Europea dei Diritti dell'Uomo, 6/3/1987; Corte Europea dei Diritti dell'Uomo, 25/3/1983;

l'imparzialità prevista dall'alt. 6, par. 1, CEDU si sostanzia in due piani: quello soggettivo, che si riferisce al foro interiore del magistrato, ritenuto imparziale fino a prova contraria, e l'altro, oggettivo, nel quale vengono in considerazione quelle condizioni esteriori, e anche le semplici apparenze che debbono assicurare una giustizia imparziale, Cfr. Corte Europea dei Diritti dell'Uomo, 26/10/1984;
in rispetto agli art. 6 e 13 del CEDU, la presenza di una istituzione giudiziaria in senso stretto, purché i suoi poteri e le garanzie procedurali offerte dalla stessa siano in grado di garantire un ricorso effettivo il quale - in ordine al profilo in disamina e sinonimo di imparzialità ed indipendenza e di un giusto processo, Cfr. Corte Europea dei Diritti dell'Uomo, 4/7/2006;
Deve essere valutata l'imparzialità del giudice, di cui all'art. 6 par. 1 CEDU, sia sotto il profilo oggettivo, onde assicurare dell'esistenza di garanzie sufficienti ad escludere ogni legittimo dubbio circa la sussistenza dell'imparzialità medesima e sia sotto il profilo soggettivo, avendo riguardo alla convinzione ed al comportamento personale del giudice, Cfr. Corte Europea dei Diritti dell'Uomo, 16/11/2000;

L'art. 5 CEDU, proclamando nel suo par. 1 il diritto alla libertà, intende la libertà fisica della persona e ha per obiettivo di assicurare che nessuno ne sia privato in maniera arbitraria, Cfr. Corte Europea dei Diritti dell'Uomo, 25/6/1996;

Il principio della presunzione di innocenza non costituisce solo garanzia processuale in materia penale, ma implica che, non solo nessun giudice o Tribunale, ma anche nessun'altra autorità pubblica dichiari che una persona è colpevole di un'infrazione prima che la sua colpevolezza sia stata accertata da un giudice, Cfr. Trib. I Grado Comunità Europee Sez. III, Sent., 8/7/2008, n, 48/05;

la presunzione di innocenza sancita dall'art. 6, par. 2 CEDU è pure violata se una decisione giudiziaria concernente un imputato rispecchia la sensazione che egli sia colpevole, quando la sua colpevolezza non è previamente provata legalmente, Cfr. Corte Europea dei Diritti dell'Uomo, 10/2/1995;

Il diritto alla presunzione di innocenza di cui all'art. 6, par. 2 CEDU deve ritenersi violato nel caso in cui una decisione giudiziaria o un provvedimento di un pubblico ufficiale resi nei confronti dell'accusa riflettano l'opinione che questo sia colpevole prima che ciò sia provato ai termini di legge. Tale principio vale non solo per il procedimento penale pendente, ma anche per tutti quei processi conseguenti o concomitanti a questo. Tale diritto sorge in relazione allo specifico capo d'accusa, qualora sia provato la colpevolezza; esso non è suscettibile di coprire le doglianze mosse al contegno dell'accusa nel corso dell'irrogazione della pena, salvo che le stesse siano di tale natura inappropriata rispetto a un reato per il quale la persona confiscata non sia stata effettivamente giudicata colpevole; qualora sussista a favore del confiscato una pronuncia di assoluzione, le predette misure costituiscono violazione del diritto alla presunzione di innocenza, Cfr. Corte Europea dei Diritti dell'Uomo, Sez. III, 1/3/2007;
l'art. 5, comma 3, CEDU, che sancisce il diritto di ogni persona arrestata o detenuta di essere giudicata entro un termine ragionevole, o liberata nel corso del procedimento, si riferisce unicamente all'art. 5, par. 1 cedu, Cfr. Corte Europea dei Diritti dell'Uomo, 18/6/1971;
E' illegittimo, rispetto ai vincoli rigorosi previsti dal par. 3 dell'art. 5 CEDU, un periodo di detenzione senza che questo sia preceduto da un controllo giudiziario, Cfr. Corte Europea dei Diritti dell'Uomo, 18/12/1996;

Viola l'art. 6, CEDU, quando il risultato della prova sia risultato poi, anche a giudizio della Corte, essere effettivamente rilevante per la difesa ai fini del giudizio, il consapevole rifiuto di acquisire una prova da parte dell'Autorità giudiziaria, anche nel periodo delle indagini affidate a rappresentante pubblico dell'accusa, Cfr. Corte Europea dei Diritti dell'Uomo, 27/4/2000;

l'autorità che dispone le intercettazioni, per prevenire abusi facilmente attuabili con tale strumento, deve sempre garantire l'effettività del controllo su di esse, Cfr. Corte Europea dei Diritti dell'Uomo, 29/3/2005;

La Moldava è stata condannata perché le autorità giudiziarie hanno abusato del sistema di intercettazioni di comunicazioni che si presenta privo di qualsiasi garanzia legale, Cfr. Corte Europea dei Diritto dell'Uomo, Sez. IV, 10/2/2009;

Le disposizioni del codice di procedura penale Italiano all'alt. 268, comma 3 del c.p.p. devono essere interpretate sempre restrittivamente, posto che l'autorità giudiziaria deve sempre controllare le operazioni di intercettazione al fine di evitare ogni abuso, anche quando lo svolgimento delle operazioni sia delegato ad autorità di polizia,Cfr. Corte Europea dei Diritti dell'Uomo, 29/3/2005;

Integra una violazione dell'art. 6, par. 1 e 3 del CEDU, la condanna in grado di appello dell'imputato assolto in primo grado, sulla base della mera rivalutazione contraria delle deposizioni a discarico rese in primo grado, senza accogliere la richiesta di nuova escussione testimoniale, cfr. Corte Europea dei Diritti dell'Uomo, 18/5/2004;

La riforma della sentenza assolutoria in appello, basata unicamente sugli stessi elementi per i quali il giudice di primo grado aveva escluso la possibilità di accertare la responsabilità dell'imputato, comporta una Violazione dell'alt. 6 della Convenzione, Cfr, Corte Europea dei Diritti dell'Uomo, Sez. III, 4/6/2013;

La mancata possibilità di contestare le irregolarità commesse dalle autorità, nel prorogare la durata delle intercettazioni, giustifica in sede di controllo di legittimità dal fatto che trattandosi di intercettazioni disposte sulla linea di un terzo, il ricorrente non era legittimato a sindacare le condizioni di proroga, integra una violazione dell'art. 8 Conv. Eur. Dir. Uomo, Cfr. Corte Europea dei Diritti dell'Uomo, 24/8/1998;

Viola l'art.8 della Convenzione Europea, la conservazione, in una database, delle impronte digitali, di un imputato assolto, comportando ciò un'interferenza sproporzionata con il diritto al rispetto della sua vita privata né potendo ciò essere considerato necessario in una società democratica, Cfr. Corte Europea dei Diritti dell'Uomo, Sez. V, 18/4/2013;

conservare le impronte digitali di un soggetto incensurato in una database nazionale costituisce una indebita ingerenza nel diritto al rispetto della vita privata, Cfr. Corte Europea dei Diritti dell'Uomo, Sez. V, 18/4/2013;

La Corte Europea ha ritenuto sussistente la violazione affermando che, una volta divenuta definitiva la sentenza di assoluzione, qualsiasi dubbio circa la responsabilità penale, anche se contenuta nella stessa decisione di assoluzione, deve ritenersi in contrasto con il principio riconosciuto nella convenzione, Cfr. Corte Europea dei Diritti dell'Uomo, Sez. III, 10/7/2001; La persistenza di un ragionevole dubbio che la persona abbia commesso un delitto è condizione essenziale per la continuazione della detenzione, ma dopo un certo periodo di tempo, non risulta più sufficiente. Laddove la detenzione si protragga, quindi l'uso da parte del Tribunale, di motivazioni stereotipate sul punto costituisce violazione dell'art. 5, comma 3 Cedu, Cfr. Corte Europea del Diritti dell'Uomo, 23/5/2006.

Se dal silenzio dell'accusa in sede di interrogatorio davanti alla polizia giudiziaria, il giudice trae elementi contra reum, si ha violazione dell'art. 6, par. 1 CEDU, dato che non si può derivare nessuna conseguenza negativa del fatto che l'imputato eserciti un proprio diritto, Cfr. Corte Europea dei Diritti dell' Uomo, 8/10/2002.

Costituisce violazione dell'art. 8 CEDU, relativo al diritto al rispetto della vita priva e familiare, perché il controllo sulla corrispondenza, di detenuti in regime di applicazione dell'art. 41Bis dell'art. 18-ter della legge n. 354 del 1975, introdotto con la legge n. 95 del 2004, non può essere esercitato sulle missive indirizzate al proprio difensore di fiducia ed agli organi internazionali competenti in materia di diritti umani, Cfr. ex. Pluris, Corte Europea dei Diritti dell'Uomo, 20/1/2009, n. 24424/'03; Corte Europea dei Diritti dell'Uomo, 19/1/2010, n. 24950/'06.

La sofferenza fisica o psichica dovuta ad una malattia che sopraggiunge "naturalmente può rientrare nell'alt. 3 del CEDU, e sé o rischia di essere aggravata dalla detenzione o dalla condizione della stessa, Cfr. Corte Europea dei Diritti dell'Uomo, 29/4/2002;

Per costante giurisprudenza della Corte Europea dei Diritti dell'Uomo, ha più volte ribadito che in seguito alla Violazione del diritto della vita privata, garantito dall'alt. 8 della Convenzione per la salvaguardia dei diritti dell'Uomo e della liberta fondamentale, lo Stato

Italiano Va Condannato al risarcimento del danno morale, Cfr. Corte Europea dei Diritti dell'Uomo, 19/2/1998;

La pena dell'ergastolo, così come l'esecuzione di una pena detentiva di lunga durata, pone dei problemi di compatibilità con l'art. 3 CEDU allorquando non esista alcuna speranza che il condannato possa beneficiare di misure quali la libertà condizionale, Cfr. Corte Europea dei Diritti dell'uomo, 14/1/2003;
Ai fini di rendere la pena perpetua compatibile con l'art. 3 della convenzione sono necessari meccanismi che consentono, anche a distanza di anni, una revisione della condanna, Cfr. Corte Europea dei Diritti dell'Uomo, 9/7/2013;

Le condizioni di vita di molti detenuti, Italiani, costretti a vivere in spazi molto limitati, contrasta con il divieto di tortura e trattamenti inumani e degradanti. Lo Stato Italiano è tenuto ad assicurare, entro un anno, idonee misure strutturali, Cfr. Corte Europea dei Diritti dell'uomo, Sez. II 8/1/2013.

E' costituzionalmente illegittimo, per contrasto con l'art. 24, comma 2, Cost., l'art. 41Bis, comma 2 quater lettb) ult. Periodo, lette 354/1975, nella parte in cui consente al condannato in regine di sospensione delle regole trattamentali di effettuare con il difensore <<fino ad un massimo di tre volte alla settimana, una telefonata o un colloquio della stessa durata di quelli previsti con i familiari>>, pari rispettivamente a dieci minuti o ad un'ora, cfr. Corte Cost., 20/06/2013, n. 143.

Per consolidata giurisprudenza di legittimità, si veda Cass. Pen. Sez. I, 8/2/2008, n. 8364, nel ribadire: Non è possibile assimilare in toto le infrazioni disciplinari alle fattispecie di reato; ai fini della questione posta con la censura, deve tenersi conto che anche in relazione alle prime trovano applicazione quei principi fondamentali di garanzia per i quali il detenuto può essere sottoposto a sanzione solo per infrazioni espressamente previste ed a conclusione del regolamentato procedimento disciplinare (L. n. 354 del 1975, ex. Art. 38 e 39 e D.P.R. n. 230 del 2000, art. 77 e ss.). Tenuto conto che modalità e termini di contestazioni dell'addebito e di applicazione della sanzione sono strumenti per la concreta attuazione di qui principi di garanzia che presiedono alla regolamentazione della procedura disciplinare siffatta modalità e termini non possono essere permessi e la loro inosservanza, negativamente riflettendosi sull'intero procedimento, rende illegittima la decisione adottata a conclusione del medesimo (cfr. Cass. Pen. Sent. n. 14670/2007, nonché seppure con diversa valutazione della "natura" dei termini di cui al D.P.R. n. 230 del 2000, art. 81, cfr. Cass. Pen. 2003, n. 48848.

**Divieto di abuso del diritto, in uno Stato di "Diritto"?....**

Vige, nel nostro sistema giuridico, un generale divieto di abuso di ogni posizione soggettiva **(divieto che ai sensi dell'art. 2 della Cost., e art. 17 del cedu) permea le condotte sostanziali al pari dei comportamenti processuali di esercizio del diritto**. L'abuso del diritto, lungi, dall'integra re una violazione in senso formale, delinea l'utilizzazione alterato dello schema formale del diritto, finalizzata al conseguimento di obbiettivi ulteriori e diversi rispetto a quelli indicati dal Legislatore, sul punto la giurisprudenza è consolidata, cfr. Cass. Cass.. SS.UU. 15/11/2007, n. 23726; Cons. di Stato Ad. Pl. 23/3/2011, n. 3; Cons. di Stato Sez. V, 17/11/2012, n. 5802, da ultime Cons. Stato 2015, n. 2887; Cons. Stato Sez.III, 2015, n. 1853; Cass. Civ. 2015, n. 12844.

### 1. Il Diritto della difesa art. 24 co. 2 della Costituzione.

Il diritto di difesa deve essere sempre garantito **all'indagato all' imputato e alla persona offesa del reato**, ai sensi dell'art. 24 co.2 e 111 della Cost, dagli art. 96, 97 e 101 c.p.p. e dall'alt. 6, comma 3 lett, b, c, del CEDU, cfr. ex. Multis, Corte Cost. 1968, n. 86; Corte Cost. 1969, n. 149; Corte Cost. 1970, n. 200; Corte Cost. 1974, n. 122, da ultima, Cass. Pen.. Sez. V, 7/2/2013, n. 2916.

### Art. 104 C.P.P. colloqui del difensore con l'imputato in custodia cautelare in carcere.

La violazione dell'art. 104 C.p.p., relativo al diritto dell'indagato **"in vinculis"** di conferire con il proprio difensore, non può ricondursi ad una mera inosservanza del disposto dell'art. 124 C.p.p., configurando, bensì, una nullità di ordine generale, ai sensi degli artt. 178 comma 1 lett. C., e 180 C.p.p., **Cfr. Cass. Pen. Sez. I, 26/10/1992.**

**La prova (art. 190 e 192 c.p.p.), la dottrina e la giurisprudenza nel processo penale.**

Secondo autorevole dottrina: "se nella ricostruzione accusatoria si annida qualche dubbio ragionevole, il giudice non ha alternativa diverse dal proscioglimento (omissis) è proprio un nuovo modo di pensare, che si emancipa dagli schemi abituali dell'amministrazione della giustizia penale Italiana: i beni più preziosi dell'imputato, i suoi diritti individuali, vanno presi sul serio, perchè le democrazie non possono permettersi di comprimerli; la protezione dell'innocente ed il rispetto dei fondamenti Costituzionali dello Stato sono garantiti solo se nel processo penale viene adottato, come regola probatoria e come regola di giudizio, il criterio dell'oltre il ragionevole dubbio; questa regola costituisce diritto vigente nel nostro paese essendo imposta dagli art. 2, 3 comma I, 25comma II, e soprattutto l'art. 27 della Costituzione; quel che più conta, alla sua base stanno le potenti ragioni morali ed utilitaristiche che trovano espressione nella massima " è molto meglio lasciar libero un colpevole che condannare un innocente".
Così il Chiarissimo Professor Federico Stella in "Giustizia e Modernità", edizione III°, edizione 2005, (pag. 67 e segg.) scriveva, prima che il Legislatore traducesse in norma, con l'art. 533 c.p.p. (condanna dell'imputato), questi principi irrinunciabili.

L'art. 192 c.p.p. afferma che il giudice valuta la prova dando conto nella motivazione dei risultati acquisiti e dei criteri adottati. L'esistenza di un fatto non può essere desunta da indizi a meno che questi siano gravi, precisi e concordanti. A tal proposito, in tema di valutazione degli indizi, questi, giusta il disposto dell'alt. 192 comma 2 del c.p.p. devono essere gravi, precisi e concordanti, Cfr. tra le tante, Cass. Pen. 2007, n. 46082; da ultima Cass. Pen. Sez.III, 2015, n. 11283.

Al riguardo, si deve ulteriore evidenziare che la precisazione dell'indizio ne presuppone la certezza: tale requisito, infatti, benché non espressamente indicato nell'art. 192 comma 2 c.p.p., è da ritenersi insito nella previsione di tale precetto, non potendosi fondare la prova critica su un fatto solo verosimilmente accaduto, soprattutto o intuito, e non accertato come realmente verificatosi.

Sul punto la Suprema Corte ha ribadito con varie pronunce che la prova è incompleta non solo quando vi è un Insuperabile contrasto tra le risultanze acquisite, ma anche quando lo stato di incertezza, desumibile dell'analisi critica del nucleo essenziale della prova d'accusa, si irradia, con varia intensità, sugli elementi ad essa accessori o di attenuata rilevanza, sicché il quadro che si delinea non consente di superare le perplessità evocate da ciascuna delle risultanze esaminate e riconosciute, utili per l'accertamento della verità, Cfr. Cass. Pen. Sez. V, 9.1.1990, Rabito, Cass. Pen. 1991, I, 1086 (s.m); Conf. Cass. Pen. Sez. Fer. 23.8.1990, Crollo; Cass. Pen. 1991, II, 873, Glust. Pen. 1990, III, 736 (s.m.) Arch. Nuova proc. pen. 1991, 69.

Infatti, il sesto comma dell'alt. 197Bis del c.p.p. specifica che alle dichiarazioni rese dalle persone che assumono l'ufficio di testimone ai sensi del presente articolo si applica la disposizione di cui all'alt. 192, 3 co. c.p.p., da ciò consegue che la propalazioni in oggetto devono esser sottoposte ad un duplice vaglio di attendibilità, posto che all'attendibilità delle dichiarazioni rese. Tale ulteriori valutazioni necessita di cd. Riscontri esterni, ovvero di ulteriori elementi probatori che siano idonei a suffragare i dieta del soggetto che le rilascia, sul punto la giurisprudenza è pacifica, Cfr. ex. Pluris, App. Taranto, 15.12.2011; App. Napoli, Sez. VII, 14.10.2011; App. Milano, Sez. II, 19.5.2011. Questo è quanto è possibile ricavare dall'analisi letterale della norma di cui all'art. 192 co.3 del c.p.p., che testualmente recita: le dichiarazioni dei testimoni sono valutate unitamente agli altri elementi di prova che ne confermano l'attendibilità, e che si riconnette all'intenzione del legislatore di escludere la possibilità, in tema di prova indiziaria, che la responsabilità dell'imputato si fondi su un indizio isolato <argomento che si ricava ricollegando sistematicamente stabilisce che l'esistenza di un fatto non può essere desunta da indizi a meno che questi non siano gravi, precisi e concordanti>, sul punto è consolidata la giurisprudenza di legittimità, Cfr. tra le massime, Cass. Pen. 1992, n. 2398, Rv. 189566; Cass. Pen. Sez. I, 8.3.2000, n. 7027; Cass. Pen. 2006, n. 33519; Cass. Pen.2007, n. 46082.

In altri termini, affinché sia possibile procedere alla verifica del fatto - oggetto dell'imputazione è necessario che in mancanza di prova diretta "ovvero idonea a fornire concreta dimostrazione del fatto stesso" siano presenti, agli atti, una pluralità di indizi, gravi, precisi e concordanti, idonei, quindi, a corroborare l'ipotesi accusatoria, sul punto si veda, Cfr. Cass. Pen. Sez. I, 14 giugno 2000, n. 7027.

I riscontri assolvono ad un duplice compito valutativo, dovendo in prima istanza accertare l'attendibilità intrinseca della dichiarazione ed in seconda l'attendibilità estrinseca. Occorre, cioè accertare sia che il soggetto che rilascia le dichiarazioni de quibus risulti essere attendibile ex. se, sia che il contenuto della dichiarazione trovi conferma in altri elementi reperiti dall'autorità inquirente.

Sul punto la Suprema Corte ha ribadito con varie pronunce, che la prova è incompleta, non solo quando vi è un insuperabile contrasto tra le risultanze acquisite, ma anche quando lo stato di incertezza, desumibile dall'analisi critica del nucleo essenziale della prova d'accusa, si irradia, con varia intensità sugli elementi ad essa accessori o di attenuata rilevanza, sicché il quadro che si delinea non consente di superare le perplessità evocate da ciascuna delle risultanze esaminate e riconosciute utili per l'accertamento della verità, sul punto si veda, Cfr. Cass. Pen. Sez. V, 9.1.1990, Rabito, Cass. Pen. 1991, 1, 1086 (s.m); Cass. Pen. Sez. Fer. 23 agosto 1990, Crollo, Cass. Pen. 1991, II, 873, Giust. Pen. 1990, III, 736 (s.m.) Arch. Nuova proc. pen. 1991, 69; Cass. Pen. 1993, n. 8859; Cass. Pen. 2007, n. 32859; Cass. Pen. 2003, n. 25517.
Peraltro, la novella legislativa legge 20 febbraio 2006, n. 46 che modifica il primo comma dell'alt. 533 c.p.p. indica che la colpevolezza del soggetto imputato debba essere provata "oltre ogni ragionevole dubbio" ; con la modifica il legislatore ha inteso recepire un principio già acquisito dalla giurisprudenza, secondo il quale la condanna è possibile soltanto quando vi sia la certezza processuale della responsabilità dell'imputato, Cfr. ex. Multis, Cass. Pen. Sez. I, 2006, n. 20371; Cass. Pen. 2006, n. 30402; Cass. Pen. Sez. II, 2.4.2008, n. 16357; Cass. Pen. Sez. I, 21/5/2008, n. 31456; Cass. Pen. Sez. Ili, 12.2.2009, n. 15911, Rv. 243258; Cass. Pen. Sez. II, 9.11.2012, n. 7035, Rv. 254025, sulla scorta di tale indizio interpretativo si è infatti ritenuto che gli indizi necessari a fornire la prova oltre che gravi precisi e concordanti debbano anche esser certi: infatti la Suprema Corte di Cassazione, che, ove così non fosse, si correrebbe il rischio di fondare una sentenza di condanna su fatti verosimilmente accaduti valorizzando così il mero sospetto o la personale congettura; pertanto, affinché il reato possa essere attribuito all'imputato "al di la di ogni ragionevole dubbio" "così il letterale tenore normativo" è necessario che l'ipotesi accusatoria, quando sorretta da elementi indiziari o,

come nelle specifico, si fondi sulle dichiarazioni di coimputato nei confronti delle cui dichiarazioni è legittimo, per le suesposte ragioni, nutrire dubbi di tenuità delle stesse venga corroborata da ulteriori e diversi elementi idonei a verificarne l'attendibilità, verifica questa che non si sostiene, bensì si aggiunge al controllo in ordine alla credibilità del soggetto che tali dichiarazioni rende. Quando la prova è incompleta si impone l'assoluzione dell'imputato, sul punto è consolidata la giurisprudenza dell'Ecc. Ma Suprema Corte di Cassazione, Cfr. tra le tante, Cass. Pen. 2006, n. 30402; Cass. Pen. 2005, n. 43324, Borghella; Cass. Pen. 2005, n. 41052, Piscopo Alessandro ed altri, Cass. Pen. 2005, n. 41176, P.G. Maggi e altri; Cass. Pen. 2009, n. 6853; Cass. Pen. Sez. III, 6.4.2009, n. 15911, Conf. Giurisprudenza di merito, ex. Pluris, App. Milano Sez. III°, 12/7/2011, da ultima Cass. Pen. Sez. IV, 2014, n. 22257, Rv. 250204.

Infine, per la "condanna", insistono i giudici delle leggi, "presuppone la certezza della colpevolezza, mentre l'assoluzione ai sensi dell'art. 530 co. 1 c.p.p. non presuppone la certezza dell'innocenza, ma la mera non certezza della non colpevolezza", cfr. Cass. Pen. 2012, n. 931.

**L'art. 111 della Costituzione sul "Giusto Processo".**

L'art. 111 comma 6 della Costituzione, dottrina e gli sviluppi della giurisprudenza della Suprema Corte di Cassazione.
E' ormai principio assodato in giurisprudenza infatti l'obbligo di motivazione dei provvedimenti giurisdizionali, garantito anche a livello Costituzionale, sia ottemperato se il giudice abbia esaminato tutti gli elementi a sua disposizione, se abbia fornito una risposta esaustiva alle obiezioni messe dalle parti, se abbia correttamente interpretato gli elementi probatori e se abbia correttamente applicato le regole della logica nell'argomentazione che ha condotto a scegliere determinate conclusioni anziché altre, Cfr. ex. multis, Cass. Pen. Sez. III, 26.11.1997, n. 706, Caggiola; Cass. Pen. Sez. I, 5.11.1993, molino; Cass. Pen. Sez. Un. 13.12.1995, n. 930; Cass. Pen. 1999, n. 5693; Cass. Pen. 2009, n. 13083, ma deve esaminare le ragioni addotte dall'imputato e dare conto, sia sinteticamente dei motivi di rigetto della richiesta, Cfr. Cass. Pen. Sez. IV 27-3-1991.

Qualora una sentenza si limita a respingere le censure, senza farsi carico di argomentare sulla fallacia o inadeguatezza o non consistenza dei motivi di impugnazione, la stessa risulta viziata, per violazione di legge, e per tanto deve essere riformata, in appello sul punto si vede, Cfr. ex. Pluris, Cass. Pen. Sez. VI, 12.6.2008, n. 35346; Cass. Pen. 2005, n. 4121, da qui l'evidente violazione dell'art. 125 c.3 c.p.p., previsto a pena di nullità della sentenza e direttamente imposto dall'art. 111 comma 6 della Costituzione, Cfr. tra le tante, Cass. Pen. 2009, n. 12148; Cass. Pen. 2002, n. 5964, Rv. 223517.

Per costante giurisprudenza di merito, la mancanza di motivazione nella sentenza penale, ai sensi dell'art. 125, comma 3 del c.p.p., costituisce un'ipotesi di nullità riparabile dal giudice di secondo grado, che, decidendo nel merito, può redigere la motivazione, ha il potere di sostituirsi, nella valutazione del fatto, al giudice di primo grado mediante a correzione, cfr. Corte d'Appello Napoli, Sez. VII, 3.12.2010.

Le sezioni unite della Cassazione ha ribadito: che in sede di appello l'indicazione specifica dei motivi anche sommarie, deve consentire al giudice di identificare i punti da esaminare e vagliare le ragioni su cui si fonda il gravame, cfr. Cass. Pen. Sez. Un. 7.9.1994, n. 7688.
La predetta omissione integra, per la difesa una netta violazione dell'art. 6 CEDU, ma anche dell'art. 111 co. 6 della Costituzione che impernia il "Giusto Processo" penale sul principio del contraddittorio nella formazione della prova, Cfr. Pass. Pen. Sez. VI, 12.11.2008, n. 45807, Rv. 241754; Cfr. Corte Europea del Diritti dell'uomo 11/12/2007.

Va ancora richiamata la giurisprudenza di Codesta Ecc. ma Corte, laddove ravvisa la mancata violazione, ex. art. 606 c.p.p. lett e, non soltanto quando vi sia un difetto grafico della stessa, ma anche quando le argomentazioni addotte dal giudice a dimostrazione della fondatezza del suo convincimento siano prive di completezza in relazione a specifiche dogliaze formulate con i motivi di gravame e dotate del requisito della decisività, Cfr. Cass. Pen. 2009, n. 35918; Cass. Pen. 2000. n. 6945, ma deve esaminare le ragioni addotte dall'imputato e dare conto, sia sinteticamente dei motivi di rigetto della richiesta, cfr. Cass. Fan. Sez. IV, 27/3/1991.

In materia penale, la violazione del diritto di difesa dell'imputato determina la declaratoria di nullità del dibattimento e della sentenza oggetto di impugnazione, ai sensi dell'art. 179 c.p.p., cfr. App. Campobasso, 18/06/2008.
E viziata da nullità assoluta, insanabile e rilevabile anche d'ufficio, la sentenza emessa dal

Giudice di Appello che, investito dal difensore di una richiesta di rinvio dell'udienza "per legittimo impedimento dell'imputato a comparire" documentato e dedotto da difensore a mezzo fax, trasmesso prima dell'udienza, ometta di pronunciarsi sulla stessa. (annulla con rinvio app. Roma, 31/5/2011), Cfr. Cass. Pen. Sez V., 2012, n°21987, Rv. 252954.

In tema di atti processuali, integra una nullità d'ordine generale per violazione del diritto di difesa (art. 178, comma primo, lett. c) cod. proc. pen.) la totale assenza di documentazione degli atti dibattimentali di raccolta della prova. (Fattispecie nella quale il giudice aveva posto a fondamento della decisione prove dichiarative sprovviste di documentazione, sia per l'assenza di trascrizioni dovuta al malfunzionamento dell'apparecchio di fonoregistrazione, sia per la mancata redazione del verbale riassuntivo in violazione dell'art. 139, comma terzo, cod. proc. pen.). (Annulla senza rinvio, App. Roma, 2 Maggio 2007), cfr. Cass. Pen. Sez. III, 26.6.2008, n. 37463, Rv. 241095;

1. Non è più oramai da revocare in dubbio che sia patrimonio comune della scienza giuridica, della giurisprudenza costituzionale e di legittimità la "forza vincolante" delle sentenze definitive della Corte europea dei diritti dell'uomo, sancita dall'alt. 46 della Convenzione, là dove prevede che "Le Alte Parti contraenti si impegnano a conformarsi alle sentenze definitive della Corte sulle controversie nelle quali sono parti" e poi ancora che per realizzare tale risultato "la sentenza definitiva della Corte è trasmessa al Comitato dei Ministri che ne sorveglia l'esecuzione".

Altrettanto uniforme è la posizione - il cui fondamento specifico è nella norma racchiusa nell'art. 13, collocato nel Titolo 1° "Diritti e libertà", là dove è attribuito a "ogni persona i cui diritti e libertà riconosciuti dalla ... Convenzione siano violati ..." il "... diritto ad un effettivo ricorso" - secondo cui il definitivo accertamento di una violazione fa sorgere il diritto della persona dì essere posta in condizione di avvalersi di uno strumento giuridico interno volto a ottenere la restituito in integrum.

Tangibili e concreti indici rivelatori dell'esigenza di adeguarsi a tale dovere imposto in via primaria al legislatore emergono dall'inserimento della L. n. 400 del 1988, art. 5, comma 3, lett. a bis) ad opera della L. 9 gennaio 2006, n. 12, art. 1 che introduce tra i compiti del Presidente del Consiglio dei ministri il dovere di promuovere "gli adempimenti di competenza governativa conseguenti alle pronunce della Corte europea dei diritti dell'uomo emanate nei confronti dello Stato italiano" e di comunicare "tempestivamente alle Camere le medesime pronunce ai fini ce esame da parte delle competenti Commissioni parlamentari permanenti e presentare annualmente al Parlamento una relazione sullo stato di esecuzione delle suddette pronunce". E' dovere primario, dunque, del legislatore quello di prevedere strumenti giuridici per la concreta esecuzione delle sentenze della Corte europea ce diritti dell'uomo che abbiano rilevato, nei processi penali, violazioni ce principi sanciti dall'arto della Convenzione. Non può che essere condiviso e fatto proprio il pressante invito rivolto al legislatore formulato dalla Corte costituzionale, dopo avere concluso per la declaratoria di infondatezza della questione di legittimità dell'art. 630 c.p.p., comma 1, lett. a) nella parte in cui esclude dai casi di revisione "... l'impossibilità di conciliare i fatti stabiliti a fondamento della sentenza ... con la decisione della Corte europea dei diritti dell'uomo che abbia accertato l'assenza dì equità del processo ..." (Sentenza n. 129 del 2008). E' dovere, anch'esso primario, della giurisdizione verificare, mediante la corretta e rigorosa applicazione dei criteri ermeneutici, se la disciplina processuale abbia già una regola che, in considerazione dei contenuti e cella specificità del caso, renda percorribile l'attuazione di un decisum del giudice europeo.

2. La specificità del decisum nei confronti di D. è di chiara evidenza: incide sul caso concreto come regola di sistema di un "giudizio equo" e non postula, dunque, una "revisione" della

sentenza resa all'esito del giudizio di merito.

La vicenda, sulla quale questa Corte è chiamata a pronunciarsi, si caratterizza per l'assoluta diversità rispetto a quelle per le quali attuazione del dictum della Corte europea pone in discussione il giudizio di merito, come nei casi del giudizio in contumacia.

In particolare, il mancato riconoscimento del diritto dell'imputato di interloquire sulla diversa definizione giuridica del fatto corruttivo ha inciso sull'esito del ricorso per cassazione nel senso che ha impedito la declaratoria di estinzione del reato per prescrizione; estinzione che avrebbe dovuto essere dichiarata se l'accusa, nel suo inquadramento giuridico, non fosse stata modificata.

Per dare esecuzione alla pronuncia della Corte europea si rende necessario non un nuovo giudizio di merito, ma solo il rispetto della garanzia del contraddittorio anche sulla diversa definizione del fatto che il giudice di legittimità ha operato ex officio.

Ciò che si chiede è di "rescindere" la sentenza resa all'esito di un "giudizio di legittimità iniquo" e di eliminare l'anomalia già individuata e definita, mettendo in condizione l'imputato e la sua difesa di esercitare il diritto di interloquire sulla diversa definizione giuridica del fatto.

2.1. La sentenza europea riveste inoltre particolare importanza per la sua duplice natura: l'una diretta a incidere sul caso concreto con la restituito in integrum del giudizio di legittimità ed entro i limiti indicati; l'altra, di rendere immanente nel nostro ordinamento il principio del contraddittorio su ogni profilo dell'accusa, anche nel giudizio di legittimità.

E' stata cioè evidenziata una violazione di sistema relativa al principio del giusto processo configurato nell'art. 6, p. 3, lett. a) e b) della Convenzione europea dei diritti dell'uomo. Per la Corte europea, il "processo equo"  impone che l'imputato, una volta informato

dell'accusale cioè dei fatti e della qualificazione giuridica a essi attribuita, deve essere messo in grado di discutere in contraddittorio su ogni profilo che li investe. Contraddittorio che deve essere garantito anche là dove l'ordinamento - come nel caso italiano - riconosca al giudice il potere di dare al fatto una definizione giuridica diversa da quella enunciata nella imputazione ab origine ascritta all'imputato.

Il sistema va integrato con la regola enunciata dalla Corte di Strasburgo custode della corretta interpretazione delle norme della Convenzione europea dei diritti dell'uomo; il decisum del giudice nazionale di legittimità deve essere "rescisso" nella parte in cui non ha attuato la regola di sistema imposta dalla Convenzione.

Spetta però al giudice nazionale il compito di "rescindere" formalmente la sentenza pronunciata all'esito del giudizio di legittimità, allo scopo di rinnovare tale ultimo segmento processuale nel senso indicato dalla Corte europea.

3. Affinché il dictum europeo possa integrare la regola processuale interna si impone però la verifica di compatibilità di essa con le norme della Costituzione.

Occorre, al riguardo, ricordare che ¡l Giudice delle leggi ha anzitutto statuito che l'art. 117 Cost., comma 1 per quanto riguarda la Convenzione europea dei diritti dell'uomo, rispetto agli altri trattati internazionali, ha la caratteristica peculiare di aver previsto la competenza di un organo giurisdizionale, la Corte europea per i diritti dell'uomo, cui è affidata la funzione di interpretare le norme della Convenzione stessa.

Ciò importa che tra gli obblighi internazionali assunti dall'Italia con la sottoscrizione e la ratifica della Convenzione europea vi è quello di adeguare la propria legislazione alle norme di tale trattato, nel significato attribuito dalla Corte specificamente istituita per dare ad esse interpretazione ed applicazione.

La Corte costituzionale inoltre ha affermato che le norme della Convenzione europea, quali interpretate dalla Corte di Strasburgo, non sono immuni dal controllo di legittimità costituzionale del Giudice delle leggi: si tratta infatti di norme che integrano il parametro costituzionale e rimangono pur sempre a un livello sub-costituzionale, e per le quali è necessario che siano conformi a Costituzione, e il relativo controllo deve sempre ispirarsi al ragionevole bilanciamento tra il vincolo derivante dagli obblighi internazionali, quale imposto dall'art. 117 Cost., comma 1, e la tutela degli interessi costituzionalmente protetti, contenuta in altri articoli della Costituzione (C. Cost. nn. 348 e 349 del 2007).

La completa operatività delle norme interposte, dunque, deve superare lo scrutinio della loro compatibilità con l'ordinamento costituzionale italiano.

3.1. Quanto alla regola di sistema, la Corte europea ha ritenuto che nel giudizio de qua "è stato leso il diritto del ricorrente a essere informato in modo dettagliato, della natura e dei motivi dell'accusa elevata a suo carico nonché il suo diritto a disporre del tempo e delle facilitazioni necessarie a preparare l'accusa".

Non è da revocare in dubbio che la regola - racchiusa nell'art. 521 c.p.p., comma 1 - caratterizzi una funzione indefettibile del giudice, quella della corretta qualificazione giuridica del fatto e delle relative conseguenze sanzionatorie. Regola che diviene ancor più cogente nel giudizio di legittimità perché da contenuto e significato alla funzione della Corte di cassazione chiamata ad assicurare "l'esatta osservanza e l'uniforme interpretazione della legge". La regola è indefettibile, mentre il modulo operativo è emendabile. Nel giudizio di legittimità, l'applicazione dell'art. 521 c.p.p., comma 1 nel senso indicato dalla Corte europea appare conforme al principio epistemologico statuito dall'art. 111 Cost., comma 2, per il quale "... ogni processo si svolge nel contraddittorio tra le parti, in condizione di parità, davanti al giudice ...", principio che non investe soltanto "la formazione della prova" ma anche ogni questione che attiene la valutazione giuridica del fatto commesso.

Si impone una interpretazione della norma de qua adeguata ai principi costituzionali richiamati e al decisum del giudice europeo.

Il giudice ordinario - statuisce il Giudice delle leggi - deve interpretare la norma interna in modo conforme alla disposizione internazionale, entro i limiti nei quali ciò sia permesso dai testi delle norme e, qualora ciò non sia possibile ovvero si dubiti della compatibilità della norma interna con la disposizione convenzionale "interposta", il giudice deve proporre la relativa questione di legittimità costituzionale rispetto al parametro dell'art. 117 Cost., comma 1 ( Cfr. C. Cost. n. 349 del 2007).

3.2. Non vi è la necessità di un intervento additivo della Corte costituzionale per stabilire che l'imputato e il difensore devono e possono essere messi in grado di interloquire sulla eventualità di una diversa definizione giuridica del fatto là dove essa importi conseguenze in qualunque modo deteriori per l'imputato così da configurare un suo concreto interesse a contestarne la fondatezza.

La norma va applicata e interpretata nel senso che la qualificazione giuridica del fatto diversa da quella attribuita nel giudizio di merito, riconducibile a una funzione propria della Corte di cassazione, richiede, però, una condizione imprescindibile per il suo concreto esercizio: l'informazione di tale eventualità all'imputato e al suo difensore. Informazione che, qualora manchi una specifica richiesta del pubblico ministero, va formulata dal Collegio con un atto che ipotizzi tale eventualità.

La regola di attuazione dei principi del "processo equo", che la Corte europea ha ritenuto racchiusi nelle norme di Convenzione, si pone in linea con il principio imposto dal richiamato secondo comma dell'art. 111 Cost. e nel processo civile trova riscontro nell'alt. 384 c.p.p., comma 3 (nel testo sostituito dal D.Lgs. 2 febbraio 2006, n. 40, art. 12), ai sensi del quale "Se ritiene di porre a fondamento della sua decisione una questione rilevata d'ufficio, la Corte riserva la decisione, assegnando con ordinanza al pubblico ministero e alle parti un termine non inferiore a venti e non superiore a sessanta giorni dalla comunicazione per il deposito in cancelleria di osservazioni sulla medesima questione".

3.3. Quanto alle modalità di intervento sul caso concreto la Corte europea ha rilevato che, in mancanza di richiesta di equo soddisfacimento "l'avvio di un nuovo procedimento o la riapertura del procedimento su richiesta dell'interessato rappresenta in linea di massima un modo adeguato di porre rimedio alla violazione contestata".

Si è già detto, è compito primario del legislatore prevedere strumenti giuridici per la concreta esecuzione delle sentenze della Corte europea dei diritti dell'uomo che abbiano rilevato, nei processi penali, violazioni dei principi sanciti dall'art. 6 della Convenzione. Si è però posto in rilievo che il giudice ha il dovere di ricercare, in considerazione della specificità della violazione, le modalità di restitutio in integrum.

Nel precedente 2 è stata posta in risalto la specificità del decisum della Corte e la sua incidenza sul caso concreto che non postula una "revisione" della sentenza resa all'esito del giudizio di merito. Qui, l'iniquità del giudizio di legittimità si è realizzata con la modificazione ex officio della definizione giuridica del fatto il cui principale effetto è stato il permanere della condanna, cancellata dalla declaratoria di estinzione del reato.

Del resto, la Corte costituzionale, nel dichiarare inammissibile la questione di legittimità delle disposizioni in tema di revisione nella parte in cui non prevedevano la riconducibilità a tale istituto delle decisioni penali della Corte di cassazione per errore di fatto, ha sottolineato che l'istituto della revisione è un "modello del tutto eccentrico rispetto alle esigenze da preservare nel caso di specie, avuto riguardo: sia alla diversità dell'organo chiamato a celebrare tale giudizio (la corte di appello); sia alla duplicità di fase (rescindente e rescissoria) che ne contraddistingue le cadenze; sia alle stesse funzioni che tale istituto è chiamato a soddisfare nel sistema" ( Cfr. Corte Cost. sentenza n. 395 del 2000).

Nella recente sentenza n. 129 del 2008, poi, è la Corte costituzionale a porre in rilevo che il legislatore "... per soddisfare le esigenze e le lacune poste in luce nella pronuncia richiamata - ha introdotto, con l'art. 625 bis c.p.p., un nuovo istituto per rimuovere gli effetti di quel tipo di errori commessi dalla Corte di cassazione, denominandolo significativamente ricorso straordinario per errore materiale o di fatto; ed assegnandogli una collocazione sistematica ed una disciplina avulse (e logicamente alternative) rispetto a quelle che caratterizzano la revisione".

In tal modo, definito il contesto nel quale si chiede di intervenire, ad avviso del Collegio, lo strumento giuridico idoneo a dare attuazione alla sentenza europea può essere quello del ricorso straordinario contro le sentenza della Corte di cassazione, previsto dall'art. 625 bis c.p.p..

Questa norma - sebbene realizzata per colmare vuoti di tutela definiti e tassativi, errore materiale o di fatto - ampiamente giustifica un ragionamento "per analogia", non incorrendo nei divieti posti dall'art. 14 disp. gen..

Anzitutto, non si è in presenza di una norma penale incriminatrice e, in ogni caso, il ragionamento che si vuole sviluppare per similitudine conduce a effetti in bonam partem. La norma inoltre non si caratterizza per eccezionalità rispetto al sistema processuale, poiché realizzata per colmare un vuoto normativo dovuto all'inadeguatezza della precedente disciplina a tutelare anomalie e violazioni riconducibili al diritto di difesa, pur configurabili con ordinarietà nel giudizio di legittimità.

Ragionamento per similitudine, dunque, che conduce ad applicare all'ipotesi de qua uno strumento giuridico modellato sull'istituto introdotto dall'art. 625 bis c.p.p.. Si è in presenza di situazioni analoghe nel senso che l'elemento che le accomuna è l'identità di ratio: rimediare, oltre che a veri e propri errori di fatto, a violazioni del diritto di difesa occorse nell'ambito del giudizio di legittimità e nelle sue concrete e fondamentali manifestazioni che rendono invalida per iniquità la sentenza della Corte della cassazione. Per di più, nel caso specifico, si è in presenza di violazione affermata dalla Corte europea; violazione che trova la sua immediata tutela nell'art. 6 della Convenzione europea dei diritti dell'uomo e nel citato art. 111 Cost., comma 2.

In conclusione, vi è una parziale "rimozione" del giudicato, nella parte in cui esso si è formato nel giudizio di legittimità mediante un vulnus al diritto di difesa, che si è tradotto in una "iniquità" della sentenza, "iniquità" che non è scaturita da preclusioni processuali addebitabili al ricorrente, bensì dal "governo" del processo da parte del giudice.

Mette conto - a completamento dell'area degli argomenti giuridici - che nel bilanciamento di valori costituzionali, da un lato, quello della funzione costituzionale del giudicato e, dall'altro, quello del diritto a un processo "equo" e a una decisione resa nel rispetto di principi fondamentali e costituzionali posti a presidio del diritto a interloquire sull'accusa, non può che prevalere quest'ultimo; e proprio la prevalenza di quest'ultimo valore ha determinato il legislatore a introdurre il ricorso straordinario ex art. 625 bis c.p.p. contro le sentenze della Corte di Cassazione, cfr. ex. Multis, Cass. Pen. Sez. VI, 12/11/2008, n. 45807, Rv. 241753.

## La natura della pena nella giustizia italiana.

Nel diritto positivo la parola "pena" è sinonimo di castigo e in generale indica il dolore, la sofferenza che è inflitta a colui che ha violato un comando.

Suo carattere è proprio di tutti i castighi, anche di quelli che sono inflitti nell'ambito privato: nella famiglia, nei collegi, nelle associazioni, ecc. In ogni caso il castigo implica una sofferenza. La pena che a noi interessa differisce dagli altri castighi in quanto è inflitta dallo Stato: è una sanzione pubblica.

Sennonché lo Stato ricorre non poche volte alla pena anche al di fuori del diritto penale. Particolare importanza hanno le pene amministrative. Di qui la necessità di distinguere nell'ambito delle pene che sono inflitte dallo Stato quelle che costituiscono la conseguenza specifica del reato e che perciò si dicono "criminali".

Tale differenziazione non presenta difficoltà. Due qualità peculiari, infatti, distinguono le pene criminali dalle altre pene pubbliche: una concerne l'organo che le applica, l'altra in modo con cui è applicata. L'organo è l'Autorità Giudiziaria (ex. art. 109 della Costituzione); il modo è quel caratteristico insieme di atti che costituisce il processo. Non basta il primo elemento, perché l'Autorità Giudiziaria può infliggere anche pene non criminali, come, ad es., nei casi previsti dagli art. 118, 255 del codice di procedura civile e 133 del codice di procedura penale; occorre anche il secondo, e in altre parole che l'irrogazione abbia luogo con le forme e le garanzie del procedimento penale.

Sono criminali pertanto le pene che sono inflitte dall'Autorità Giudiziaria mediante processo.

A quanto ora si è detto non contrasta che in passato, in qualche raro caso, la pena criminale può essere inflitta da un'autorità amministrativa, come ad es. dall'Intendente di Finanza in base alla legge 7 gennaio 1929, n. 4. Invero, anche in quest'ipotesi eccezionale (che la Corte Costituzionale ne ha poi dichiarato l'illegittimità con la sentenza del 3 aprile 1969, n. 60) sussisteva l'intervento, sia pure indiretto, dall'Autorità Giudiziaria, perché la persona a cui era inflitta la pena aveva la facoltà di ricorrere ai sensi e per gli effetti di cui all'art. 24, comma II° della Costituzione all'autorità medesima e di ottenere che sul fatto attribuitole fosse istituito un regolare procedimento, destinato a sfociare in una sentenza.

Dal punto di vista sostanziale la pena consiste nella privazione o diminuzione di un bene individuale.

Mentre nelle epoche passate esisteva una gran varietà di pene, alcune delle quali colpivano direttamente l'onore (pene infamanti: gogna, marchio, ecc.), ed altre l'integrità personale (pene corporali: mutilazione, fustigazione, ecc), oggi la pena di regola incide su tre beni: sulla vita (pena capitale), sulla libertà (pene restrittive della libertà personale) e sul patrimonio (pena pecuniaria).

In proposito:
*HENTIG, La pena: origine, scopo, psicologia, trad. it., Milano 1942, p.17 ss.*
*La pena (criminale) quindi può definirsi: La sofferenza comminata dalla legge e irrogata dall'Autorità Giudiziaria mediante processo a chi viola un comando della legge medesima.*
*Sulla differenza fra la pena e le altre sanzioni giuridiche, e particolarmente le misure di sicurezza e il risarcimento del danno.*
*ROCCO, La pena e le altre sanzioni giuridiche, in Opere giuridiche, Roma 1933, V. III, p. 433 ss.;*
*GRISPIGNI, Diritto Penale Italiano, v. I, p. 134 ss.*
*- Per quanto la pena sia uno dei fenomeni più generali e costanti della vita sociale - noi la troviamo in tutti i tempi, anche i più remoti, e in tutti i popoli, anche i più primitivi, non sono mancati pensatori e scienziati che ne hanno contestato la fondatezza, ritenendola ingiusta, inutile e persino dannosa.*

In proposito, oltre gli utopisti Tommaso Moro e Tommaso Campanella, vanno ricordati alcuni moderati teorici dell'anarchismo, tra cui primeggia la figura di Leone Tolstoi, e soprattutto alcuni sociologi e criminalisti: Girardin, Ferri, Wargha, Montero, ecc.
MAGGIORE, Diritto Penale, p. 677,
CONTURSI-LISI, I negatori del diritto di punire, in Sc. Pos. 1931, I 277.

E per gli atteggiamenti più recenti gli scritti raccolti da BARATTA in Il diritto penale minimo, cit. Ivi ampia bibliografia.

Questi ultimi, partendo da una concezione ottimistica della vita umana, hanno sostenuto che un'opera di prevenzione, largamente e sapientemente esercitata, può rendere inutile la repressione dei delitti.

Tutti gli scrittori citati devono ritenersi fuori della realtà. Essi prescindono da un fatto di capitale importanza, e in altre parole dai fatto che la tendenza al delitto non è circoscritta ad una particolare categoria d'individui, secondo le teorie di matrice cd. Lombrosiana, ma ha un carattere generalissimo.

E' certo che, se anche esistono criminali per istinto, il delinquente in genere non costituisce un tipo antropologico a sé stante, giacché non tutti i delinquenti presentano le caratteristiche teorizzate dal Lombroso, mentre tali caretteristiche sono talvolta presenti nei non-criminali.

La tendenza al delitto, la capacità di delinquere, in misura maggiore o minore, esiste in forma latente negli uomini.

PATRIZI, Dopo Lombroso, Milano 1916;

NICEFORO, Criminologia, Milano 1941. Dato ciò, siccome il delitto rappresenta per chi lo commette la soddisfazione di un bisogno, e in altre parole un piacere, sorge la necessità di un contrappeso, il quale non può essere rappresentato da altro che dall'opposto del piacere, e in altre parole da una sofferenza. Il castigo è perciò un freno di cui non è assolutamente possibile fare a meno nella vita in comune.

Con questo non si vuol affermare che la pena sia l'unico mezzo che può trattenere gli uomini dal commettere i delitti, perché a tale risultato indubbiamente contribuiscono parecchi altri fattori: il patrimonio dei valori introiettati, i sentimenti morali e sociali, il senso dei dovere, dell'onore e della dignità personale, la virtù dell'esempio, l'influenza dell'opinione pubblica, le credenze religiose, l'educazione ed il senso civico ecc.

Si può anche ammettere che per i fatti criminosi più gravi, e in particolare per quelli che contrastano con i sentimenti fondamentali di pietà e probità, la pena non sia necessaria rispetto ad una categoria di persone, le quali per l'elevato grado di moralità di cui sono fomite si asterrebbero dal commetterli anche senza la prospettiva di un castigo. Ma, se si considera la massa degli uomini e la massa delle azioni che sono vietate dalla legge penale, fra le quali, com'è stato già notato, molte non sono neppure ritenute e sentite come immorali dalla coscienza collettiva, non si può ragionevolmente dubitare che la pena sia indispensabile.

Di ciò si ha una conferma nel fatto che, dovunque esista una comunità d'uomini sia è quindi sentita la necessità di una disciplina per la coesistenza degli interessi in contrasto, ivi esiste un sistema di punizioni. Così nella famiglia; nella scuola, nei collegi, nell'esercito, nelle associazioni pubbliche e private. Una riprova decisiva si ha nel forte aumento dei delitti che occorre, quando la repressione statale non funziona o funziona in modo irregolare, come nelle grandi calamità e nei periodi di disordine politico o di caos derivante da disfatta militare.

D'altra parte è anche certissimo che il potere di infliggere castighi, lo ius puniendi, costituisce per lo Stato un mezzo assolutamente necessario per imporre la sua volontà ai cittadini, per farsi ubbidire e così raggiungere gli scopi prefissati. E' pertanto un'illusione ed anche un'ingenuità pensare che lo Stato vi possa rinunciare. Lo Stato non rinuncerà mai alla *pena, sia pure ampiamente diversificata, perché ciò equivarrebbe ad una sorta di disfatta rispetto ai compiti che gli sono stati assegnati.*

## Nell'ordinamento italiano il problema della funzione della pena.

Amplissima è la letteratura al riguardo, tra gli scritti più recenti ricordiamo: ROCCO, La pena e le altre sanzioni giuridiche, Cit. GRISPIGNI, Regresso di un secolo nella legislazione penale, in Sc. Pos. 1949, 329 ss; DELITALA, Prevenzione e repressione nella riforma penale del 1949, in Riv. It. 1950, 699 ss, PETROCELLI, Retribuzione e difesa nel progetto codice penale del 1949, in Riv. It. 1950, 573 ss. ID, La pena come emenda del reo, in Saggi di diritto penale, Padova 1952, p.479 ss.ID. La funzione della pena, ivi, p. 81ss.; ALLEGRA, Fondamento, scopo e mezzo nella teoria della pena, Novara 1952; ANTOLISEI, Teoria e realtà della pena, in Scritti, p. 191 ss., ID., Pene e misure di sicurezza, ivi, p. 221 ss; CARNELUTTI, Mediazione sull'essenza della pena, in Riv. It. 1955,3 ss. ID., NUVOLONE, Il rispetto della persona umana nella esecuzione della pena, in Iustitia 1956, 143 ss.; ID., Le sanzioni criminali nel pensiero di E. Ferri e nel momento storico attuale, in Revue Pènal suisse 1956, 345 ss.; RANIERI, Il 2° cpv dell'art. 27 della Costituzione e il problema della rieducazione del condannato, in Studi in onore di De Francesco, V.I, Milano 1957, p .561 ss.; SANTORO, Il tabù retribuzione della pena, in Se. Pos. 1959, 50 ss. DELITALA, Responsabilità e pena, in Istitia 1962, 341 ss. DELL'ANDRO, I diritti del condannato, ivi 1963, 258 ss. BRICOLA, Pene pecuniarie, pene fisse e finalità rieducativi, in atti del secondo convegno di diritto penale di Bressanone, Padova 1964, p. 191 ss. NUVOLONE, Il problema della rieducazione del condannato, ivi, p. 347 ss. BETTIOL, Aspetti etico-politico della pena retributiva, in scritti giuridici, cit. v. I 1966, p. 504 ss. ID, Pena retribuita e poteri discrezionale del giudice, ivi, p. 524 ss. ID, Sull'umanizzazione del diritto penale, ivi, v.II, p. 739 ss. ID. Sulla rieducazione del condannato, ivi, p. 902 ss.; ID., Punti fermi in tema retributiva, ivi, p. 937 ss.; ID., dal diritto penale al diritto premiale ivi., p. 949 ss, ID, Il mito della rieducazione, ivi, p,995, ss. Carlo Federico GROSSO, Responsabilità penale, in Novissimo Digesto Ital., V. XV, 1968, 710 ss. BRICOLA, Le misure alternative alla pena nell'ambito dell'una "nuova" politica criminale, in Riv. It. 1977, 13; MANTOVANI, Pene e misure alternative, ivi 1977, 77; ID.

Pene e misure alternative nell'attuale momento storico. Atti del Convegno di studio "Enrico DE NICOLA", Milano 1977; CATTANEO, Il problema filosofico della pena, Ferrara 1978; MATHIEU, Perché punire? Il collasso della giustizia penale, Milano 1978; MONACO, Prospettive dell'idea dello "scopo"nella teoria della pena, Napoli 1984; MUSCO, La riforma del sistema sanzionatorio, ivi, p. 403 ss. EUSEBI, Cristianesimo e retribuzione penale, in riv. It. 1987; D'AMBROSIO, L'ordinamento penitenziario alla luce delle moderne teorie sulla funzione della pena, in Legalità e giustizia 1988, 26 ss. EUSEBI, può nascere dalla crisi della pena una politica criminale? In Dei delitti e delle pene 1994, 83 ss. NEPPI MODONA, Il sistema sanzionatorio, considerazioni in margine ad un recente schema di riforma, in Riv. It. 1995, 315.

Per "funzione della pena" si intende l'azione o meglio l'efficacia della pena: in altri termini gli effetti che produce e in vista dei quali essa è adottata dallo Stato.

Tali effetti possono essere diretti verso il passato oppure verso il futuro. Dai primi sorge l'idea della repressione, dai secondi quella della prevenzione. La prevenzione a sua volta si distingue in generale e speciale. Per prevenzione generale s'intende l'efficacia che la pena esercita sulla generalità o massa dei cittadini per trattenerla dal commettere reati; per prevenzione speciale invece l'efficacia che la pena esplica sul singolo individuo che ha commesso il reato per far sì che non torni a violare la legge penale.

Ciò premesso, notiamo che il problema della funzione della pena è senza dubbio il più dibattuto della nostra disciplina: ad esso, per la grande importanza che la pena presenta nella vita sociale, hanno partecipato largamente anche i filosofi. Le prime indagini di cui si abbia notizia sono quelle del filosofo greco Protagora e da allora non c'è stato quasi un pensatore che non si sia pronunciato sul grave problema.

Le teorie sulla funzione della pena tradizionalmente sono distinte in assolute e relative. Sono dette assolute quelle concezioni secondo le quali si punisce quia peccatum est, e vale a dire perché è stato commesso un delitto; relative quelle per le quali si punisce "ne peccetur", vale a dire, per impedire che nel futuro si commettono altri delitti. Secondo le prime la pena trova la ragione in se stessa; per le altre è un mezzo per conseguire uno scopo estrinseco, e precisamente il bene della società. Accanto alle due classi accennate n'è posta una terza che cerca di conciliare i due punti di vista: si tratta delle teorie secondo le quali si punisce quia peccatum et ne peccetur (teorie miste, denominate anche "sincretistiche").

La legittimità di questa contrapposizione è stata giustamente messa in dubbio, giacché non è esatto che le c.d. teorie assolute, a differenza delle relative, non riconoscano e non attribuiscano alla pena un fine. La pena non può essere che un mezzo diretto ad uno scopo e non esiste forse alcuna teoria che consideri la pena come fine a se stessa. La riprova della scarsa solidità della distinzione è fornita dal fatto che esistono dottrine (per es. quella dell'emenda) che da alcuni sono classificate fra le assolute, mentre altri le comprendono fa le relative.

Mettendo da parte questo criterio tradizionale, notiamo che le teorie sulla funzione della pena, per quanto siano assai numerose e in apparenza presentino una gran varietà, si aggirano intorno a tre fondamentali: la retribuzione, l'intimidazione e l'emenda.

Questo tipo d'equilibrio tra le diverse finalità della pena, contrassegnato dalla preminenza della funzione generalpreventiva e dal ruolo del tutto marginale della prevenzione speciale, appare completamente ribaltato nel co.3 dell'alt. 27 della Costituzione, là dove esso stabilisce che le pene "devono tendere alla rieducazione del condannato".

Di là dalla reale portata e dei limiti di praticabilità del principio "rieducazione ", sta di fatto che l'opzione ideologica non potrebbe essere più esplicita; tenuto anche conto che lo stesso art. 27 Cost. nell'enunciare il divieto di trattamenti "contrari al senso d'umanità" e il contestuale ripudio della pena di morte, manca del distacco del sistema costituzionale del diritto penale, sia da ogni forma d'esasperazione della funzione generalpreventiva che dall'assolutezza del principio retributivo. Soprattutto dagli anni '70, le indicazioni del costituente hanno trovato parziale attuazione nella legge ordinaria, attraverso una serie di modifiche ed integrazioni del sistema sanzionato. E' opportuno, però dare preliminarmente conto dei risultati a cui è frattanto pervenuto il dibattito culturale sulle funzioni della pena e sul significato del principio stabilito nell'art. 27 comma 3° della Costituzione.

## La funzione, la portata e i limiti dell'art. 27, co. 3° della Costituzione

All'iniziale atteggiamento culturale che, in base ad un'interpretazione marcatamente restrittiva dell'art. 27 della Costituzione, assegnava ai principi ivi enunciati il valore di un'indicazione meramente tendenziale, esclusivamente riferita alle modalità esecutive della sanzione penale, è ormai subentrato il prevalente riconoscimento che al dettato costituzionale sui fini della pena debba assegnarsi la portata di un principio innovativo suscettibile di spiegare i suoi effetti in tutte le fasi che caratterizzano la dinamica del sistema sanzionatonte; dalla comminatoria all'applicazione e ovviamente all'esecuzione della pena, di recente, anche la Corte Costituzionale ha avuto occasione di precisare che la destinazione della pena alla rieducazione, "lungi dal rappresentare una mera generica tendenza riferita al solo trattamento, indica invece proprio una delle qualità essenziali e generali che caratterizzano la pena, e l'accompagnano da quando nasce, nell'astratta previsione normativa, fino a quando in concreto si estingue. Ciò che il verbo tendere vuole significare è soltanto la presa d'atto della divaricazione che nella prassi può verificarsi tra quelle finalità e l'adesione di fatto del destinatario al processo di rieducazione" (Corte Costituzionale Sentenza 26 giugno - 3 luglio 1990, n. 313, in Foro it. 1990, I, 2386, con nota di G. Fiandaca).

Il punto nodale, nella ricostruzione di una fisionomia aggiornata della pena, è costituito naturalmente dall'elaborazione dei contenuti della rieducazione, prospettata dal legislatore costituente come finalità primaria delle pene. Che cosa il legislatore costituzionale intende per "rieducazione" e quali siano gli strumenti per la sua realizzazione è peraltro strettamente dipendente dal contesto ordinamentale e quindi dai risultati che l'interpretazione sistematica della stessa Costituzione può suggerire. La fisionomia della pena, infatti, non può non essere omogenea rispetto ai principi generali dell'ordinamento giuridico, così come delineato dalla Costituzione.

Come la dottrina ha anche di recente ribadito, l'insieme dei principi costituzionali che consentono di conferire al nostro ordinamento la qualificazione di stato sociale di diritto (art. 2, 3, 4, 19, 21, 34 della Costituzione), che nel loro insieme garantiscono l'autonomia e la dignità dell'individuo e lo sviluppo della sua personalità all'interno di una prospettiva solidaristica, legittimano l'accezione del concetto di rieducazione nel significato di recupero sociale, o come anche si dice, di ri-socializzazione, NOTA: S. MOCCIA, Il diritto penale tra essere e valore, cit. 103. L'assunzione di quei principi come punti di riferimento normativo per l'interpretazione della funzione "rieducativa" della pena, induce, infatti, ad escludere che la rieducazione includa un significato d'emenda morale e assuma in ogni modo dimensioni eticizzanti: il sistema costituzionale vigente - caratterizzato in senso laico e pluralistico - non sembra, infatti, compatibile con il perseguimento di finalità etiche, e tanto meno con l'affidamento di scopi del genere alla coazione penale.

Al tempo stesso, proprio il rispetto - anch'esso costituzionalmente garantito nel modo più solenne dell'autonomia morale dell'individuo implica l'adesione del soggetto all'opera di "rieducazione" ed esclude pertanto ogni forma d'imposizione coercitiva nei suoi confronti, ed in particolare ogni forma di trattamento pseudo-terapeutico che utilizzi interventi manipolativi della personalità.

Attraverso la sanzione penale - il che vuol dire: con la sua inflizione come con l'astenersi dall'infliggerla o con il sospenderne l'esecuzione, o ancora con l'eseguirla secondo modalità particolari - lo Stato deve offrire al "delinquente" gli strumenti per la sua reintegrazione nel tessuto sociale: in primo luogo mediante la "riappropriazione" dei valori elementari della convivenza. Ciò implica forme di "trattamento" basate sull'emancipazione individuale, perseguita mediante la realizzazione d'adeguati sostegni socio-culturali, d'opportunità di reinserimento nel tessuto produttivo e sociale, di possibilità di riqualificazione culturale e professionale, ecc. Di là dalle difficoltà di concretizzazione e dei risultati spesso deludenti di sperimentazioni fatte con le migliori intenzioni, la dottrina riconosce che nello Stato sociale moderno non esistono reali alternative all'ipotesi di un "trattamento" del reo, che s'ispiri all'idea del suo recupero mediante interventi di sostegno alla sua autodeterminazione nel senso dei valori di cui l'ordinamento giuridico - Costituzionale è portatore, e perciò nel senso del rispetto dei beni da esso tutelati.

Se la "rieducazione" così intesa è l'obiettivo del trattamento, ciò non significa che non possano essere diversi gli strumenti applicativi, mediante i quali tale obiettivo può essere perseguito. E' evidente che il trattamento non può essere lo stesso, quando si tratti di intervenire su casi d'estrema marginalizzazione sociale e quando invece si tratti di soggetti circa integrati socialmente. Del pari la libera partecipazione del soggetto all'azione rieducativa o all'opposto il suo rifiuto condizionano in modo ben diverso l'intervento di recupero.

Un punto d'orientamento è sicuramente costituito da quello che si può considerare una sorta di requisito "minimo" della sanzione penale rieducativa: vale a dire la sua applicazione in condizioni che impediscono effetti di "desocializzazione" (o d'ulteriore desocializzazione) o peggio di destrutturazione della personalità del condannato.

La non-desocializzazione - com'è stato giustamente osservato - si profila così di basilare importanza all'interno di una concezione normativa della pena, funzionale alle esigenze del moderno Stato sociale di diritto, in quanto viene a rappresentare una sorta di platfond su cui costruire un auspicabile (ma tuttavia pur sempre solo eventuale) processo di risocializzazione. S. MOCCIA, op. cit. 106. Sull'importanza del riferimento alla "non- desocializzazione" in materia di commisurazione giudiziale della pena, A. M. Stile, La commisurazione della pena, nel contesto attuale del sistema sanzionatorio, in Studi Vassalli, I, Milano, 1992, 299, 305. In nessun caso tuttavia quando non sussistono - o non siano praticabili - interventi risocializzanti, si giustifica per ciò solo il recupero di risposte sanzionatone di tipo meramente afflittivo, restando invece essenziale che l'applicazione delle sanzioni non favorisca ulteriori processi di disadattamento e stimoli in qualche modo l'emancipazione del soggetto dagli schemi di comportamento antisociali che ne hanno caratterizzato lo stile di vita precedente. E' logicamente ammissibile che, in assenza d'esigenze e/o possibilità di perseguire finalità di risocializzazione, siano le esigenze della prevenzione generale a fondare l'attivazione dello strumento penale. Cfr. G. VASSALLI, il dibattito sulla rieducazione, cit.463 s.

Tra le acquisizioni generalizzate della dottrina contemporanea della pena va sicuramente annoverata la consapevolezza che - alla luce del dettato costituzionale - i diversi profili funzionali della pena si presentino con incidenza differenziata nelle tre fasi d'attuazione del diritto penale: minaccia legale, inflizione ed esecuzione della pena.

Si afferma di solito che nella fase della minaccia, o comminatoria, della pena (detta anche fase edittale) largo spazio vada riconosciuto agli scopi c.d. di prevenzione generale, irriducibilmente connessi con la posizione stessa della norma penale. La funzione generalpreventiva, però non deve essere configurata solo nel suo aspetto negativo, in altre parole in quanto deterrente, idoneo a scoraggiare i consociati dal commettere i reati, NOTA come si è già ricordato (Voi. I Parte 1, 2, 4.), l'idea della pena come controspinta al delitto caratterizza significatamene già il pensiero dell'illuminismo penale Italiano. Essa fu elaborata in chiave più accentuatamente psicologica da Feuerbach. La validità del modello della pena come controspinta psicologica alla spinta criminosa è oggi molto discussa, almeno su taluni tipi d'illecito, in cui sembrano prevalere stimoli inconsci, o in ogni modo non assoggettabili ad un calcolo preventivo di costi e benefici, da parte dell'individuo che delinque. Per una parziale rivalutazione, v. però H. L. PACHER, I limiti della sanzione penale, cit. 41 ss. bensì nei momenti positivi che si connettono alla funzione d'orientamento culturale (a cui pure si è accennato), che il diritto penale esercita, nella misura in cui induce, attraverso la sua presenza e la generale consuetudine d'osservanza dei suoi comandi, processi d'interiorizzazione dei valori che sottendono, in via di perpetuazione, rafforzamento (o immutazione) di norme etico - sociali preesistenti. A questa funzione d'aggregazione dei consensi la dottrina contemporanea impone il nome di prevenzione generale integratice: concetto a cui è evidentemente tutt'altro che estraneo un profilo socializzante e, perciò, lato senso, "rieducativi".

La dottrina riconosce tuttavia concordemente che il prodursi degli effetti propri della prevenzione generale positiva non costituisca un effetto automatico della posizione della norma, ma dipenda da vari fattori. In primo luogo è decisiva non tanto la severità della minaccia - vale a dire il suo astratto effetto di deterrenza - quanto la sua effettività, in quanto contribuisce a rendere credibile il sistema. In secondo luogo l'efficacia generai - preventiva delle norme penali è direttamente proporzionale al grado di convergenza fra disapprovazione sociale e disapprovazione legale: ciò implica fra l'altro che il sistema penale sia circoscritto alla tutela di beni essenziali, che sia rispettato l'equilibrio fra illecito e sanzione, che i comportamenti vietati siano accuratamente tipicizzati.

Fondamentale è la proporzione tra entità della pena minacciata e gravità del reato, che se da un lato evoca immediatamente l'idea della giusta retribuzione, dall'altro condiziona la stessa prospettiva del recupero sociale: essendo l'equilibrio fra illecito e sanzione il requisito minimo indispensabile perché il reo possa percepire la norma come "giusta" e assumerla per il futuro come regola di condotta.

Non si deve dimenticare che l'art. 27 della Costituzione, con lo stabilire che le pene "non possono consistere in trattamenti contrari al senso d'umanità e devono tendere alla rieducazione del condannato", implicitamente vieta l'uso di sanzioni che in ogni modo contraddicano il finalismo rieducativi. Si osserva, inoltre, che un sistema orientato verso un innalzamento indifferenziato delle sanzioni, in chiave di pura deterrenza, finirebbe per contraddire il senso stesso della prevenzione generale, che implica un equilibrio fra la gravità del reato e la misura della pena. Se, infatti, il "rischio penale" fosse lo stesso per reati di differente gravità, ne deriverebbe un incentivo a commettere, a parità di rischio, fatti più gravi (ma eventualmente connotati da maggior profitto).

Nella fase dell'inflazione della pena (c.d. fase giudiziale) la prevenzione generale non può che occupare uno spazio assai ristretto. Restano in particolare del tutto esclusi gli effetti di pura intimidazione, connessi con la prevenzione generale nel suo aspetto negativo. Ogni condanna "esemplare" destinata in altre parole a scoraggiare i consociati dal commettere reati della stessa specie comporterebbe, infatti, la strumentalizzazione del reo per fini di politica criminale e violerebbe quindi l'insieme dei precetti costituzionali (ivi compreso l'art. 27, comma 2 della Costituzione) che, assegnando alla persona umana una posizione centrale nel sistema dei valori normativi di riferimento, ne impongono la considerazione come fine dell'azione dell'ordinamento e mai come mezzo per l'altrui intimidazione. E' questo il motivo fondamentale perciò si ritiene che la pena non debba mai essere superiore a quella che corrisponde alla colpevolezza individuale per il fatto.

La prevenzione generale positiva è invece presente anche in questa fase, sull'esigenza già sottolineata dell'effettività della minaccia, quale fattore coessenziale della funzione d'orientamento culturale: per l'attendibilità dell'ordinamento si esige che la pena minacciata venga poi effettivamente inflitta, quando la norma sia stata violata.

Non sembra invece per niente necessario un recupero della concezione retributiva della pena, per farne scaturire effetti in termini di proporzione fra entità della pena e gravità della violazione: un'esigenza questa che certo appartiene alla fisionomia tradizionale della pena come retribuzione, ma che può essere altrettanto agevolmente perseguita argomentando sulla base dei vigenti principi costituzionali in primo luogo quello dell'art. 3 della Cost. e in funzione del perseguimento delle finalità di prevenzione generale e speciale. Per una sintesi dei motivi che si oppongono alle varie istanze di recupero delle condizioni retributive, S.

MOCCIA, Il diritto penale, cit. 85 ss, ove si puntualizza l'inconciliabilità della prospettiva etico-retributiva con i principi su cui si fonda lo Stato di diritto liberal-democratico. Sul punto cfr. anche C. ROXIN, SINN und Grenzen staatlicher Strafe, tr. It. di G. CASAROLI, Senso e limiti della pena statuale, Ferrara, 1979, 14 ss. Considerazioni di politica criminale sul principio di colpevolezza, in Riv. It. Dir. Proc. Pen. 1980, 371 ; inoltre, G. MARINUCCI, Politica criminale, cit. 482. Ad obiezione analoga prestano il fianco anche le posizioni c.d. neo-retribuzionistiche (su cui v., per un'accurata disamina critica, L. EUSEBI, La "nuova" retribuzione, cit.), fondate sul recupero di una funzione satisfattorio - stabilizzatrice della pena che, oltre a coprire, in realtà, un meccanismo di carattere generalpreventivo (cfr. H. L. PACKER, op. cit. 44 s.), suscitano inquietudine anche nella misura in cui contraddicono la funzione di "filtro" che al diritto penale spetta, nel punto in cui raccoglie i bisogni e le istanze di tutela penale, provenienti dalla società. In argomento, v. anche Ge.sta.po, L'abbandono del codice Rocco, bit. 311 ss. Di una funzione satisfattoria, strumentale rispetto ai fini della prevenzione generale, parlava, come si ricorderà, anche Alfredo Rocco nella Relazione al codice vigente (Rel. Al re, cit., 16).

E' soprattutto l'istanza rieducativa, una volta assicurata il rispetto della proporzione con il fatto, ad orientare le scelte sanzionatone nella fase giudiziale.

Nella fase dell'esecuzione della pena sono, com'è ovvio, del tutto prevalente le esigenze della prevenzione speciale. Poiché l'istanza specialpreventiva è considerata, dal punto di vista rieducativa, "rieducazione", è appena necessario avvertire che da essa esulano sia la prospettiva di una mera neutralizzazione del reo, sia l'obiettivo della sua rigenerazione morale che, per quanto già detto, non appartiene ai fini del diritto penale. Di prevenzione speciale si parla nel senso della risocializzazione, o almeno della non de-socializzazione del condannato.

Un limitato spazio d'operatività deve tuttavia essere riconosciuto, anche nella fase dell'esecuzione, all'istanza generalpreventiva: sia per il generico effetto di riaffermazione della serietà della minaccia penale, che consegue all'esecuzione della pena, e sia perché, in assenza di specifiche esigenze di natura specialpreventiva (o, ancora, in ipotesi di mancata adesione del soggetto all'azione di recupero), a legittimare l'attivazione dello strumento penale, ben possono invocarsi le residue esigenze di prevenzione generale.

**L'art. 533 c.p.p. in riferimento alla novella legislativa 20 febbraio 2006, n. 46**

La dottrina dominante e la pacifica giurisprudenza sul principio "al di là di ogni ragionevole dubbio".

*****

Secondo autorevole dottrina: "se nella ricostruzione accusatoria si annida qualche dubbio ragionevole, il giudice non ha alternativa diverse dal proscioglimento (omissis) è proprio un nuovo modo di pensare, che si emancipa dagli schemi abituali dell'amministrazione della giustizia penale Italiana: i beni più preziosi dell'imputato, i suoi diritti individuali, vanno presi sul serio, perché le democrazie non possono permettersi di comprimerli; la protezione dell'innocente ed il rispetto dei fondamenti Costituzionali dello Stato sono garantiti solo se nel processo penale viene adottato, come regola probatoria e come regola di giudizio, il criterio dell'oltre il ragionevole dubbio; questa regola costituisce diritto vigente nel nostro paese essendo imposta dagli art. 2, 3 comma I, 25comma II, e soprattutto l'art. 27 della Costituzione; quel che più conta, alla sua base stanno le potenti ragioni morali ed utilitaristiche che trovano espressione nella massima << è molto meglio lasciar libero un colpevole che condannare un innocente>>.

Così il Chiarissimo Professor Federico Stella in Giustizia e Modernità, edizione III°, edizione 2005, (pag. 67 e segg.) scriveva, priva che il Legislatore tradusse in norma, con l'art. 533 c.p.p. (condanna dell'imputato), questi principi irrinunciabili.

L'art. 192 c.p.p. afferma che il giudice valuta la prova dando conto nella motivazione dei risultati acquisiti e dei criteri adottati. L'esistenza di un fatto non può essere desunta da indizi a meno che questi siano gravi, precisi e concordanti. A tal proposito, in tema di valutazione degli indizi, questi, giusta il disposto dell'art. 192 comma 2 del c.p.p. devono essere gravi, precisi e concordanti, Cfr. tra le tante, Cass. Pen. 2007, n. 46082, da ultima Cass. Pen. Sez.III, 2015, n. 11283.

Al riguardo, si deve ulteriore evidenziare che la precisazione dell'indizio ne presuppone la certezza: tale requisito, infatti, benché non espressamente indicato nell'art. 192 comma 2 c.p.p., è da ritenersi insito nella previsione di tale precetto, non potendosi fondare la prova critica su un fatto solo verosimilmente accaduto, soprattutto o intuito, e non accertato come realmente verificatosi.

Le prove prodotte nel presente procedimento questa difesa ritiene e sostiene che sono incomplete. Sul punto la Suprema Corte ha ribadito con varie pronunce che la prova è incompleta non solo quando vi è un insuperabile contrasto tra le risultanze acquisite, ma anche quando lo stato di incertezza, desumibile dell'analisi critica del nucleo essenziale della prova d'accusa, si irradia, con varia intensità, sugli elementi ad essa accessori o di attenuata rilevanza, sicché il quadro che si delinea non consente di superare le perplessità evocate da ciascuna delle risultanze esaminate e riconosciute, utili per l'accertamento della verità, Cfr. Cass. Pan. Sez. V, 9.1.1990, rabito, Cass. Pen. 1991, I, 1086 (s.m): Conf. Cass. Pen. Sez. Per. 23.8.1990, Crollo; Cass. Pen. 1991, II, 873 Giust. Pen. 1990, III, 736 (s.m.) Arch. Nuova proc. pen. 1991, 69.

Infatti, il sesto comma dell'alt. 197Bis del c.p.p. specifica che alle dichiarazioni rese dalle persone che assumono l'ufficio di testimone ai sensi del presente articolo si applica la disposizione di cui all'alt. 192, 3 co. c.p.p., da ciò consegue che la propalazioni in oggetto devono esser sottoposte ad un duplice vaglio di attendibilità, posto che all'attendibilità delle dichiarazioni rese.

Tale ulteriori valutazioni necessita di cd. Riscontri esterni, ovvero di ulteriori elementi probatori che siano idonei a suffragare i dieta del soggetto che le rilascia, sul punto la giurisprudenza è pacifica, Cfr. App. Taranto, 15.12.2011; App. Napoli, Sez. VII, 14.10.2011; App. Milano, Sez. II, 19.5.2011.

Questo è quanto è possibile ricavare dall'analisi letterale della norma di cui all'art. 192 co.3 del c.p.p., che testualmente recita: le dichiarazione dei testimoni sono valutate unitamente agli altri elementi di prova ere ne confermano l'attendibilità, e che si riconnette all'intenzione ce legislatore di escludere la possibilità, in tema di prova indiziaria, che a responsabilità dell'imputato si fondi su un indizio isolato <argomento che si ricava ricollegando sistematicamente stabilisce che l'esistenza di un fatto non può essere desunta da indizi a meno che questi non siano gravi, precisi e concordanti>, sul punto è consolidata la giurisprudenza di legittimità, Cfr. Cass. Pen. 1992, n. 2398, Rv. 189566; Cass. Pen. Sez I, 8.3.2000, n. 7027; Cass. Pan. 2006, n. 33519; Cass. Pen. 2007. n. 46082.

In altri termini, affinché sia possibile procedere alla verifica del fatto-oggetto dell'imputazione è necessario che in mancanza di prova diretta "ovvero idonea a fornire concreta dimostrazione del fatto stesso" siano presenti, agli atti, una pluralità di indizi, gravi, precisi e concordanti, idonei, quindi, a corroborare l'ipotesi accusatoria, sul punto si veda, Cfr. Cass. Pen. Sez. I, 14 giugno 2000, n. 7027.

I riscontri assolvono ad un duplice compito valutativo, dovendo in prima istanza accertare l'attendibilità intrinseca della dichiarazione ed in seconda l'attendibilità estrinseca. Occorre, cioè accertare sia che il soggetto che rilascia le dichiarazioni de quibus risulti essere attendibile ex. se, sia che il contenuto della dichiarazione trovi conferma in altri elementi reperiti dall'autorità inquirente.
Sul punto la Suprema Corte ha ribadito con varie pronunce, che la prova è incompleta, non solo quando vi è un insuperabile contrasto tra le risultanze acquisite, ma anche quando lo stato di incertezza, desumibile dell'analisi critica del nucleo essenziale della prova d'accusa, si irradia, con varia intensità sugli elementi ad essa accessori o di attenuata rilevanza, sicché il quadro che si delinea non consente di superare le perplessità evocate da ciascuna delle risultanze esaminate e riconosciute utili per l'accertamento della verità, sul punto si veda, Cfr. Cass. Pen. Sez. V, 9.1.1990, Rabito, Cass. Pen. 1991, I, 1086 (s.m); Cass. Pen. Sez. Fer. 23 agosto 1990, Crollo, Cass. Pen. 1991, II, 873, Giust. Pen. 1990, III, 736 (s.m.) Arch. Nuova proc. pen. 1991, 69; Cass. Pen. 1993, n. 8859; Cass. Pen. 2007, n. 32859; Cass. Pen. 2003, n. 25517.

Peraltro, la novella legislativa legge 20 febbraio 2006, n. 46 che modifica il primo comma dell'art. 533 c.p.p. indica che la colpevolezza del soggetto imputato debba essere provata "oltre ogni ragionevole dubbio" ; con la modifica il legislatore ha inteso recepire un principio già acquisito dalla giurisprudenza, secondo il quale la condanna è possibile soltanto quando vi sia la certezza processuale della responsabilità dell'imputato, Cfr. Cass. Pen. Sez. I, 2006, n. 20371; Cass. Pen. 2006, n. 30402; Cass. Pen. Sez. II, 2.4.2008, n. 16357; Cass. Pen. Sez. I, 21/5/2008, n. 31456; Cass. Pen. Sez. III, 12.2.2009, n. 15911, fiv. 243258; Cass. Pen. Sez. II, 9.11.2012, n. 7035, Rv.254025, sulla scorta di tale indizio interpretativo si è infatti ritenuto che gli indizi necessari a fornire la prova oltre che gravi precisi e concordanti debbano anche esser certi: infatti la Suprema Corte di Cassazione, che, ove così non fosse, si correrebbe il rischio di fondare una sentenza di condanna su fatti verosimilmente accaduti valorizzando così il mero sospetto o la personale congettura; pertanto, affinchè il reato possa essere attribuito all'imputato "al di la di ogni ragionevole dubbio" "così il letterale tenore normativo" è necessario che l'ipotesi accusatoria, quando sorretta da elementi indiziari o, come nelle specifico, si fondi sulle dichiarazioni di coimputato nei confronti delle cui dichiarazioni è legittimo, per le suesposte ragioni, nutrire dubbi di tenuità delle stesse venga corroborata da ulteriori e diversi elementi idonei a verificarne l'attendibilità, verifica questa che non si sostiene, bensì si aggiunge al controllo in ordine alla credibilità del soggetto che tali dichiarazioni rende.

In altre parole, quando la prova è incompleta si impone l'assoluzione dell'imputato, sul punto è consolidata la giurisprudenza dell'Ecc. Ma Suprema Corte di Cassazione, Cfr. tra le tante, Cass. Pen. 2006, n. 30402; Cass. Pen. 2005, n. 43324, Borghella; Cass. Pen. 2005, n. 41052, Piscopo Alessandro ed altri, Cass. Pen. 2005, n. 41176, P.G. Maggi e altri; Cass. Pen. 2009, n. 6853; Cass. Pen. Sez. III, 6.4.2009, n. 15911; Cass. Pen. Sez. IV, 12.11.2009, n. 48320, Rv. 2458879, da ultima Cass. Pen. Sez. IV°, 2014, n. 22257, Rv. 250204.

Infine, per "La condanna", insistono i giudici delle leggi, "presuppone la certezza della colpevolezza, mente l'assoluzione non presuppone la certezza dell'innocenza, ma la mera non certezza della colpevolezza", cfr. Cass. Pen. 2012, n. 931.

## La sospensione dei processo con messa alla prova e il perdono giudiziale per i minorenni.

Il nostro ordinamento contiene due particolari ipotesi d'estinzione del reato, esclusive del diritto penale minorile: riservate in altre parole ai minori degli anni diciotto. Va qui ricordato che l'art. 27 del D.P.R. 22 settembre 1988, n. 448 ("Disposizioni sul processo penale a carico d'imputati minorenni"), nel testo risultante dall'art. 1 della legge 5 febbraio 1991 n. 123, prevede inoltre una speciale ipotesi di non luogo a procedere, nei confronti dei minori degli anni diciotto, che si fonda sulla ritenuta irrilevanza del fatto, in considerazione della sua "tenuità" e della "occasionalità del comportamento", risultanti dalle indagini preliminari, "quando l'ulteriore corso del procedimento pregiudica le esigenze educative del minore".
Una di essa è costituita dal "perdono giudiziale", istituto presente nel sistema fin dell'entrata in vigore del Codice Rocco (art. 169) e successivamente disciplinato anche dall'art. 19 del r.d.l. 20 luglio 1934 n. 1404, istitutivo del Tribunale per i Minorenni.
Il giudice minorile ha, in sostanza, la facoltà di non rinviare l'imputato a giudizio o nel giudizio di non pronunciare condanna - pur esistendone, s'intende, i presupposti di merito - e applicare invece il perdono giudiziale, quando ritiene che si possa irrogare una pena restrittiva della libertà personale non superiore a due anni, ovvero una pena pecuniaria non superiore ad euro 1.549, anche se congiunta alla pena detentiva. La concessione del perdono giudiziale è causa d'estinzione del reato.
Il perdono può essere concesso solo, quando il giudice, avuto riguardo alle circostanze dell'art. 133 c.p. "presume che il colpevole si asterrà dal commettere ulteriori reati". Il perdono giudiziale non può essere concesso ai minorenni che siano già stati condannati a pena detentiva per delitto o che siano delinquenti o contravventori abituali o delinquenti professionali. Il perdono giudiziale può essere applicato una sola volta. Tale limite, tuttavia, va escluso, quando si tratti di reati uniti dal vincolo della continuazione a quelli per cui era stato concesso una prima volta il beneficio, o di reato commesso anteriormente al primo perdono, se il cumulo della pena non superi i limiti d'applicabilità del beneficio, (Cfr. Corte Costituzionale Sentenze n. 108 del 1973 e n. 154 del 1976).
L'evidente analogia nei presupposti, nei limiti quantitativi e nelle condizioni d'applicabilità con la sospensione condizionale della pena (anch'essa ovviamente applicabili ai minorenni) segnala l'impronta marcatamente specialpreventiva di questo particolare istituto del diritto penale minorile. Con esso si fornisce, infatti, al giudice un'alternativa ulteriore all'inflizione della pena, che, a differenza della sospensione condizionale, evitando la condanna, inibisce anche la stigmatizzazione "ufficiale" del minore come deviante e n'agevola per questa via la riabilitazione.
Assai significativa nella stessa direzione è l'altra speciale causa d'estinzione dei reati commessi dai minori: e cioè la sospensione del processo con la messa alla prova.
A norma dell'art. 28 del d.p.r. 22 settembre 1988 n. 448, così come integrato dall'art. 44 del d.lgs. 14 gennaio 1991 n. 12, il giudice dei minori può sospendere il processo per un periodo non superiore a tre anni, quando si tatti di reati per i quali è prevista la pena dell'ergastolo e della reclusione non inferiore nel massimo a dodici anni per non più di un anno negli altri casi, affidando nel contempo l'imputato ai servizi minorili della giustizia, per lo svolgimento "delle opportune attività d'osservazione, trattamento e sostegno" ed eventualmente dettando "prescrizioni dirette a riparare le conseguenze del reato e a promuovere la conciliazione del minore con la pena offesa del reato" (art. 28, comma 2, del D.P.R. n. 448 del 1988). All'esito positivo della prova consegue la dichiarazione giudiziale d'estinzione del reato, art. 29 del D.P.R. n. 448 /88.
La forte connotazione specialpreventiva di questa misura - anche nel senso precipuo della

prevenzione speciale integratrice - è quanto mai evidente; va sottolineato che la sua portata è assai ampia, anzi tendenzialmente illimitata, essendo suscettibile d'applicazione a qualsiasi reato commesso dai minori.

**La Riabilitazione art. 179 c.p. (modificata con la legge n. 145 del 2004).**

La riabilitazione è quell'istituto che comporta l'estinzione delle pene accessorie ed ogni altro effetto penale della condanna. La Corte di Cassazione in tema di riabilitazione ha stabilito che è meramente apparente la motivazione del provvedimento concessivo, consistente nell'impiego in un modulo prestampato della locazione "risulta che il condannato ha dato prova d'effettiva e costante buona condotta", senza alcun'esplicitazione in ordine alla natura e al contenuto di tali asserite condotte e senza alcuna integrazione e personalizzazione dello stampato recante la predisposizione d'espressione riproducente pedissequamente la formulazione della norma di cui all'art. 179 c.p. nella parte in cui essa determina le condizioni per una pronuncia favorevole, (Cfr. Cass. Pen. Sez. IV, 7 aprile 1999, n. 520; C.C. 18 Febbraio 1999, P.M. in Proc. Reitano M. RV. 213468). Esso, definito in tal modo dall'art. 178 c.p. ha evidente scopo di recupero sociale del condannato, consentendogli la reintegrazione integrale nei diritti pubblici (che conseguono per legge alle pene accessorie: il più evidente è il diritto di voto, che viene meno con l'interdizione dei pubblici uffici). Pertanto l'effetto principale ed in pratica l'unico della riabilitazione sta proprio nella cancellazione delle incapacità giuridiche. Infatti, secondo la Suprema Corte di Cassazione, in tema di riabilitazione, l'attivarsi del reo al fine dell'eliminazione, per quanto possibile, di tutte le conseguenze d'ordine civile derivanti dalla condotta criminosa, costituisce condizione imprescindibile per l'ottenimento del beneficio, anche nel caso in cui nel processo penale sia mancata la costituzione di parte civile e non vi sia stata, quindi, alcuna pronuncia in ordine alle obbligazioni civili conseguenti al reato; (Cfr. Cass. Pen. Sez. V, 27 novembre 1998, n. 6445; Cass. Pen. Sez. III, 10 novembre 1998, n. 2942; Cass. Sez. VI, 26 ottobre 1999, n. 3440; Cass. Pen. 2000, n. 923 (s.m.); Cass. Pen. 2000, n. 3311 (s.m.).

Il beneficio può essere concesso solo su istanza dell'interessato e in relazione sia alle sole sentenze da esso indicate, c.d. riabilitazione parziale, sia a tutte le condanne riportate. Secondo la Suprema Corte di Cassazione, la riabilitazione riguarda tutte le condanne, e quindi anche quelle in ordine alle quali sia stata concessa la sospensione condizionale della pena, (Cfr. Cass. Pen. Sez. I, 19 settembre 1999, n. 6617; Cass. Pen. Sez. III° 1-12-1999, n. 3845, da ultima Cass. Pen. Sez. VI° 4-11-2002, n. 18172).

Invero l'ammissibilità della cosiddetta riabilitazione parziale non consegue ad un'espressa previsione legislativa e corrisponde ad una ricostruzione della riabilitazione come misura non riferita alla persona nel suo complesso, ma come meccanismo d'estinzione degli effetti penali sfavorevoli della singola condanna.

Si noti che, in ogni caso, l'eventuale condanna successiva a quella per cui si chiede la riabilitazione, se riferita a reato commesso in data successiva, potrebbe essere tenuta in conto nella valutazione della regolarità della condotta subita dal condannato, (Cfr. Giusta Cass. Pen. Sez. I°, 13 maggio 1998, Conti; Cass. Pen. Sez. I° 3 maggio 1993, Capitani; Cass. Pen. Sez. I° 21 ottobre 1992, Passavini; Cass. Pen. Sez. I° 5-5-2000, n.3372, Cass. Pen. Sez. I° 18-5-2005, 21348, di merito Tribunale Sorveglianza di Torino Ordinanza del 21-11-2006, n. 3580/'05 R.G.).

Difficile appare dare significato all'espressione: "ogni altro effetto penale". Non risultano significative applicazioni del concetto in giurisprudenza.

L'art. 179 c.p. come modificato dalla legge 12 giugno 2004 n. 145, definisce le condizioni alla cui sussistenza è collegato il beneficio.

In primo luogo, devono essere trascorsi almeno 3 anni dal giorno in cui la pena principale è stata eseguita o si è estinta in altro modo.

Nel caso di pena sospesa condizionalmente, il termine decorre dallo stesso momento da cui decorre la sospensione condizionale.

Nel caso di recidivi, capoversi dell'alt. 99 c.p. il termine è d'otto anni; nel caso di delinquenti abituali, professionali o per tendenza, il termine è d'anni 10 e decorre dal giorno in cui è revocato l'ordine d'assegnazione alla misura di sicurezza detentiva applicata.

In secondo luogo:

1)    il richiedente non deve essere stato sottoposto a misure di sicurezza (salvo l'espulsione dello straniero e la confisca) nel caso in cui il provvedimento sia stato revocato;

2)    11 richiedente deve avere adempiuto le obbligazioni civili derivanti da reato, (Cfr. Cass. Pen. Sez. I, 5 maggio 2000, n. 3372; Cass. Pen. Sez. IV, 14 marzo 2001, n. 665), salvo che dimostri di trovarsi nell'impossibilità di adempierle, (Cfr. Cass. Pen. Sez. I, 15 aprile 1999, n. 3002; Cass. Pen. Sez. V, 8 ottobre 1999, n. 4731; Cass. Pen. Sez. I 16 giugno 2000, n. 4429).

Il beneficio era applicato con sentenza ex. art. 180 c.p. La disposizione è da ritenersi superata dalla lettura del combinato disposto degli art. 678 e 666 del c.p.p. che prevedono l'ordinanza come forma tipica dei provvedimenti della magistratura di sorveglianza ex art. 70 O.P..

In caso di rigetto da parte del Tribunale di Sorveglianza della riabilitazione, la stessa non potrà essere ripresentata se non siano trascorsi due anni, ai sensi e per gli effetti dell'art. 683 c.p.p. dal giorno in cui è divenuto irrevocabile il provvedimento di rigetto. Esso è revocato di diritto qualora il riabilitato commetta nuovo delitto nei termini fissati dall'alt. 180 c.p. ove stabilisce: la sentenza di riabilitazione è revocata di diritto se la persona riabilitata commette entro cinque anni un delitto non colposo, per il quale sia inflitta la pena della reclusione per un tempo non inferiore a tre anni o ad altra pena più grave.

Le disposizioni relative alla riabilitazione si applicano anche nel caso di sentenza straniera di condanna, riconosciute a norma art. 12 e 689 c.p.p. secondo quanto affermato dalla Suprema Corte di Cassazione (Cfr. Cass. Pen. Sez. IV, 19 settembre 2000, n. 4255). Per i militari, minorenni e pentiti sono previste forme speciali di riabilitazione, introdotte da apposita normativa. Infatti, la Corte di Cassazione ha stabilito che l'inapplicabilità dei benefici, previsti dall'art. 11 d.lgs. 4 marzo 1948 n. 47, non costituisce effetto penale (e, quindi, effetto penale militare) della condanna per diserzione, sia perché la limitazione non deriva necessariamente ed esclusivamente da una condanna (la legge prevede che i benefici non siano applicabili anche quando il reato sia stato dichiarato estinto per amnistia), sia perché, come affermato dalla Corte Costituzionale con la sentenza n. 211 del 3 maggio 1993, l'attribuzione dei benefici combattentistici ha la funzione di gratificare un merito il cui mancato riconoscimento non può assumere una valenza, anche in senso lato, sanzionatoria.

Ai fini dell'ammissibilità della richiesta di riabilitazione, inoltre, non assume alcun rilievo il fatto che dalla condanna discendano la perdita dell'onore militare e della qualità d'ex combattente intesa come deminutio dello status militare, poiché l'ordinamento fa derivare l'incapacità militare d'ordine generale solo dalla pena accessoria della degradazione. Una volta ottenuta la riabilitazione penale non sussiste perciò alcun interesse da parte del soggetto ad ottenere la riabilitazione militare e la relativa istanza presentata al Tribunale di Sorveglianza deve essere dichiarata inammissibile, (Cfr. Cass. Pen. Sez. I, 28 marzo 1995, n. 1894, conforme Cass. Pen. Sez. I, 26 settembre 1994; conforme Cass. Pen. Sez. I, 31 marzo 1995, n. 2015; conforme Cass. Pen. Sez. I 1996, n. 1452). Parametro di valutazione viene ad essere la "buona condotta" del reo. Nella specie, la Corte di Cassazione ha ritenuto legittimo il diniego della riabilitazione motivato dal fatto che il richiedente, già recidivo specifico, era incorso nella violazione dell'art. 116, comma 13, del codice della strada, essendosi posto alla giuda di un autoveicolo senza essere munito della prescritta patente, (Cfr. Cass. Pen. Sez. I° 8 gennaio 2003, n. 196, ud. 3 dicembre 2002, Rega RV. 223027). Ai sensi dell'alt. 683 comma 3, C.P.P. se la richiesta è respinta per difetto del requisito della buona condotta, essa non può essere riproposta prima che siano decorsi due anni dal giorno in cui è divenuto irrevocabile il provvedimento di rigetto.

**Le direttive della Corte Europea dei Diritti dell'Uomo e del Tribunale I Grado Comunità Europea, a volte violate dai Tribunali Italiani.**

Secondo le direttive della Corte Europea dei Diritti dell'Uomo un individuo che in maniera plausibile si ritiene abbia subito una violazione dei diritti riconosciuti dalla convenzione deve disporre di un ricorso davanti ad una istanza nazionale per ottenere una decisione sulla sua doglianza e, se del caso, per ottenere riparazione, Cfr. ex. Multis,Corte Europea dei Diritti dell'Uomo, 27/4/1988;Corte Europea dei Diritti dell'Uomo, 6/3/1987;Corte Europea dei Diritti dell'Uomo, 25/3/1983;

L'effettività del diritto dell'alt. 6 par. 1, CEDU, richiede che un individuo goda della possibilità chiara e concreta di contestare un atto che violi i suoi diritti, Cfr. tra le tante, Corte Europea dei Diritti dell'uomo, 4/12/1995;

L'art. 6, par. 1, CEDU, garantisce a ciascuno il diritto a che un Tribunale esamini tutte le contestazioni relative ai suoi diritti e l'imparzialità prevista dall'art. 6, par. 1, CEDU si sostanzia in due piani: quello soggettivo, che si riferisce al foro interiore del magistrato, ritenuto imparziale fino a prova contraria, e l'altro, oggettivo, nel quale vengono in considerazione quelle condizioni esteriori, e anche le semplici apparenze che debbono assicurare una giustizia imparziale, Cfr. Corte Europea dei Diritti dell'Uomo, 26/10/1984;

In rispetto agli art. 6 e 13 del CEDU, la presenza di una istituzione giudiziaria in senso stretto, purché i suoi poteri e le garanzie procedurali offerte dalla stessa siano in grado di garantire un ricorso effettivo il quale - in ordine al profilo in disamina e sinonimo di imparzialità ed indipendenza e di un giusto processo, Cfr. Corte Europea dei Diritti dell'Uomo, 4/7/2006;

Deve essere valutata l'imparzialità del giudice, di cui all'art. 6 par. 1 CEDU, sia sotto il profilo oggettivo, onde assicurare dell'esistenza di garanzie sufficienti ad escludere ogni legittimo dubbio circa la sussistenza dell'imparzialità medesima e sia sotto il profilo soggettivo, avendo riguardo alla convinzione ed al comportamento personale del giudice, Cfr. Corte Europea dei Diritti dell'Uomo, 16/11/2000;

L'art. 5 CEDU, proclamando nel suo par. 1 il diritto alla libertà, intende la libertà fisica della persona e ha per obiettivo di assicurare che nessuno ne sia privato in maniera arbitraria, Cfr. Corte Europea dei Diritti dell'Uomo, 25/6/1996;

Il principio della presunzione di innocenza non costituisce solo garanzia processuale in materia penale, ma implica che, non solo nessun giudice o Tribunale, ma anche nessun'altra autorità pubblica dichiari che una persona è colpevole di un'infrazione prima che la sua colpevolezza sia stata accertata da un giudice, Cfr. Trib. I Grado Comunità Europee Sez. III, Sent., 8/7/2008, n. 48/05;

La presunzione di innocenza sancita dall'art. 6, par. 2 CEDU è pure violata se una decisione giudiziaria concernente un imputato rispecchia la sensazione che egli sia colpevole, quando la sua colpevolezza non è previamente provata legalmente, Cfr. Corte Europea dei Diritti dell'Uomo, 10/2/1995;

Il diritto alla presunzione di innocenza di cui all'alt. 6, par., 2 CEDU deve ritenersi violato nel caso in cui una decisione giudiziaria o un provvedimento di un pubblico ufficiale resi nei confronti dell'accusa riflettano l'opinione che questo sia colpevole prima che ciò sia provato ai termini di legge. Tale principio vale non solo per il procedimento penale pendente, ma anche per tutti quei processi conseguenti o concomitanti a questo.

Tale diritto sorge in relazione allo specifico capo d'accusa, qualora sia provata la colpevolezza; esso non è suscettibile di coprire le doglianze mosse al contegno dell'accusa nel corso dell'irrogazione della pena, salvo che le stesse siano di tale natura inappropriata rispetto a un reato per il quale la persona confiscata non sia stata effettivamente giudicata colpevole; qualora sussista a favore del confiscato una pronuncia di assoluzione, le predette misure costituiscono violazione del diritto alla presunzione di innocenza, Cfr. Corte Europea dei Diritti dell'Uomo, Sez. III, 1/3/2007;

L'art. 5, comma 3, CEDU, che sancisce il diritto di ogni persona arrestata o detenuta di essere giudicata entro un termine ragionevole, o liberata nel corso del procedimento, si riferisce unicamente all'art. 5, par. 1 CEDU, Cfr. Corte Europea dei Diritti dell'Uomo, 18/6/1971;

E' illegittimo, rispetto ai vincoli rigorosi previsti dal par. 3 dell'art. 5 CEDU, un periodo di detenzione senza che questo sia preceduto da un controllo giudiziario, Cfr. Corte Europea dei Diritti dell'Uomo, 18/12/1996;

Viola l'art. 6, CEDU, quando il risultato della prova sia risultato poi, anche a giudizio della Corte, essere effettivamente rilevante per la difesa ai fini del giudizio, il consapevole rifiuto di acquisire una prova da parte dell'Autorità giudiziaria, anche nel periodo delle indagini affidate a rappresentante pubblico dell'accusa, Cfr. Corte Europea dei Diritti dell'Uomo, 27/4/2000;

L'autorità che dispone le intercettazioni, per prevenire abusi facilmente attuabili con tale strumento, deve sempre garantire l'effettività dei controllo su di esse, Cfr. Corte Europea dei Diritti dell'Uomo, 29/3/2005;

La Moldava è stata condannata perché le autorità giudiziarie hanno abusato del sistema di intercettazioni di comunicazioni che si presenta privo di qualsiasi garanzia legale, Cfr. Corte Europea dei Diritto dell'Uomo, Sez. IV, 10/2/2009;

Le disposizioni del codice di procedura penale Italiano all'art. 268, comma 3 del c.p.p. devono essere interpretate sempre restrittivamente, posto che l'autorità giudiziaria deve sempre controllare le operazioni di intercettazione al fine di evitare ogni abuso, anche quando lo svolgimento delle operazioni sia delegato ad autorità di polizia, Cfr. Corte Europea dei Diritti dell'Uomo, 29/3/2005;

Integra una violazione dell'art. 6, par. 1 e 3 del CEDU, la condanna in grado di appello dell'imputato assolto in primo grado, sulla base della mera rivalutazione contraria delle deposizioni a discarico rese in primo grado, senza accogliere la richiesta di nuova escussione testimoniale, Cfr. Corte Europea dei Diritti dell'Uomo, 18/5/2004;

La riforma della sentenza assolutoria in appello, basata unicamente sugli stessi elementi per i quali il giudice di primo grado aveva escluso la possibilità di accertare la responsabilità dell'imputato, comporta una Violazione dell'art. 6 della Convenzione, Cfr, Corte Europea dei Diritti dell'Uomo, Sez. III, 4/6/2013;

La mancata possibilità di contestare le irregolarità commesse dalle autorità, nel prorogare la durata delle intercettazioni, giustifica in sede di controllo di legittimità dal fatto che trattandosi di intercettazioni disposte sulla linea di un terzo, il ricorrente non era legittimato a sindacare le condizioni di proroga, integra una violazione dell'art. 8 Conv. Eur. Dir. Uomo, Cfr. Corte Europea dei Diritti dell'Uomo, 24/8/1998;

Viola l'art.8 della Convenzione Europea, la conservazione, in una database, delle impronte digitali, di un imputato assolto, comportando ciò un'interferenza sproporzionata con il diritto al rispetto della sua vita privata né potendo ciò essere considerato necessario in una società democratica, Cfr. Corte Europea dei Diritti dell'Uomo, Sez. V, 18/4/2013;

Conservare le impronte digitali di un soggetto incensurato in una database nazionale costituisce una indebita ingerenza nel diritto al rispetto della vita privata, Cfr. Corte Europea dei Diritti dell'Uomo, Sez.V, 18/4/2013;

La Corte Europea ha ritenuto sussistente la violazione affermando che, una volta divenuta definitiva la sentenza di assoluzione, qualsiasi dubbio circa la responsabilità penale, anche se contenuta nella stessa decisione di assoluzione, deve ritenersi in contrasto con il principio riconosciuto nella convenzione, Cfr. Corte Europea dei Diritti dell'Uomo, Sez. III, 10/7/2001;

La persistenza di un ragionevole dubbio che la persona abbia commesso un delitto è condizione essenziale per la continuazione della detenzione, ma dopo un certo periodo di tempo, non risulta più sufficiente. Laddove la detenzione si protragga, quindi l'uso da parte del tribunale, di motivazioni stereotipate sul punto costituisce violazione dell'art. 5, comma 3, Cedu. Cfr. Corte Europea dei Diritti dell'uomo, 23/05/2006;

Se dal silenzio dell'accusato in sede di interrogatorio davanti alla polizia giudiziaria, il giudice trae elementi contra reum, si ha violazione dell'art. 6, par. 1 CEDU, dato che non può derivare nessuna conseguenza negativa dal fatto che l'imputato eserciti un proprio diritto. Cfr. Corte Europea dei Diritto dell'Uomo, 08/10/2002;

Costituisce violazione dell'alt. 8 CEDU, relativo al diritto al rispetto della vita privata e familiare, perché il controllo sulla corrispondenza di detenuti in regime di applicazione dell'art. 41- bis, dell'art. 18-ter della legge n. 354 del 1975, introdotto con la legge n. 95 del 2004, non può essere esercitato sulle missive indirizzate al proprio difensore di fiducia ed agli organi internazionali competenti in materia di diritti umani. Cfr. Corte Europea dei Diritto dell'Uomo, 20/01/2009, n. 24424/03;

Costituisce violazione dell'art. 8 CEDU, relativo al diritto al rispetto della vita privata e familiare, perché il controllo sulla corrispondenza di detenuti in regime di applicazione dell'art. 41- bis, dell'art. 18-ter della Legge n. 354 del 1975, introdotto con la Legge n. 95 del 2004, non può essere esercitato sulle missive indirizzate al proprio difensore di fiducia ed agli organi internazionali competenti in materia di diritti umani. Cfr. Corte Europea dei Diritto dell'Uomo, 19/01/2010, n. 24950/06;

La sofferenza fisica o psichica dovuta ad una malattia che sopraggiunge naturalmente può rientrare nell'art. 3 del CEDU, e sé o rischia di essere aggravata dalla detenzione o dalla condizione della stessa, Cfr. Corte Europea dei Diritti dell'Uomo, 29/4/2002;

Per costante giurisprudenza della Corte Europea dei Diritti dell'Uomo, ha più volte ribadito che in seguito alla Violazione del diritto della vita privata, garantito dall'art. 8 della Convenzione per la salvaguardia dei diritti dell'Uomo e della libertà fondamentale, lo Stato Italiano Va Condannato al risarcimento del danno morale, Cfr. Corte Europea dei Diritti dell'Uomo, 19/2/1998;

Pronunciandosi su un caso che vedeva coinvolto detenuto che aveva denunciato di essere stato maltrattato dagli agenti di polizia penitenziaria che erano soliti spruzzargli addosso uno spray al peperoncino quale forma di punizione, la Corte di Strasburgo ha, condivisibilmente, ritenuto che lo spray al peperoncino non deve essere utilizzato in spazi ristretti e che il suo uso non era giustificato, in quanto gli agenti di polizia penitenziaria hanno a disposizione mezzi alternativi per immobilizzare i detenuti, Cfr. Corte Europea dei diritti dell'uomo Sez. I, 13/2/2014, n. 66393/10;

La pena dell'ergastolo, così come l'esecuzione di una pena detentiva di lunga durata, pone dei problemi di compatibilità con l'art. 3 CEDU allorquando non esista alcuna speranza che il condannato possa beneficiare di misure quali la libertà condizionale, Cfr. Corte Europea dei Diritti dell'uomo, 14/1/2003;

A seguito della sentenza della Grande Ghambre della Corte Europea dei diritti dell'Uomo n. 10249/03 del 17 settembre 2009 (Scoppola contro Italia), la convenzione della pena dell'ergastolo in quella di anni trenta è dovuta, in sede esecutiva, solo nel caso di giudizio abbreviato ammesso tra il 2 gennaio ed il 24 novembre 2000 e cioè nella vigenza dell'art. 30 comma primo, lett. B, L. 479 del 1999, Cfr. Cass. Pen. Sez. I, 10/01/2014, n. 4008 Rv. 258272;

Ai fini di rendere la pena perpetua compatibile con l'art. 3 della convenzione sono necessari meccanismi che consentono, anche a distanza di anni, una revisione della condanna, Cfr. Corte Europea dei Diritti dell'Uomo, 9/7/2013;

Le condizioni di vita di molti detenuti, Italiani, costretti a vivere in spazi molto limitati, contrasta con il divieto di tortura e trattamenti inumani e degradanti. Lo Stato Italiano è tenuto ad assicurare, entro un anno, idonee misure strutturali, Cfr. Corte Europea dei Diritti dell'uomo, Sez. II, 8/1/2013;

In tema di procedimento disciplinate a carico di detenuti, la mancanza, nella contestazione dell'addebito, dell'enunciazione del fatto in forma chiara e precisa dà luogo ad una violazione di legge che inficia il provvedimento di applicazione della sanzione disciplinare, Cfr. Cass. Pen. Sez. I, 2009, n°48828. Rv. 245904;

Il provvedimento di irrogazione di una sanzione disciplinare nei confronti del detenuto, deve essere adottato, a pena di illegittimità, entro il termine perentorio di 10 giorni dalla contestazione degli addebiti, previsto per la convocazione e la decisione da parte del Direttore o del consiglio di disciplina dell'Istituto di Pena, Cfr. Cass. Pen. Sez. I, 2010, n°24180, Riv. 247987;

Il provvedimento di irrogazione di una sanzione disciplinare nei confronti del detenuto deve essere adottato entro il termine perentorio di 10 giorni dalla contestazione degli addebiti, previsto per la convocazione e la decisione da parte del direttore o del consiglio di disciplina, ai sensi dell'art. 81, Comma 4° DPR 30 giugno 2000 n°230, Cfr. Cass. Pen. Sez. I 2009, n°44654, Rv 245674;

Deve essere annullato il provvedimento di irrogazione di una sanzione disciplinare al detenuto qualora la relativa contestazione degli addebiti sia intervenuta in violazione del termine, da ritenersi perentorio, di cui all'art. 81 Comma 2° DPR 30 giugno 2000 n° 230, Cfr. Cass. Pen. Sez. I 2008, n°. 13685, Rv. 239569;

E' costituzionalmente illegittimo, per contrasto con l'art. 24, comma 2, Cost., l'art 41bis, comma 2 quater lett. B), ult. Periodo, ord. Penit., nella parte in cui consente al condannato in regime di sospensione delle regole trattamentali di effettuare con i difensori fino ad un massimo di tre volte alla settimana, una telefonata o un colloquio della stessa durata di quelli previsti con i familiari, pari rispettivamente a dieci minuti o ad un'ora, Cfr. Corte Cost. 20/06/2013, n. 143;

Entrambi i genitori sono figure indispensabili e determinanti per la crescita sana ed equilibrata dei minori. Ostacolare gli incontri tra padre e figli, rendere gli stessi difficoltosi o reciderli del tutto, può avere effetti deliteri sul minore, minando il suo equilibrio psicofisico e la formazione della sua personalità, una sentenza molto chiara della Corte Europea dei Diritti dell'Uomo, che tocca una delle questioni più delicate che i coniugi affrontano durante la separazione.
In caso di diniego si verrebbe integrare una lesione a uno dei due coniugi a rispetto della sua vita famigliare, garantita dall'art. 8 del CEDU, Cfr. Corte Europea dei Diritti dell'Uomo 2/10/2010.

Il principio "ne bis in idem", in virtù del quale nessuno può essere punito due volte per gli stessi fatti, trova applicazione anche nel cumulo di sanzioni penali e amministrative, qualora, queste ultime, a dispetto della violazione e della gravità degli effetti, come sanzioni penali, Cfr. Corte Europea dei Diritti dell'Uomo, Sez. V 14 Gennaio 2010 n. 2376.

Ultima sentenza della Corte Europea che pronunciandosi su un caso che vedeva coinvolto detenuto che aveva denunciato di essere stato maltrattato dagli agenti della Polizia Penitenziaria che erano soliti spruzzargli addosso uno spray al peperoncino quale forma di punizione, la Corte di Strasburgo ha, condivisibilmente, ritenuto che lo spray al peperoncino non deve essere utilizzato in spazi ristretti e che il suo uso non era giustificato, in quanto i agenti della polizia penitenziaria hanno a disposizione mezzi alternativi per immobilizzare i detenuti, Cfr. Corte Europea dei Diritti dell'Uomo, Sez. I, 13/2/2014, n. 66393/ '10.

# 49. Verità

Il significato: rispondere al vero, alla realtà autenticità, esattezza, confermare la verità di una notizia;

Ciò che è vero, rispondere alla realtà, in relazione a determinati fatti (si contrappone a falsità, menzogna bugia): alterare rivelare, tacere la verità;

ciò che è vero in assoluto, specie nella filosofia teologico, verità di fede, nel linguaggio religioso, i dogmi che devono essere accettati come veri per fede, verità, rilevate, nel linguaggio religioso, i dogmi che sono stati manifestati agli uomini attraverso la relazione divina locc. Cong. Testuali in verità, per la verità, a dire la verità, conferiscono valore avversativo - limitativo ad una frase o conseguenza di discorso rispetto a quanto detto in precedenza:

In verità, io lo avevo avvertito del pericolo; le cose, per la verità sono andate diversamente.

# Le migliori frasi sul concetto di "Amicizia".

Per me i veri amici amano condividere i momenti preziosi che la vita riserva loro, come le piccole cose dell'esistenza per cui vale la pena di vivere ogni giorno;

Per me lo splendore dell'amicizia non è la mano tesa né il sorriso gentile né la gioia della compagnia: è l'ispirazione spirituale quando scopriamo che qualcuno crede in noi ed è disposto a fidarsi di noi;

I veri amici hanno bisogno uno dell'altro proprio come un fiore ha bisogno della pioggia per aprirsi e mostrare la sua bellezza. L'amicizia dovrebbe essere una preziosa carezza di cui non puoi fare a meno;

I veri amici sono quelli che si scambiano reciprocamente fiducia, sogni e pensieri, virtù, gioie e dolori; sempre liberi di separarsi, senza separarsi mai;

Per me il segreto della vera amicizia è cercare insieme l'evoluzione dell'anima. L'amicizia vera non deve avere mai come fine l'ottenimento di un risultato o di uno stato materiale. L'amicizia è la consapevolezza, sempre più profonda, dell'uguaglianza;

L'amore potrà svanire con gli anni, ma certe amicizie vere durano tutta la vita;

Per me l'amicizia è sempre una scelta. Non dovresti dover lavorare sull'amicizia;

Per me stare con gli amici veri, è tutto un po' più semplice! ... ;

I veri amici hanno bisogno uno dell'altro proprio come un fiore;

Per me l'amicizia vera è ... lo zucchero della vita! ... ;

Per me quando due amici si comprendono completamente, le parole sono soavi e forti come il profumo di orchidee;

Gli amici sinceri sono Rari e preziosi! ... ;

Il vero amico e/o amica è quella persona che rende la tua vita degna di essere vissuta! ... ;

Per me l'amicizia è un frutto che matura lentamente;

L'amicizia non è altro che un nome, così *Napoleone Bonaparte*;

Trova il tempo di essere amico: è la strada della felicità! ... così, *Madre Teresa di Calcutta*;

Riprendi l'amico in segreto e lodalo in palese, così *Leonardo da Vinci*;

Un vero amico è uno che sa tutto di te e nonostante questo gli piaci ... ;

Uno dei benefici dell'amicizia è di sapere a chi confidare un segreto, così *Alessandro Manzoni*;

L'amicizia è certamente il migliore balsamo per le piaghe di un amore deluso, così *Jane Austen*;

Per me in ogni vita ci sono amicizie che non possiamo tradire;

Le amicizie non si scelgono per caso, ma secondo le passioni che ci dominano, così *Alberto Moravia*;

Quando l'amicizia ti attraversa il cuore l'ascia un'emozione che non se ne va, così *Laura Pausini*;

Il legame di ogni rapporto, sia nel matrimonio sia nell'amicizia, sta nella conversazione, così *Oscar Wilde*;

E' vero, come predica Cicerone, che la virtù è il fondamento dell'amicizia, né può essere amicizia senza virtù; perché la virtù non è altro che il contrario dell'egoismo, principale ostacolo dell'amicizia, così *Giacomo Leopardi*;

L'amicizia è più tragica dell'amore perché dura più a lungo, così *Oscar Wilde*;

Chi tempo ha e tempo aspetta, perde l'amico e denari non ha mai, così *Leonardo da Vinci*;

Chi è amico di tutti non è amico di nessuno, così *Arthur Schopenhauer*;

La cattiva sorte ci mostra chi non sono i veri amici, così *Aristotele*;

La confidenza è il fondamento delle amicizie più care come degli odi più intensi, così *Antoire Rivali*;

Le amicizie devono essere immortali, e mortali le inimicizie, così *Tito Livio*;

Credo nell'amicizia nel modo più assoluto. L'amico è come il compagno di reggimento che in piena battaglia ti sta affianco pronto a darti una mano. Nel cinema, a Roma?. L'amico non esiste. Non l'avrai mai a fianco. Caso mai di fronte, pronto a spararti addosso, così *Ugo Tognazzi*;

Per me i piccoli regali conservano le grandi amicizie;

Il grande maestro avv. Saverio Fatone un giorno mi disse: caro Donato, una vittoria un successo è grande, ma ancora di più lo è con la vera amicizia;

Come comportarsi con gli amici?. Come vorremmo che loro si comportassero con noi, così *Aristotele*;

Per me gli amici vanno e vengono, i nemici si accumulano;

Per me il vero amico è povero, è persona onesta, sincera, di solito, coltiva amicizie che non gli rendono nulla;

Per me l'adulazione procura amici, la verità ictu oculi, genera odio;

Non dee l'uomo, per maggiore amico, dimenticare li servigi ricevuti dal minore, così *Dante Alighieri*;

Per me il vero amore non vede i difetti, la vera amicizia li ama;

Un valente giurista S.E. dott. Silvio Pieri Presidente della Suprema Corte di Cassazione mi affermò: Donato ricordati sempre che, il falso amico è come l'ombra che ci segue finché dura il sole;

Il vero amico/a si riconosce nell'avversa fortuna;

Nelle avversità dei nostri migliori amici noi scopriamo sempre qualcosa che non ci dispiace; Chi si vanta di aver conquistato una moltitudine di amici, non ne ha mai avuto uno;

Il tuo sorriso mi abbraccia ogni giorno. Il calore della tua voce rende suono alla mia. Nel tuo affetto curo il pianto antico. Tu forza. Io passo stanco. Insieme. Il domani. Amicizia;

Ti ho incontrato e in un attimo - amico mio - ti ho fermato per sempre. Dentro di me ho abbattuto la vecchia casa. Ora abito senza porte;

Ho sfiorato le pagine dell'anima tua. Ognuna ... una carezza un desiderio un'amarezza. Ho sfiorato le pagine dell'anima tua ... carezze ho raccolto desideri ho rubato dolore ho trovato. Ho sfiorato le pagine dell'anima tua ... alcune dolci alcune amare ... ho solcato il tuo cuore che a me hai voluto donare, e nel farmi gioire oppure soffrire tu, amico, mi hai aiutato a capire;

Provo a ricominciare con te che sei il vento, il sole dopo il pianto, un bene al di là dell'amore, un bene oltre tutto che dell'oltre è la luce. Provo a ricominciare con te, che per me sei soffio d'aria su gote arse. Di dolcezza infinita ricami ogni istante, amico mio, dimenticandoti di te;

Amici noi. Mano unita ad altra mano, cuore ad altro cuore, mente ad altra mente. In quell'unisono di sentimenti compagni di vita. Amanti in quell'intimo sentire;

Basterebbe il vento, il suo bisbiglio e ogni silenzio diventerebbe poesia. Basterebbe un brivido nel cuore per sentire le nostre mani diventare ali ... Basta così poco per essere amici. Per sempre;

Basta un tuo sguardo rubato al tramonto e un tuo sorriso nella penombra di una notte senza fine per non soffrire ... per non morire di solitudine;

L'amicizia non è amore. E' solo amore. L'amore più grande;

Sembra un'adolescenza quest'amicizia a forma d'amore. Ci attraversiamo senza labbra senza voce e senza la purezza di un peccato. Un luogo insieme. Un nido di sincerità. Un raggio di pace;

Schiarisce il sorriso la certezza di avere accanto un'amicizia vera... per stringerla col solo cenno di una mano in uno sguardo sospirato. E crederci ancora ... tra le stelle;

Scende la sera. Ti respiro nei frammenti che hanno accarezzato la vita. E non ti ho mai detto, amico, di aver vissuto con te un giorno infinito;

L'eutanasia è d'obbligo quando l'amicizia respira a fatica. Ho regalato al vento le tue carezze ... che se le porti via;

Con il cuore ti sento con la mente t'invento. Scorrono leste mille parole .... poi si fermano nel battere del cuore;

Tanti sono i modi in cui si può amare. Agape è quello giusto, che l'amico sa usare;

Ti ho portato in dono un raggio di sole. Ti ho portato dei fiori. Molte volte. Fiori di campo, multicolori e pieni di vita. Te li offrii sempre in silenzio. Avevo messo in gabbia le parole perché l'amicizia si legge soltanto negli occhi;

Non l'ho dimenticato mai, nemmeno per un istante. Saldo nei miei pensieri, costante nel mio rimorso. Rimorso per ciò che sono stato e per ciò che non ti ho dato. Schietta e decisa, donna di valle, dolce amica capace di amare, ma dura e severa, pronta a dare battaglia. Quante le parole non dette! Ma rimpiango di non averti detto : Ti voglio bene, mamma!;

E quando i rintocchi della mente non avranno più battiti, lascerò le redini a chi, più di me, saprà esserti amico. Ma la mia dolcezza ti accompagnerà, come ricordo che brucia. Incessante nostalgia di un bene senza fine. Amico mio del cuore, sarò del tempo .... il tuo rimpianto;

La follia di un abbraccio amico è come una farfalla che conta gli attimi - e non gli anni - per abbracciare ancora i sogni che soltanto l'anima può vedere ... emozioni e pensieri evanescenti che aleggiano sul fondale del mio io. Storia e leggenda uniti in un unico tempo, dentro un lido di pace ...;

Non credevo che gli angeli arrivassero fin qui, fin sotto un cielo di duro cemento. Invece sei arrivato tu, amico, con una valigia colma di carezze. Da quando sei con me le mie ore scivolano lievi come lacrime di gioia, come sentieri di luce dal buio lontano di un mondo spietato che si finge umano;

Nello stillicidio di inutili parole sei, amico, miracoloso unguento che sa guarirmi dallo strenuo di forze cadute come spighe di grano su un campo incolto. Avvolgo nel tuo abbraccio tutto ciò che è intorno. E l' "intorno" sei tu;

Quando sarò avvolta dalle ombre, in compagnia della grande sera, parlami piano, amico mio, e aiutami a respirare il profumo di un giardino incantato. Prima di andartene, aspetta che giunga il tramonto e fa' ch'io saluti il sole prima del sonno. Poi ... sorridimi ancora, sulle stoppe ormai arse del silenzioso viale. E stringimi sempre dentro i tuoi silenzi, in mezzo ai boschi delle fantasie. Tra fili d'aria di malinconia ...;

So, amico, se il tuo cielo carezza l'aurora, so se dove sei guardi ancora nascondersi il vento. E in un tramonto di pioggia che sembra un'alba - ma non lo è - vedo nel tuo il mio sguardo;

Amicizia : profumo di narcisi nel giardino d'inverno, profumo di fiori di loto. Suggestione di rara bellezza, cuscino di seta frusciante, dolcezza della sera ... quando trasformi le lacrime in stelle cadenti;
Quando i sogni hanno gli occhi spenti e lo sguardo si perde nel silenzio delle tenebre,

l'amicizia asciuga il dolore e libera il pianto in un morbido abbraccio, perché l'anima s'illumini di luce infinita;

La purezza di un'amicizia è esperienza spirituale, pura emozione tra le piaghe dell'anima. Io e te ... diversi ma uniti come petali di un fiore raro che sboccia dal cuore di noi ... diversi ma affini;

Ti sento sempre amico mio. Sei legato a me. Sei la foglia che resta salda al mio ramo incurante delle stagioni che passano. Foglia senza tempo nella terra di nessuno, dove è possibile ritagliare un sogno senza nome e senza margini;

Amicizia : una linea sottile che porta linfa vitale e attraversa confini inimmaginabili. E' aria pura. Da respirare;

L'amico è ... una simbiosi. Un abbraccio senza fine;

Amicizia è la mano che improvvisa s'avvicina alla mano alla ricerca di un palmo a rincontrar dita con dita. E' un fascio di stelle che s'offre ad un cuore;

Amico mio, solitario il tuo cuore batte ; il mio ne sente la vita. Solitario il tuo volto splende : il mio ne coglie il sorriso. Solitario il tuo pianto trabocca : la mia mano scende dolce ad asciugare la tua lacrima;

Amici : l'uno dell'altro siamo colore cultura ricchezza scambio crescita necessità. Sospesi in una bolla d'aria ... percorsi da un brivido di serenità;

Trova il tempo di essere amico per me per te per noi. Trova il tempo di essere amico, sarà il tuo tempo migliore, un tempo ricco e prezioso, che ti restituisce tutto il tempo perduto;

Ti incontro - amandoti - nelle vie fatte di sogni fedeli al tuo nome - Amico - racchiuso tra un sorriso mesto e una gioia muta;

Ti saluta il cuore mentre il mio viso s'allontana. Ti saluta il cuore che ha smesso di tenere stretto fra le dita il nostro tempo. E io non chiedevo altro che tu trovassi il tempo ... soltanto il tempo di essermi amico;

Amicizia. Voci come sguardi ... parole a sostituire carezze. Passi silenziosi a tracciare strade nel cielo, generando vibrazioni intense. L'ultima solleverà polvere di nuvole ai miei piedi. E non mi farà male;

Per il mio cuore basta il tuo petto, poi la libertà e ... bastano le tue braccia amiche;

Parole ... te le porgo per rincorrere pensieri comuni, per costruire sogni e riempire silenzi. Per non veder scomparire la tua figura, amico, che non ha confini;

Basterebbe il bagliore di un rosso tramonto e il borbottio delle onde ... basterebbero i colori di un'alba nel cielo e il sapore del mare...il vento che liscia il respiro ... la pioggia che s'aggrappa alla pelle ... l'allegria del risveglio...la confidenza di una notte a parlare...un tuffo di gioia e un fiato...un soffio di caldo e il sole nel cuore... Basta la tua presenza e l'amicizia diventa un miracolo;

Lettere poesie canzoni restano scritte nel diario del mio cuore. Notte di pensieri e di silenzi affogati dentro le ombre, solitudini e malinconie incollate sulla pelle, mentre l'anima si abbandona a te sotto un cielo senza stelle;

Sei una stella apparsa inaspettata...da sfiorare delicatamente. E tu, stella che non tramonta all'alba e di giorno appare in tutto il suo splendore, mi dai la forza di affrontare questa vita dove ogni desiderio sembra dover morire....con le nuvole che il vento in un attimo porta via;

Dolce amico mio, seduta in questa stanza nella penombra del mattino, sento la tua presenza in me. ti cerco in ogni dove, nei lenti voli delle upupe e nel volare del vento che accarezza le amate rose, nel giardino. E' così che mi sento : un colorato fiore che ogni dì rinnova la sua vita e aspetta te. Aspetto il giorno in cui ancora correrò da te a braccia aperte, e ti terrò stretto a me tanto forte da spegnere il fiato. Ricorda di me ogni istante più bello, quando il freddo pungente ti attraverserà il cuore, e cibati delle carezze che abbiamo serbato dentro di noi. Amico, prezioso tesoro della mia vita, tutto è niente senza di te e il nulla è molto insieme a te. Forse quest'amicizia è solo un sogno, ma se così fosse, fa' ch'io non mi desti e lasciami al mio delirio, in un cielo che di noi si dipinge con una pennellata di celeste e di rosa.

L'amico vero quando ti cerco? Tu ci sei. Quando ti chiamo?. Tu rispondi. Quando ho bisogno di parlarti?. Tu mi ascolti. Ci sei sempre, sempre per me che fragile cerco una spalla forte su cui poggiarmi. Dirti Ti Voglio bene è poco ma lo star bene insieme a te, te lo fa capire molto di più ... ;

Il mio migliore amico sei tu certo. Tu che non mi chiedi mai nulla, tu che mi sopporti sempre, tu che sei sempre li quando ti cerco. La mia amicizia per te è più alta ed importante di un sentimento d'amore ... ;

Con un amico e/o amica vero si ha un rapporto di onestà, lealtà, rispetto,fiducia ed affetto. Ebbene, troveresti onesto che io ti dicessi che la penso come te, se non lo penso davvero?;

Un vero amico ti dà il suo parere, ma non ti obbliga a seguire i suoi consigli. Quando però gliene chiedi e lui si sente in grado di darteli, non te li nega. Anzi, si sente in dovere di dartene anche se non li richiedi;

Per me chi non ha amici è l'uomo che non si è mai fatto dei nemici;

Per me l'unico modo per farti un amico/a è essere un vero amico;

Uno dei benefici dell'amicizia è di sapere a chi confidare un segreto;

Per me tre sono i volti del bene: l'amore, l'affetto e l'amicizia;

Meno amici ci servono più ne abbiamo;

Non farti più amici di quanti non possa tenere il cuore;

Per me, Grande cosa è l'amicizia e quanto sia veramente grande non lo si può esprimere a parole, ma soltanto provare;

Dall'amicizia all'amore c'è la distanza di un semplice bacio;
Come Avvocato posso affermare, che le migliori amicizie hanno dei terreni inesplorati che non si dissodano mai;

Non c'è deserto peggiore che una vita senza amici: L'amicizia moltiplica i beni e ripartisce i mali, così *Baltasar Graciàn*;

Niente allevia le nostre sofferenze come quelle dei nostri amici veri;

Un uomo benevole dovrebbe permettersi qualche difetto, per non far fare brutta figura ai propri amici;

Per me il denaro non può comprare degli amici, ma può procurarti una classe migliore di nemici;

Si decide in fretta di essere amici, ma l'amicizia è un frutto che matura lentamente, così *Aristotele*;

Per me l'opposizione è vera amicizia;

Pochi sono gli amici di un uomo in sé, molti quelli della sua buona sorte;

Chiunque può simpatizzare col dolore di un amico, ma solo un amico nobile riesce a simpatizzare col successo di un amico;

Può importarci poco degli uomini, ma abbiamo bisogno di un amico;

Per me, la peggior solitudine è essere privi di un'amicizia sincera;

L'amicizia è una presenza che non ti evita di sentirti solo/a, ma rende il viaggio più leggero; Di tutte le cose che la saggezza procura per ottenere un'esistenza felice, la più grande è la vera amicizia;

Non è apprezzabile chi è troppo facile all'amicizia né chi troppo vi esita; per amore dell'amicizia bisogna anche rischiare il proprio amore;

Tutti vogliono avere un amico, nessuno si occupa di essere un amico;

Per me un vero amico è uno che sa tutto di te e nonostante questo gli piaci;

L'uomo non ha amici, ne ha soltanto la sua buona fortuna, così *Napoleone I*;

Se si giudica l'amore dai suoi affetti principali, assomiglia molto di più all'odio che all'amicizia;

Avvolte succede che molti saranno amici finché sarai felice, ma quando verrà il brutto tempo, resterai da solo;

Per me l'Amico/a è ... con chi puoi stare in silenzio ... ;

Per i nemici le leggi si applicano, per gli amici si interpretano, così *Giovanni Giolitti*; Per me l'amore non vede i difetti, l'amicizia li ama;

Per me i veri amici sono rari perché e poca la domanda;

Per raro che sia il vero amore, è meno raro della vera amicizia;

Non abbiamo tanto bisogno dell'aiuto degli amici, quanto della certezza del loro aiuto;

Per me le amicizie non sono spiegabili e non bisogna spiegarle se non si vuole uccidere;

Per me non dare mai spiegazioni: I tuoi amici non ne hanno bisogno e i tuoi nemici non ci crederanno comunque;

Non c'è deserto peggiore che una vita senza amici: l'amicizia moltiplica i beni e ripartisce i mali;

L'amicizia è rara perché a volte e scomoda;

In amicizia non si può andare lontano se non si è disposti a prendersi scambievolmente i piccoli difetti;

Riprendi l'amico in segreto e lodalo in palese, così *Leonardo Da Vinci*;

Trova il tempo di essere amico: è la strada della felicità, così *Madre Teresa di Calcutta*;

Se vi separate dall'amico, non addoloratevi, perché la sua assenza vi illuminerà su ciò che in lui amate;

Al fine ricorderemo non le parole dei nostri nemici, ma il silenzio dei nostri amici;

L'amicizia verso sé stessi è di fondamentale importanza, perché senza di essa non si può essere amici di nessun altro;

Un giorno l'amore disse all'amicizia, perché esisti tu se ci sono già io, e l'amicizia rispose, per portare un sorriso dove tu hai lasciato una lacrima;

L'amicizia è un sentimento che non si può cancellare, l'amicizia è la cosa più bella del mondo perché non si potrà mai dimenticare;

Il giorno 25/5/2014 alle ore 17,33 nel ringraziare una collega di studio avv. Fabiana Tornassi per una cortesia che mi aveva fatto mi disse: Donato la vera amicizia è come una lanterna che il vento scuote ma non si spegne mai.;

Se guardi lassù e non ti vedo è come spegnersi lentamente, il mio cuore ha bisogno di te, della tua allegria dei tuoi sorrisi e delle tue strette di mano ... mi manchi amico/a mia/o ... ;

L'amicizia è un sentimento molto complesso è una disponibilità senza scambio, basata soprattutto sull'affinità caratteriale, ancora più bella quando è condivisa;

Per me l'amicizia vera è come l'aratro che passando nel tuo cuore traccia un solco dove vanno messo i semi che col tempo daranno il frutto della felicità;

Amicizia, una parola da gridare e scrivere in maiuscolo se è come la nostra ... T.V.B.;

La vera amicizia è quella che si dà a una amica e/o amico nel momento del bisogno, senza pretese, senza ambiguità è falsità;

Per me l'amicizia non la puoi toccare con le mani, al puoi sentire con il cuore, la amerai con tutte le forze e crederai in lei perché saprai che non lascerà mai posto alla solitudine nella vita;

Per me l'amicizia è come una farfalla: se la tieni troppo stretta in mano muore, se la tieni in modo distratta vola via;

Se il mare fosse cioccolato e il cielo fosse un foglio non finirei mai di scrivere il bene che ti voglio ... cara amica mia e/o caro amico mio! ... ;

Nella vita puoi incontrare tanti amici ma solo uno è il tuo migliore amico e non lo puoi cambiare con nessuno perché lui è dentro di te ... ;

Il passato non si dimentica i ricordi non si cancellano ma il presente si può cambiare;

Se ti vedo, giuro che scoppio di felicita! ... Perché saremo amiche e/o amico oggi, domani e per sempre! ... ;

Se potessi scrivere nel cielo T.V.B., così se un giorno sarai triste alzando lo sguardo capirai che non sei solo e/o solo e che potrai sempre contare su di me;

Per me un amico e/o un'amica e colui e/o colei che ti capisce e ti comprende anche quando stai in silenzio;

Per me gli amici sono come le conchiglie, le onde le portano via ma restano sempre nel mare;

Per me l'amicizia quando deve e/o più persone abbiano costruito un'amicizia sincera e vera, proprio quella che ho sempre sognato ma non ho mai ottenuto ... Finalmente ... grazie a te l'ho ottenuta ... grazie amica mia e/o amico mio! ... ;

Dico sempre, alla mia migliore amica Brigida, che per me la vera amicizia è come l'albero: cresce sempre di più e non muore mai;

Per me l'amicizia è come la cintura, se la sai stringere ti rimarrà sana che nessuno te la tolga;

Per me la vera amicizia è come un ombrello in tempesta, se lo saprai tener con cura ti riparerà tutta la vita ... ;

Per me la vera amicizia è come l'acqua, non si può vivere senza ... ;

Per me gli amici sono come una stella, anche se non li vedi sono sempre presenti ... ;
La vera amicizia è come una fresca brezza in una torrida giornata, da sollievo anche nei momenti più difficili ... ;

Per me la vera amicizia è come un giorno di primavera, un buon caffè ed un bel libro. L'amicizia è tutto questo messo insieme ... amico e/o amica mia! ... ;

Per me l'amicizia è una cosa che ti rimane impressa, che non ti abbandona, che non ti lascia mai ... a volte litighiamo, coscienti dal fatto che mai nessuno ci dividerà ... ;

Per me la più bella amicizia è quando non ci sono interessi da entrambi le parti ... ;

Una volta mi chiesi cosa volesse dire la parola: Amicizia, nessuno riusciva a rispondermi, poi ... incontrai te e solo da quel momento ne capii il significato;

Per me la vera amicizia ... ti attraversa il cuore, lascia un'emozione che non se ne va ... ;

Un amico e/o un amica è come un tesoro, basta trovare la mappa e la giusta direzione per trovarlo ... ;

Per me il vero amico e/o amica è come il vino doc.: più passa il tempo è più è buono;

Per me i veri amici sono come i diamanti ... solo quelli veri durano per sempre;

Per me l'amore è importante ... ma la vera amicizia ancora di più ... ;

Il sole è rotondo, il mare è profondo, tu sei l'amica/o migliore del mondo! ... ;

Con i soldi si può comprare di tutto, tutto quello che si desidera o meglio solo il bene materiale perché l'amicizia tra noi due non si può comprare neanche per una ricompensa pari all'infinito;

Molte persone entreranno ed usciranno dalla tua vita, ma soltanto i veri amici lasceranno impronte nel tuo cuore;

La prova dell'amicizia è un aiuto nel l'avversità, e in più un aiuto senza riserve;

La perdita di un amico, come la caduta di un pino gigante, lascia vuoto un pezzo di cielo;

Per me la vera amicizia non è schiava del tempo e dello spazio, la distanza materiale non può separarci davvero dagli amici;

Per me le amicizie vere sono quelle che si fondano sul sentimento; l'amico non giudica, comprende;

Tutti sentono quello che dici; i migliori amici sentono anche quello che non dici;

Quando fa male guardare indietro e hai paura di guardare avanti, puoi sempre guardare accanto a te: Il tuo migliore amico/a sarà lì;

Camminare con un amico al buio è meglio che camminare da soli nella luce;
Un amico è qualcuno che capisce il tuo passato, crede nel tuo futuro e ti accetta oggi per quello che sei;

Per me i buoni amici sono quelli che ti hanno a cuore senza esitazione e che ti amano anche senza parlare;

Per me i falsi amici sono come l'ombra: sono con voi mentre siete alla luce del sole, ma vi lasciano pochi minuti prima che arrivi la penombra;

Gli amici ti impediscono di essere un pazzo; i migliori amici condividono la stessa pazzia;

Per me un vero amico vi darà un biscotto, ma il migliore amico condividerà con voi tutta la biscottiera;

I migliori amici sono quelle persone speciali che ti aiutano a sopravvivere giorno dopo giorno alle prove, alle tribolazioni della vita;

Un vero amico è colui che sa vedere la verità e il dolore in te, anche quando riesci ad ingannare tutti gli altri;

Un vero amico è colui che entra quando il resto del mondo esce ... ;

La vita è come uno specchio ... Ti sorride se lo guardi sorridendo;

Anche se un amico è lontano non essere timido, allungati e prendi la sua mano;

L'amicizia è come un tesoro che molti non trovano ma che altri scoprono senza alcuna mappa;

Per me gli amici veri sono come le colombe, dove arrivano portano pace e serenità;

Il mio migliore amico è lo specchio, perché quando piango non ride mai;

Fino a quando Roma sarà antica tu sarai per sempre la mia migliore amica/o;

L'amicizia è come un tesoro nascosto, se lo cerchi lo trovi sempre;

Il treno passa, la nave affonda ma la nostra amicizia rimarrà profonda;

Un amico è colui che ti lascia il cuore segnato da delle esperienze, che ti rimarranno per tutta la vita;

Un vero amico è quello che ti accetta per quello che sei e ti ama anche se sei testardo/a o alcune volte insopportabile;

Sappi che l'amicizia è come una farfalla tra le tue mani, se la stringi tra le tue mani, se la stringi troppo muore, ma se la lasci libera, se ne va, accarezzala e sarà sempre con te! ... ;

Per me come la Barca lascia la scia ... io ti lascio l'amicizia mia! ... ;

L'amicizia è come un castello di sabbia: difficile da costruire ma facile da distruggere;

Per me la vera amicizia è come una margherita: Dura per sempre, per tutta la vita;

La vera amicizia è il dono più bello da mantenere anche a distanza;

La mamma ti aiuta ... il papà ti protegge ... il sole ti riscalda ... ma soltanto un amico e/o amica ti capisce;

Per me la lettura è il cibo della mente, la preghiera è il cibo dell'anima, ma la vera amicizia è il cibo del cuore;

Non sei latte, non sei caffè ma sei l'amica e/o l'amico che fa per me;

Ti dono queste rose e mi tengo le spine ... perché la nostra amicizia non abbia mai fine! ... ;

Per me senza amici tutto è triste e vuoto;

Se l'amico con cui stai è un vero amico ti lascia solo se lo tradisci;

No voglio oro non voglio argento voglio la tua amicizia al 100%;

L'amicizia è come un conto corrente non puoi continuare a prelevare se non fai versamenti;

Per me l'amicizia è il pensiero che al mattino mi sveglia e sei l'ultimo desiderio che lo notte mi culla;

Per me i veri amici sono quelli che si scambiano reciprocamente gioie, sogni e dolori;

Gli amici sono come il vento, prima ci sono ma poi ti abbandonano. I veri amici sono come l'aria, ovunque vai sono sempre accanto a te;

Per me la vera amicizia non è d'oro; neanche d'argento, ma rende prezioso ogni mio momento;

I veri amici sono i fiori nel giardino della vita;

I veri amici sono buoni come la nutella;

La vera amicizia è l'anima sola che vive in due corpi;

Ho scritto il tuo nome su un albero morto ... ma il tuo nome è così bello che l'albero è risorto! ... ;

La nostra amicizia è profonda quanto il mare, niente la potrà far saltare;

L'amicizia è come l'arcobaleno che rende il cielo più sereno;

Per me un tesoro non è sempre un amico ... ma un amico e/o amica è sempre un tesoro;

Per me l'unica vera amicizia è quella che arriva senza alcun motivo;

La tua amicizia è un dono grande che Dio mi ha concesso ... la terrò per sempre stretta nel mio cuore;

Gli amici sono come un buon reggiseno: di sostegno, difficile da trovare e sempre vicino al tuo cuore;

Gli amici sono come le stelle, vanno e vengono, ma quelli che rimangono sono quelli che emanano più luce;

Per me i veri amici sono quelle care persone che chiedono come stiamo e poi aspettano di sentire la risposta;

La vera amicizia è come il cioccolato, che mondo sarebbe senza ... ;

L'amicizia è un'emozione fantastica che ti aiuta nei momenti assai difficili;

L'amico/a è colui/ei che ti sta accanto a che non ti lascia davanti ai pericoli;

Per me l'amico migliore e/o l'amica migliore, è quello e/o quella che è diverso e/o diversa perché so che pur di vedermi felice, farebbe chilometri e chilometri, farebbe di tutto e ne sono certo. E' diverso perché, a differenza di tutte le persone di questo mondo, di lui e/o di lei, posso fidarmi ciecamente, posso farlo, questa è una convinzione che ho, e che lui e/o lei ha saputo darmene una conferma. E' diverso perché quando sto con lui e/o lei, il sorriso non mi mancherà mai ... ;

Per me il vero amico e/o amica è colui che sta nel cuore e non in testa;

Per me la vera amicizia è come l'acqua nel deserto più arido;

L'amicizia va e viene, quella vera rimane per sempre;

Per me l'amicizia cura ciò che l'amore non riesce a fare;

Per me la vera amicizia è una cosa molto importante, quindi cerco di proteggerla;

Per me la vera amicizia è una strada senza fine;

L'amicizia consiste nel dimenticare ciò che uno dà, e nel ricordare ciò che uno riceve;

Il migliore amico e/o amica è quella persona con cui condividi tutto, gli parli dei tuoi problemi e lui e/o lei ti ascolta, è sempre pronto a regalarti un sorriso, è capace di farti vedere la luce nelle giornate più buie ... E' bella quella persona che ti manca più di ogni altra ... il migliore amico e/o amica della tua vita ... ;
Per me il migliore amico è la persona che ti sta' sempre accanto in ogni momento sia triste che bello. Gli voglio un gran bene come se fosse un fratello per me. Le giornate quando lo incontro si rallegrano! ... Ti voglio troppo bene amico mio! ... spero che saremo migliori per sempre ... ;
Per me il migliore amico e/o amica e quella persona che mi fa divertire che non riesce a rattristarmi e che riesce sempre a strapparmi un sorriso che sta con me nei momenti belli che brutti che mi appoggia sempre che non mi ha mai abbandonato a cui posso confidare ogni segreto senza la minima paura ... ;

I veri amici amano condividere i momenti preziosi che la vita riserva loro, come le piccole cose dell'esistenza per cui vale la pena di vivere ogni giorno;

Quando l'amico vi confida il suo pensiero, non temete di dire, no, né trattenete il vostro sì;

Molto spesso, gli amici, con l'adulazione delle nostre qualità ci pervertono, mentre i nemici, criticando i nostri difetti, ottengono il risultato di rettificarci;

Per me chi cerca un amico e/o amica senza difetti non ne troverà nessuno;

Per me quando un amico chiede non esiste la parola domani;

Tante persone entrano ed usciranno dalla tua vita, ma soltanto i veri amici lasceranno delle impronte indelebile sul tuo cuore;

I veri amici sono quelli che si rispettano anche sulle cose per cui non sono d'accordo;

Se la prima regola dell'amicizia è quella di coltivarla, la seconda regola è quella di essere indulgenti quando la prima è stata infranta;

Per me la vera amicizia è come l'amore sono come l'eco: danno tanto quanto ricevono;
La vera amicizia non dovrebbe mai nascondere dietro la verità;

Il falso amico è come l'ombra che ci segue sino ha che dura il sole;

Per me la vera amicizia mi ricorda una frase di San Agostino ove disse: Amando il prossimo rendi pure il tuo occhio per poter vedere Dio. Se non ami il fratello che vedi, come potrai amare Dio che non vedi? ... ;

Per me l'amicizia non si cerca, non si sogna, non si desidera, si esercita;

Non è vero che un amico/a si vede nel momento del bisogno, una amica e/o amico vero si vede sempre;

L'amicizia è l'unico cemento capace di tenere insieme il mondo! ... ;

Gli angeli ci sono vicini, spesso non hanno le ali e si chiamano Amici ... ;

Per me il vero amico/a è quella persona che rende la tua vita degna di essere vissuta;

Per me la vera amicizia è l'ingrediente più importante nella ricetta della vita;

Un vero amico lontano è a volte più vicino di qualcuno a portata di mano;

Non sono una tigre, non sono un leone, ma sono un'amica/o che vale un milione! ... ;
Il vero amico/a è l'amico/a che riesce a capirti solo ascoltando la voce dei tuoi silenzi ... ;

Come avvocato posso affermare che secondo l'art. 11 comma 4 della legge sull'amicizia, ti rinchiudo nel mio cuore. Contro questa sentenza non può essere fatto appello ... ;
Per me la vera amicizia è quella che ti regala un sorriso ogni volta che si spegne sul tuo viso! ... ;

Chi lo è e chi li ha, sa quanto vale un amico vero! ... Chi non lo sa perché non lo è, facilmente riesce a perderlo! ... ;

Per me ognuno ha l'amicizia che si merita ... ;

Quando non si ha nessuno come amico si diventa il mirino dei più cattivi;

Per me ci sono persone ... che le prendi come le prendi ... ti faranno sempre del male ... perché sono invidiose, ma tu fregatene, fargli un sorriso? ... ;

Un insigne giurista dott.ssa Teresa Benvenuto, magistrato di cassazione, mi disse: Donato la vera amicizia è il desiderio di dare più che ricevere;

Per me l'amicizia può essere un sogno da dove non vorresti più svegliarti, ma può anche diventare un incubo da dove dovresti solo uscire ... ;

In un pazzo, pazzo mondo in una pazza, pazza vita. Ricordati sempre di una pazza e/o pazzo sincero amico e/o amica;

Ricorda che la vera amicizia è tra le cose importanti e non si trascura se non si rimane delusi ... ;

80 fiducia in te, 70 ne hai di me, 16 che non mi dimenticherai mai, 6 una vera/o amica/o e per sempre lo sarai;

Una persona può avere anche cento amici ... ma solo tre o quattro sono le persone di cui ti puoi fidare ... ;

Per me un amico/a, per piccolo che sia, è il bene più prezioso del modo; Per me la vera amicizia è come un fiore: se no l'annaffi muore! ... ;

Vorrei esserti amico/a per sempre ... credo che l'amicizia sia per me la cosa più bella e più vera che ci possa essere! ... ;

Per me quando perdi un amico è come perdere una gomma da disegno ... non hai più nessuno che ti aiuta a cancellare gli errori! ... Scusa non volevo ferirti ... ;

Per me i veri amici sono come gli angeli, sono sempre pronti a tirati su nel momento del bisogno;

Gli amici sono il dono più prezioso e la tua amicizia è il regalo più bello ... ;

Siano amici, io non desidero niente da te, tu no vuoi nulla da me. Io e te dividiamo la vita;

Tieniti stretto il vero amico e/o amica, anche se qualche volta ti dice proprio quella verità che non vorresti sentire, e soprattutto pensarci due volte prima di perderlo solo perché è stato sincero e/o sincera;

La vera amicizia è il sentimento più grande della vita perché non si chiede, non si ruba, ma si conquista;

Per me un vero amico/a sa ascoltare le tue parole ... anche durante i tuoi lunghi silenzi ... ;

Un giorno mi chiesero cosa fosse un amico ... io mi voltai di scatto e indicai te! ... ;

Ricordati: un fratello può essere un amico, ma un vero amico sarà sempre un fratello maggiore ... ;

Se un giorno dal viso scende una lacrima, se nel tuo cuore c'è una ferita, guardati intorno c'è sempre un'amica e/o un amico vero! ... cui contarci sempre ... ;

La vera amicizia è un bene naturale per vivere;

Per raro che sia un vero amore, lo è ancora di meno della vera amicizia;

La vera amicizia è quella che anche se il tempo scorre il nostro legame non potrà appassire mai ... ;

Per me un vero amico e/o amica non è chi ti dice sempre che va bene ... un vero amico/a e colui o colei che ti fa notare i tuoi sbagli ... ;

Per me i veri amici sono come i quadri: bisogna metterli alla luce migliore ... ;

Per me grazie agli amici un sorriso riappare sempre sul volto anche se ti manca l'amore della tua vita! ... ;

Per me la vera amicizia ... è il frutto più dolce che abbia mai mangiato;

Ascolta ciò che ho da dirti amico mio ... perché tra le mie mani c'è e ci sarà sempre il mio cuore ... ;

Per me il miglior amico e/o la migliore amica è colui e/o colei che non ti gira mai le spalle nei momenti del bisogno! ... ;

Per me bisogna saper scegliere tutto nella vita ... soprattutto gli amici veri, perché sono quelli che ti staranno sempre vicini ... ;

Per me i veri amici sono angeli che ci sollevano i piedi quando le nostre ali hanno problemi nel ricordare come si vola;

Per me quello che conta tra vari amici non è ciò che si dice, ma quello che non occorre dire ... ;

Per me quando trovi un nuovo amico e/o una nuova amica ricordati sempre di quella antica! ... ;

Un giorno un vecchi amico mi disse: Donato, l'amico vero è chi ti chiede come stai e contestualmente sente anche con felicità la tua risposta ... ;

Per me gli abbracci di un vero amico, sono come i Jeans, li vuoi sempre più stretti;

181

Il vero amico ... non è una ruota di scorta ... ma benzina per il tuo motore della verità! ... ;
In ogni affetto che si reputa sincero, non deve mancare il rispetto per la vera amicizia;

Per me non sono veri amici coloro che sminuiscono i tuoi pregi e ingigantiscono i tuoi difetti;

Per me la vera amicizia sa perdonare, sa capire è soprattutto sa volerti bene più di prima;

Per me non è una conquista avere un milione di amici, una vera conquista sono quei pochi amici sinceri che ti restano accanto;

Spesso la dolce nostra metà si identifica in una sana vera amicizia;

Per me i veri amici ti aspettano, rispettando ogni tuo ritardo;

Un vero amico non ti abbandona mai al costo di affondare al posto tuo;

Per me la vera amicizia non si compra, si conquista, si rispetta e si dimostra;

Per me le persone che alla fine vorranno restare nella tua vita, saranno quelle che ti stimano;

Per me gli amici speciali sono quelle persone che ti porti nel cuore e difficilmente potrai cancellare;

Per la vera amicizia si può agire anche contro i propri interessi, ma mai contro i propri principi;

Per me l'amicizia, se è vera è per sempre;

Per me l'amicizia è un'anima sola che vive in due corpi;

Ovunque ti trovi, è il tuo amico a costruire il tuo modo;

Per me sii generoso con gli amici perché ti vogliono ancora più bene. Sii generoso con i nemici perché ti divengano amici;

Il migliore amico è colui che tira fuori il meglio di me;

La vera amicizia è una connessione diretta, da cuore a cuore;

Per me non esistono buoni amici o cattivi amici, esistono solo amici, persone che hanno costruito la loro casa nel tuo cuore;
Per me l'amicizia è come l'amore, è di per sé una coincidenza: due si incontrano e le loro vite si intrecciano;

Che m'importa del tuo colore se siamo amici?. Che m'importa del tuo vestito se siamo amici?. Che m'importa se sei ricco o povero se sei mio amico?. L'unica cosa che mi importa è che tu senta nel cuore la mia amicizia per te.;

Il mio desiderio più grande?. Avere un'amicizia sincera;

Per me il miglior amico è colui che sente le urla del tuo cuore attraverso i tuoi silenzi;

Il migliore amico è quello che non si perde ... ma che rimane al tuo fianco per sempre! ... ;

Ti regalo un sorriso, ti porterà allegria, e se avrai paura ti terrà compagnia!. Perché il sorriso di un amico è come il sole, illumina la strada e riscalda il cuore ovunque tu sia! ... ;

Per me la vera amicizia è quel raggio di sole che entra nel cuore e ti fa vivere! ... ;

La vera amicizia non è simpatia, sarebbe poco!. In fin dei conti la simpatia è un interesse, l'amicizia quella "vera" è un dono disinteressato! ... ;

Per me l'amicizia con la "A" maiuscola è quella che dà e riceve senza chiedere mai niente in cambio! ... ;

Per me non è tanto l'aiuto degli amici a giovarci, quanto la fiduciosa certezza che essi ci aiuteranno ... ;

Per me dell'amicizia non si può smettere mai di saziarsi, si può soltanto continuare ad amarsi! ... ;

Non esiste cosa più bella, quella di dire ad un amico e/o a una amica ti voglio bene ... ;

Sul filo del telefono c'è scritto 33 ... amico mio e/o amica mia non ti scordar di me! ... ;

Grazie, per l'amicizia ... quella vera, quella senza compromessi ... quella che tutto perdona e comprende ... Viva, Viva, l'amicizia ... perché fa bene al cuore di ognuno di noi ....

# Le migliori frasi sul concetto di "Giustizia"

Beati i perseguitati per causa della giustizia, perché essi è il regno dei cieli, così Gesù;

Beati quelli che hanno fame e sete della giustizia, perché saranno saziati, così Gesù;

Corona magnifica è la camizie, ed essa si trova sulla via della giustizia, così Salomone;

L'uomo potrà sfuggire alla giustizia umana ma non a quella divina, così San Pio da Pietrelcina;

La giustizia è il fermo e assiduo desiderio di rendere a ciascuno il dovuto, così Giustiniano;

La giustizia è la gloria suprema delle virtù, così Marco Tulio Cicerone;

La punizione è giustizia per l'ingiusto, così Sant'Agostino;

La voce della maggioranza non è garanzia di giustizia, così Johann Christaph Friedrich Von Schiller;

Cercate prima il regno di Dio e la sua giustizia, e tutte altre cose vi saranno date in aggiunta, così Gesù;

Per me non esagerare con nessuno; non fare nulla senza giustizia; Poco con onestà è meglio di molte rendite senza giustizia, così Salomone;

Quanti temono il Signore troveranno la giustizia, le loro virtù brilleranno come luci, così Siracide;

Non bisogna guardare quale sia il premio di una giusta azione: il premio maggiore consiste nella giustizia; così Seneca;

La giustizia ritardata è giustizia negata, così Montesquieu;

Per me la giustizia da sola non basta, ci vuole anche l'amore, per la giustizia;

Beati coloro che hanno fame e sete di giustizia perché saranno giustiziati, così Piergiorgio Bellocchio;

Nella giustizia c'è sempre pericolo: se non per la legge, certo per i giudici, così Henry Bordeaux;

Per me un giudice senza umanità è un giudice senza giustizia; Nelle mani dei potenti la giustizia non è che uno strumento di governo come gli altri, così Georges Bernanos;

La giustizia condanna qualche scellerato per far credere agli altri di essere delle persone oneste, così Paul Brulat;

Come Avvocato posso affermare che per me la giustizia, per averla ed ottenerla bisogna combatterla;

Un proverbio indiano affermò: Prima di giudicare un uomo cammina per tre lune nelle sue scarpe;
Per me è sbagliato giudicare una uomo dalle persone che frequenta. Giuda, per esempio, aveva degli amici irreprensibili;

Per me la giustizia a volte è come una tela di ragno: trattiene gli insetti piccoli, mentre i grandi trafiggono la tela e restano liberi;

Chi elogia la nostra giustizia, somiglia terribilmente a quella persona che cercava di consolare una vedova il cui il marito era morto per una grave forma di polmonite, dicendole per tranquillizzarla che "forse non era andata poi tanto male", così Karl Krous;

Per me trovar giustizia bisogna esser fedeli: essa, come tutte le divinità, si manifesta soltanto a chi ci crede, nella giustizia;

Senza giustizia non vi è forza, così Napoleone Bonaparte;

La giustizia è lo Stato, Lo Stato è il Carabiniere, perché tutti i codici, tutte le dottrine, tutte le leggi sono nulle, se a un dato momento il carabiniere colla sua forza fisica non fa sentire il peso indistruttibile della legge, così Benito Mussolini, 1923;

La giustizia non esiste là dove non vi è libertà, cosi On. Pres. Luigi Einaudi;

I bambini sono innocenti e amano la giustizia, mentre la maggior parte degli adulti è malvagia e preferisce la misericordia, così Gilbert Keith Chesterton;

Come Avvocato, per me l'ingiustizia si può anche sopportare. E' essere colpiti dalla giustizia che brucia;

La giustizia è, nei cosi dubbi si decida per il giusto, così Karl Krous; Per la giustizia, se non ci fossero persone cattive non ci sarebbero buoni Avvocati;

Giustizia, se si trattasse ognuno a seconda del suo merito, chi potrebbe evitare la frusta, così William Shakespeare;

Come Avvocato, a volte, si piange, quando si grida all'ingiustizia, per ottenere giustizia;
Per me la giustizia è riportare tutte le cose al loro senso;

La giustizia è la bontà misurata in millimetri, così Emma Andievska;

La giustizia non è mossa dalla fretta e quella di Dio ha secoli
a disposizione, così Umberto Eco;

La spada della giustizia non ha fodero, così Joseph Maistre;

Non cerco vendetta, ma solo giustizia, così Assassin's Creed;

Per me, quando per la porta della magistratura entra la politica, la giustizia esce dal buco della serratura;
Questa è l'assenza della giustizia: che ognuno segua la sua vita, così Ralph Waldo Emerson;

Sono per la giustizia, non importa contro o a favore di chi, così MalcolmX;

Per me chi spontaneamente, sens'esservi costretto, si comporta con giustizia, non sarà infelice, né mai lo coglierà totale rovina;

La giustizia brilla nelle capanne annerite dal fumo e onora la vita timorata;

Per me la giustizia fa onore ad una Nazione, ma il peccato segna il destino dei popoli;

Seminate per voi secondo giustizia e mietete secondo bontà, così Osea, 10-12;

Osserva la bontà e la giustizia e nel Tuo Dio poni la tua Speranza sempre, così Osea, 12, 7;

E' il diritto scorra proprio come le acque, e la giustizia come un torrente perenne, così Amos, 5 - 24;

Cercate la giustizia, cercate l'umiltà, per trovarvi al riparo, nel giorno dell'ira del Signore, così Sofonia, 2, 3;

Il sentimento di giustizia è così universalmente connaturato all'umanità da sembrare indipendente da ogni legge, partito o religione;

La giustizia senza forza è inerme, la forza senza giustizia è tiranna disse: Blaise Pascal;

Chi spontaneamente, senz'esservi costretto, si comporta con giustizia, non sarà infelice, né mai lo coglierà totale rovina;

Per me libertà e giustizia sociale che poi sono le mete della democrazia costituiscono un binomio inscindibile non vi può essere vera libertà senza la giustizia sociale, come non vi può essere vera giustizia sociale senza libertà;

Non c'è pace senza giustizia, non c'è giustizia senza perdono, così Karol Wojtyla;

La pace è più importante d'ogni giustizia, e la pace non fu fatta per amor della giustizia, ma la giustizia per amor della pace, così Martin Lutero;

La pace non è assenza di guerra: è una virtù, uno stato d'animo, una disposizione alla benevolenza, alla fiducia, alla giustizia, così Boruch Spinoza;

Per me anche nelle piccole cose bisogna cercar giustizia;

Per me chi compra il magistrato, vende la giustizia;

Per me chi è giusto non può dubitare;

Per me chi la giustizia impedisce, di giustizia perisce;

Per me la giustizia si acquista la grazia dei buoni, e con la clemenza l'amor dei cattivi;
Per me Dio è giusto e perciò ama la giustizia;

Per me dove non c'è giustizia non c'è pace;

Per me giustizia differita, ingiustizia diventa;

Per me giustizia è il dare ai buoni, premi, onori, giustizia è il castigare i malfattori;

Per me il giusto piace a tutti;

Per me la giustizia di questo mondo è fatta a maglia;

Per me la giustizia è il fondamento dei regni;

Per me la giustizia è la più sicura guardia del re;

Per me la giustizia è orribile, se non e accompagnata dalla misericordia;

Come Avvocato, posso affermare che, la giustizia si chiede al galoppo, e si distribuisce a passo di lumaca;

Per me la giustizia vuol aver coraggio;

Per me se vuoi giustizia infine, sii giusto.

# Le migliori frasi sul concetto di "Verità".

Gesù, io sono la via, la verità, e la vita. Nessuno viene al padre se non per mezzo di me;

Gesù, per questo io sono nato e per questo sono venuto nel mondo: per rendere testimonianza alla verità. Chiunque è della verità, ascolta la mia voce;

Gesù, se rimanete fedeli alla mia parola, sarete davvero miei discepoli, conoscerete la verità e la verità vi farà liberi;

Non uscire da te stesso, rientra in te: nell'ultimo dell'uomo risiede la verità;

Per me la persona angosciata quando scopre la verità gioisce;

Per me la verità è un percorso da fare, non un traguardo da cui partire;

Per me non esiste parola più bella che è quella della verità;

Per me una verità in ritardo è una puntuale menzogna;

La verità è spesso una terribile arma d'offesa;

E' possibile mentire e perfino uccidere con la verità;

Si dice che la verità trionfa sempre, ma questa non è una verità; La verità e sempre rivoluzionaria;

Dopo aver eliminato l'impossibile, ciò che resta, per improbabile che sia, deve essere la verità;

L'ultima verità, è in penultima analisi sempre una menzogna. Colui che avrà avuto ragione alla fine, sembrerà sempre fallace e pericoloso di questo momento;
La verità è ciò che è utile al genere umano, la menzogna ciò che gli è dannoso;

La verità si troverebbe nel mezzo? Nient'affatto. Solo nella profondità;

La verità per essere conosciuta, vuol essere amata, che nei giudici entra l'affetto;

Spinoza, falso è il vanto di chi prende di possedere, all'infuori della ragione, un altro spirito che gli dia la certezza della verità;

Lascio, dunque, che ognuno viva a suo talento e che chi vuol morire muoia in santa pace, perché a me sia dato di vivere con la verità;

Per me nessuna delle cose che non sono in mio potere mi è tanto cara quanto stringere amicizia con uomini sinceramente amanti della verità;

Non presumo di aver trovato la filosofia migliore, ma so di intendere che è vero;

Percepisce la verità chi vede la conoscenza e la pratica delle azioni come una cosa sola;

Sono dell'avviso che l'unione della verità ragionale e di quella irrazionale si deve trovare non tanto nell'arte quando nel "simbolo" in sé;

Dicono pure che la verità è oggetto della scienza, mentre l'arte attende alla bellezza; noi della bellezza crediamo materia la verità morale;

La verità non è un passatempo per teologi. La sete della verità è talmente radicata nel cuore dell'uomo che il prescinderne ne comprometterebbe l'esistenza;

La dimensione della verità; ce n'è una, quella del padrone che noi cerchiamo di confutare se non altro di dire dove nasce;

In verità nulla sappiamo, ché la verità è nell'abisso;

E' ridicolo negare una verità evidente, così come affaticarsi troppo a difenderla. Nessuna verità sembra a me più evidente di quella che le bestie son dotate di pensiero e di ragione al pari degli uomini;

Non è scandaloso avere una verità oggi e una domani. E' scandaloso non averne mai;
La verità non dipende dai nostri giudizi, si svela quasi spontaneamente quando raggiungiamo l'esistenza;

E' così difficile - almeno, io lo trovo così difficile - capire le persone che dicono la verità;

Occorre soffrire perché la verità non si cristallizzi in dottrina, ma nasca dalla carne;

La verità che la vita ti dà è una fredda carezza nel silenzio che c'è;

La verità che contano, i grandi principi, alla fine, restano due o tre. Sono quelli che ti ha insegnato tua madre da bambino di dire sempre la verità;

Nessun paese può sopprimere la verità e vivere bene;

Chiunque voglia sinceramente la verità è sempre spaventosamente forte;

La verità reale è sempre inverosimile. Per rendere la verità più verosimile, bisogna assolutamente mescolarvi della menzogna. La gente ha sempre fatto così;

Le verità sono come le medicine: hanno il sapore cattivo e nessuno le vuole prendere, però fanno bene;

La verità arma sempre gli uomini e li costringe a battersi;

E' difficile dire la verità, perché ne esiste sì una sola, ma è viva e possiede pertanto un volto vivo e mutevole;

Che cosa è verità? Inerzia; l'ipotesi ci rende soddisfatti; il minimo dispendio di forza intellettuale;
Colui che conosce la verità salta malvolentieri nelle sue acque, non quando sono sporche, ma

quando sono poco profonde;

Cosa sono in fondo le verità dell'umanità? Sono gli errori irrefutabili dell'umanità;

E' terribile morire di sete nel mare. Dovete proprio mettere tanto sale nelle vostre verità, così che non possa più spegnere la sete?;

Essi si vantano di non mentire: ma l'impotenza a mentire è ben lungi dall'amore per la verità. Guardatevi da loro! Chi non sa mentire non sa che cos'è la verità;

La verità è una delle tante seduzioni letterarie;

La verità non vuole altro Dio all'infuori di sé. La fede nella verità comincia con il dubbio in tutte le "verità" credute sino a quel momento;

Ogni verità è semplice. Non è questa una doppia menzogna? Quanto più astratta è la verità che vuoi insegnare, tanto più devi sedurre ad essa anche i sensi;

Una bella donna ha qualcosa in comune con la verità: entrambe danno più felicità quando si desiderano che quando si posseggono;

Com'è comica la verità!
Quella che chiamano verità non è altro che un'eliminazione di errori;

La verità non sembra ma è vera;

La verità è soltanto una bugia più sottile;

Nel paese della bugia, la verità è una malattia;

Come Avvocato posso affermare che la verità, in un processo, è di carta. Una parola la può bruciare;

Umiltà vuol dire verità;

Copiare il vero può essere una buona cosa, ma inventare il vero è meglio, molto meglio;
Quando si guarda la verità solo di profilo o di tre quarti la si vede sempre male. Sono pochi quelli che sanno guardarla in faccia;

Un Grande Giurista, il Chiarissimo Prof. Gustavo Zagrebelsky, Presidente Emerito della Corte Costituzionale affermò: Contro l'etica della verità significa a favore di un'etica del dubbio. Al di là delle apparenze, il dubbio non è affatto il contrario della verità. In un certo senso, ne è la ri-affermazione. E' incontestabile che solo chi crede nella verità può dubitare, anzi: dubitarne;

Per conoscere la verità, non è sempre così facile. La verità ha bisogno del suo tempo;

Bisogna essere in due perché la verità nasca: uno per dirla e l'altro per ascoltarla;

Per me la verità si trova sempre nella semplicità, mai nella confusione;

Per me la verità non si possiede, non si detiene, diventarla;

Come giurista posso affermare, che non esistono dei possidenti della verità tali da poterla in seguito tradurre in atti: colui che fa la verità viene alla luce;

Non dovremmo né rispettare i vecchi errori né stancarci delle vecchie verità;

Il grande nemico della verità molto spesso non è la menzogna: deliberata, creata ad arte e disonesta; quanto il mito: persistente, persuasivo ed irrealistico;

La bellezza è verità, la verità bellezza, questo è tutto ciò che sapete sulla terra, e tutto ciò che vi occorre sapere;

La scienza è ricerca della verità. Ma la verità è verità certa;

La verità non consiste di belle parole; le belle parole non sono verità;

La verità e ciò che è, non ciò che dovrebbe essere;

Per me la verità è amare Dio vuol dire amare la verità; amare il prossimo come se stessi e riconoscere l'unità della propria anima e della propria vita con ogni altra vita umana e con la verità eterna - Dio.;

Ritengo che la verità religiosa sia l'unica verità accessibile all'uomo, e la dottrina cristiana io la ritengo una verità che - lo vogliano riconoscere gli uomini o non - si trova a fondamento di tutto il sapere umano;

Come Avvocato posso affermare, che le formule mutano e passano. La dottrina di una verità la quale, scoperta, deve essere riconosciuta e ubbidita, rimane;
Ma se si dà spazio alla paura, si finisce col dovere reprimere anche
la verità;

Come si può cercare la verità o accarezzare l'amore senza essere intrepidi? ;

Posso affermare con molta convinzione come Avvocato che la verità non danneggia mai una causa giusta;

Per vedere in faccia l'universale e pervasivo spirito della verità bisogna esser capaci di amare le creature più vili come se stessi;

Un fedele della verità non dovrebbe fare nulla per rispetto delle convinzioni. Deve essere sempre pronto a correggersi e ogni qualvolta scopra di essere nel torto deve confessarlo, costi quel che costi, ed espiare;

L'uomo appassionato di verità, o, se non altro, di esattezza, il più delle volte è in grado di accorgersi, come Pilato, che la verità non è paura;
L'amore può morire in un cuore che lo rifiuta e che si ostina a dirgli di no, come la verità può morire in uno spirito indifferente che rifiuta di essere attento, come la musica può morire in mezzo al rumore che la circonda e la copre;

Se si appanna la luce della verità si rischia di perdere l'idea su cui sono basato le istituzioni della libertà stessa;

Sua Santità Papa Giovanni Paolo II disse:
Una volta che si è tolta la verità all'Uomo, e pura illusione pretendere di renderlo libero. Verità e libertà, infatti, o si coniugano insieme o insieme miseramente periscono;

Come Avvocato dico: mentre la verità si deve cercare e si può discutere, l'evidenza non si cerca e non si dovrebbe discutere, perché si vede ictu oculi;

La verità diverte sempre gli ignoranti;

Si comincia a credere più alla pressi cui alla verità; e si avverte sempre meno il bisogno di adorare Dio;

Niente educa il carattere quanto l'abitudine costante di dire il Vero;

Come giurista posso affermare, che non è sempre facile dire la verità nella nostra professione forense, specialmente quando si deve essere brevi nelle arringhe;

Vi posso assicurare che la ricerca approfondita porta sempre alla ricerca della pure verità;
Avviene per la verità sociale come per la verità religione: sono le passioni e non le intelligenze che non ci si possono adottare;

La verità è una luce che rischiava e una forza che santifica; conduce gli uomini all'ammirazione di ciò che conoscono e all'amore di ciò che ammirano;

La verità eterna non ci chiede altro che la sincerità, e le basta la libertà per estendersi sul mondo;

Verità è Virtù, ecco i due poli dell'asse morale: la verità che è la virtù dello spirito e la virtù che è la verità delle cose del cuore;

La verità viene sempre a galla. Per questo deve subito prendere il largo;

Come Avvocato per ottenere giustizia sul principio di verità, la verità spesso soffre di più per il calore dei propri difensori che per le argomentazioni dei propri oppositori;

Perché la verità e la verità, sempre la stessa, fino all'infinito;

A volte l'uomo inciampa nella verità, ma nella maggior parte dei casi, si rialza e continua per la sua strada;

Un grande poeta Umberto Eco disse: Non tutte le verità son per tutte le orecchie;

Talvolta la verità di una cosa non tanto nel pensiero di essa quando nel modo di sentirla;
Una verità detta con cattiva intenzione, batte tutte le bugie che si possono inventare;

La verità e unica e molteplice, e a nostro vantaggio, per insegnarci, per amare, quella unica, attraverso molte;

Il mio grande amore, Lucia mi dice sempre: Donato, le persone sincere non cambiano con il passare del tempo diventano solo più sagge, arricchendosi nel cuore;

Non basta parlare per avere la coscienza a posto: noi abbiamo un limite, noi siamo dei politici e la cosa più appropriata e garantita che noi possiamo fare è di lasciare libero corso alla giustizia, così il Pres. Aldo Moro;

Gli uomini passano, le idee restano. Restano le loro tensioni morali e continueranno a camminare sulle gambe di altri, così Giovanni Falcone;

Poiché il vero amore consiste nell'amore ciò che non ci piace per poterlo cambiare, così Paolo Borsellino;

In memoria di due grandi magistrati Siciliani, Dott. Giovanni Falcone e Dott. Paolo Borsellino, per chi ha dato la vita per farci conoscere la Verità;

Il giudice è quindi solo, solo con le menzogne cui ha creduto, le verità che gli sono sfuggite, solo con la fede cui si è spesso aggrappato come naufrago, solo col pianto un innocente e con la perfida e la proverbia dei malvagi. Ma il buon giudice, nella sua
solitudine, deve essere libero, onesto e coraggioso così *A. Scopelliti*;

Infine posso concludere che per me è necessario formare i giovani alla responsabilità, alla saggezza, al coraggio e, naturalmente alla fiducia nella fede, nella giustizia e nella verità. In particolare dovrà coltivarsi nei giovani la virtù della prudenza e al rispetto e alla conoscenza nelle scuole medie e superiori della Costituzione della Repubblica Italiana, principio fondamentale in uno Stato di Diritto. Dire sempre la **verità**, si libera la coscienza e trionfa sempre di più la **giustizia** e aumenta sempre di più la **fede**.

## Sommario:

Titolo | La società in cui viviamo tra la
giustizia e la verità
Autore | Donato Santoro

ISBN | 978-88-93210-02-7

© Donato Santoro 2014

Youcanprint Self-Publishing
Via Roma, 73 - 73039 Tricase (LE) - Italy
www.youcanprint.it
info@youcanprint.it
Facebook: facebook.com/youcanprint.it
Twitter: twitter.com/youcanprintit

Finito di stampare nel mese di Ottobre 2015
per conto di Youcanprint *self - publishing*